그럴수도 그러려니 그렇겠지

전대길 CEO의 생각주머니
그럴수도 그러려니 그렇겠지

초판 2쇄 인쇄   2018년 12월 19일
초판 2쇄 발행   2018년 12월 24일
지은이   전대길
펴낸이   김혜라
펴낸곳   도서출판 상상미디어
         서울시 중구 퇴계로30길 15-8 무석빌딩 5층
         전화 02-313-6571~2   팩스 02-313-6570

디자인   로즈앤북스 양정윤 · 강신애
교정교열   이영주

ISBN 978-89-88738-79-5
값 18,000원

이 도서의 국립중앙도서관 출판도서목록 CIP은
서지정보유통지원시스템 홈페이지 http://seoji.nl.go.kr와
국가자료목록시스템 http://www.nl.go.kr/kolisnet에서 이용하실 수 있습니다.

전대길 CEO의 생각주머니

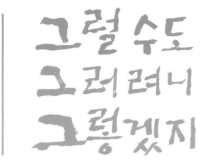

그럴 수도
그러려니
그렇겠지

전 대 길 지음 · 전 현 우 그림

상상미디어

책을 펴내며

　　　　　　　1995년 3월, 노사관계 뒤안길 이야기를 엮은
《회장님 시계 바꿔 찹시다》란 책을 펴내고 미당 서 정주 시인 앞에서
한국문학예술상을 받았다. 문단에 등림하고 23년 만에 다시 둔필을 들
었다.

　사람의 좌뇌는 이성적인 생각을, 우뇌는 감성적인 생각을 한다. 그
생각주머니는 대뇌 전방의 전두엽에 있다. 고희를 맞아 하산하는 심경
으로《전 대길 CEO의 생각주머니》를 열어 보았다. 그랬더니 '그럴수도,
그러려니, 그렇겠지'란 12글자가 튀어 나와서 이를 표제로 삼았다.

　사람들의 백 가지 근심, 걱정 중에서 실제 현실로 나타나는 것은 한
두 가지란다. 우리는 가정이나 직장생활에서 쓸데없는 걱정으로 인해
서 스트레스를 받는다. 그 정도가 심하면 우울증에 걸린다는 게 전문
가들 소견이다. 따라서 어떤 경우에는 "보아도 못 본 척, 못 보아도 본
척"해야 한다. 아무리 화가 치밀어도 "그럴수도(있지), 그러려니(하
지), 그렇겠지!" 하고 생각하면 안정을 찾을 수 있다.

그래서 "참을 인(忍) 자 3개면 살인을 면할 수 있다"고 한다.

지난 45년간 직장생활을 통해 희로애락을 체험했다. 수많은 경제 영웅과 기업인, 노동조합 지도자, 고위공직자, 노사관계 학자 등 훌륭한 사람들을 만났다. 그뿐만 아니라 산전수전 별의별 일도 여러 번 겪었다. 그중에서도 13년 동안, 우정 이 동찬 회장님을 가까운 곳에서 모실 수 있었던 게 가장 큰 영광이었다.

11월 8일, 우정 회장님의 서거 4주기를 맞아 합장 기도한다.

'일 사(事)' 자와 '섬길 사(事)' 자에서 변하지 않는 진리를 어렵사리 찾았다. '사람에 관한 일은 만 가지 일처럼 복잡하다'는 의미의 '인사(人事)는 만사(萬事)'가 아니다. 이때는 일 사(事) 자로 보고 생각한 것이다. '사람 섬기기를 하늘 섬기듯이 하라'는 의미의 '인사(人事)는 천사(天事)'인 것이다. 섬길 사(事) 자로 본 것이다. 그렇다. 사람은 섬김의 대상이지 관리의 대상이 절대로 아니다.

사람은 태어나면서부터 누구든지 일을 해야 한다. "일하지 않으면 먹지도 말라"는 가르침도 있다. 그런데 일을 즐겁고 기쁘고 편안하게 해야 한다. 그래서 나는 이것을 '즐기편'이란 이름을 붙였다. 남아프리카 반투족 말인 '우분투(Ubuntu)'는 '당신이 있기에 내가 있다(I am because you are)'란 뜻이다. 결국 사람은 더불어, 함께 살아야 한다.

경총(한국경영자총협회)에서 사회로 나와 민간기업의 대표이사로 일해온 지 20년이 흘렀다. 사원 시절에는 사장이 내 월급을 준다고 생각했다. 그러나 역지사지 정신으로 곰곰이 생각해 보니 우리 회사 사원들이 일한 부가가치의 산물로 인해서 사장인 내게 보수를 주고 있음을 깨우쳤다.

생각을 바꾸고 나서 내 월급을 주는 사원들이 예뻐 보이고 저절로 머리가 숙여진다. 나는 사원들에게 월급을 준다는 생각을 해본 적이 없다. 생각을 바꾸면 세상이 아름답게 보인다.

나는 일주일에 한 권씩 책을 읽으며 살아왔다. 직장생활 일기를 40년 이상 써오고 있다. '적자생존'은 (글을) 적는 사람만이 살아 남는다는 뜻이다. 나 역시 각종 세미나와 포럼, 심포지엄에 참석해서 열심히 적고 공부한다. 그러다 보니 나의 생각근육이 발달하고 생각주머니가 저절로 커졌다.

이 책 내용에 나오는 회사와 인사들의 이름을 실명으로 기록하면서 일일이 동의를 구하지 못한 점을 혜량해 주기 바란다. 또 한 번 용기를 내었지만 독자들의 뜨거운 격려와 채찍을 기대한다.

이 책이 나오기까지 격려해준 손 해일 국제PEN클럽 한국본부 이사장님, 윤 영달 크라운해태제과 회장님, 이 충희 ㈜에트로 회장님, 김 상문 ㈜아이케이 회장님, 김 주성 코오롱그룹 前 부회장님께 감사드린다. 이 책을 펴내 주신 김 혜라 상상미디어 사장님의 노고에도 감사드린다.

우리 회사 4,000명 임직원과 이 원익 전무, 김 재석 본부장에게 감사한다. 그리고 42년 동안 나를 묵묵히 내조해준 안해 선순, 내게 용기를 준 두 아들 영환·지환과 두 며느리 성연·정연에게 고마움을 표한다. 특별히 이 책 속의 그림을 그려준 손자 현우에게 고마움을 표하며 장손자 준에게 할아버지의 무한 사랑을 보낸다.

끝으로 이 작은 책자가 사람들에게 꿈과 희망을 주고 힘차게 도전할 수 있는 한 줄기 빛이 되길 소망한다.

2018년 11월
서울 충무로 사무실에서 전 대길(Daegila) 씀

첫 번째 이야기

함께 사는 세상

차
례

두 번째 이야기

알아야 면장을 한다

세 번째 이야기

대낄라가 꿈꾸는
즐기편 세상

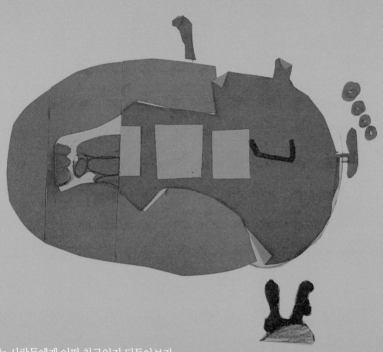

나는 사람들에게 어떤 친구인지 뒤돌아보자.

잠시 왔다가 가는 인생 여정에 서로 간에

아름다운 만남이 되자.

함께 사는 세상

인사는 천사다

　　　　　　　　　　대부분의 사람들은 '인사(人事)는 만사(萬事)'라고 한다. 한마디로 '사람에 관한 일은 만 가지 이상 복잡하다'는 말이다. 이때 인사의 사 자는 '일 사(事)' 자이다. 새 정부 들어서 정부 고위관료의 인선 문제로 국회 청문회가 열리고 위장전입, 세금탈루, 박사학위 논문표절, 위장 혼인신고, 병역 문제, 이중국적 문제 등으로 거짓말이 춤추며 도태되는 이도 생겨난다.

　　그런데 인사의 사(事) 자에는 '섬긴다'는 뜻도 있다. 즉, 인사는 사람을 섬기는 일이며 하늘 섬기듯이 사람을 섬기는 것이라 하여 '인사(人事)는 천사(天事)'임을 나는 지난 45년간 체득해 오며 주장해 왔다. 우리가 상대방에게 머리를 숙여 인사하는 것도 사람 섬김의 행동이다. 이때 시선은 땅바닥을 보는 게 아니라 가슴속의 마음을 보는 것이다.

　　그렇다면 사람들을 어떻게 섬기며 받들 것인가? 그 기본은 겸손함과 정직함 그리고 열정적인 자세가 필요하다. 상대방 눈높이보다 내 눈높이를 낮추고 아래에서 위를 바라보는 언더스탠드(Under-Stand)하는 겸손한 마음가짐을 갖는 것이다. 위에서 아래를 내려다보는 어퍼스탠드(Upper-Stand) 자세는 곤란하다.

사람들을 관리의 대상으로 보면 선입견과 편견이란 인사관리의 달무리 효과(Halo-Effect)에 빠지기 십상이다. 어떤 이는 볼 견(見) 자를 개 견(犬) 자로 바꿔서 '선입견과 편견이란 두 마리 개를 버려야 한다'는 주장을 한다.

나는 사람을 세 부류로 구분한다.

첫째는 능력이 탁월하고 말도 잘하며 지도자인 양 행동하는 '난 사람'이다. 둘째는 머릿속에 먹물이 잔뜩 들기만 했지 이를 써먹지 못하는 '든 사람'이고, 셋째는 학문적, 실용적, 현장 체험적 지식을 두루 갖추고 사람들을 존중하며 배려할 줄 아는 '된 사람'이다. 그런데 우리 주위에는 난 사람이나 든 사람은 부지기수인데 된 사람 찾기는 참으로 드물다. 나 자신은 어떤 부류에 속하는 사람인지를 생각해 본다.

국민을 위한 상머슴이 되겠다며 국회 청문회에 등장할 후보자들에게 묻고 싶다.

"당신은 개인적, 가족적, 사회적으로 된 사람인가?"
"당신은 땀 흘리며 일하면서 세금을 제대로 납부하고 후계자(후임자)를 제대로 키웠는가?"

"당신은 인사가 천사임을 아는가?"

"당신은 국민을 존경하고 무서워하며 두려워하는 외민사상을 실행하겠는가?"

국가지도자는 국태민안을 최우선시해야 한다. 국방과 국익을 최우선시하며 조용하고(Calm) 투명하며(Clear) 따뜻한(Warm) 가슴을 지녀야 한다. 난 사람, 든 사람보다는 먼저 된 사람이어야 한다.

끝으로 다시 묻는다.

"하늘의 명령으로 국민을 위한 상머슴이 되기 위해서 중차대한 나랏일을 자원하는가? 그리고 재임기간 중 당신이 받을 급여가 대한민국 국민의 피땀 어린 세금인지를 한순간도 잊지 않겠는가? 국민을 받들고 제대로 섬기지 못할 바엔 욕심과 성냄 그리고 어리석음인 탐진치(貪嗔痴)를 내려놓고 국민을 피곤하지 않게 하라."

말은 체로
세 번 거르라

그리스 철학자 소크라테스가 사는 마을에 남의 이야기 하기를 좋아하는 아돌프라는 청년이 있었다. 어느 날, 소크라테스가 마을 앞 나무 밑에서 쉬고 있는데 아돌프란 젊은이가 휘파람을 불면서 나타났다. 소크라테스는 아돌프가 헛소문을 퍼트리고 다니는 바람에 마을 사람들 중에 마음의 상처를 받은 사람이 많다는 것을 알고 있었다. 이 기회에 아돌프의 버릇을 고쳐 주려고 마음먹었다. 아돌프가 다가와 인사를 하고 시키지도 않은 이야기를 꺼냈다.

"소크라테스 선생님, 제 말을 좀 들어 보세요. 윗마을에 사는 필립이 무슨 일을 저질렀는지 아세요? 그 착한 친구가 글쎄…." 이때 소크라테스는 그의 말문을 막으며 물었다. "자네가 이야기하기 전에 가루를 치거나 액체를 받거나 거르는 데 쓰는 기구인 체로 자네의 말을 세

번 걸러 보게나. 첫째는 사실이라는 체라네. 자네가 지금 말하려는 이야기는 진실인가?" 그러자 그는 머뭇거리며 "아니요. 남에게 들은 이야기입니다"라고 했다. 소크라테스는 그에게 다시 물었다. "두 번째 체는 선(善)이라는 체네. 자네가 하려는 이야기가 진실이 아니라면 최소한 좋은 내용인가?" 이에 아돌프는 뒷머리를 긁적이며 "아니요. 별로 좋은 내용은 아닙니다"라고 답했다.

소크라테스는 그에게 세 번째 체로 걸러 보자며 "자네 이야기는 꼭 필요한 것인가?"라고 물었다. 그러자 아돌프는 소크라테스의 질문에 고개를 떨구며 말했다. "꼭 필요한 것은 아닙니다." 그의 풀 죽은 대답에 소크라테스는 아돌프에게 조용히 타일렀다. "사실인지 아닌지를 확실하지도 않고, 좋은 것도 아니고 꼭 필요한 이야기도 아닌데 내게 굳이 말한다고 무슨 소용이 있겠는가?" 그 후 아돌프는 '진실(眞實), 선(善) 그리고 필요성(必要性)'이란 세 가지 체에 걸러지지 않은 이야기를 다시는 하지 않았다고 한다.

어떤 조직에서나 자기에게 맡겨진 일은 하지 않고 이 사람, 저 사람을 만나 친한 척하며 아돌프처럼 이 말 저 말 말전주를 하는 이들이 있다. 죽고 사는 것이 혀의 권세에 있다는 구약성서의 가르침이 있다. 혀는 인체의 작은 기관이지만 살인의 무기가 될 수도 있으며, 말 한마디가 한 사람을 영웅을 만들기도 하고 바보로 만들기도 한다. 이 말이 진실인지 듣는 이에게 유익한 좋은 내용인지, 그리고 꼭 필요한 이야기인지를 먼저 3가지 체로 꼭 걸러 보는 습관을 갖자.

루이스 맨스의 이야기가 정곡을 찌른다.

"말을 할 때는 자신이 이미 알고 있는 것만 말하라. 들을 때는 다른 사람이 알고 있는 것을 배우도록 하라."

경청과 관련한 'Y.T.T 사고법'과 'T.P.O 대화법'을 소개한다. 과거를 돌이켜보고 새로움을 안다는 '온고이지신(溫故而知新)'이란 5자성어가 있지만 대화법에서 지나간 옛날 이야기만 하는 것은 바람직하지 않다.

"과거는 20% 미만을, 현재는 50% 이상을, 그리고 나머지 30% 이상은 미래를 화제로 삼자"는 게 내가 주장한 'Y.T.T 사고법'이다. 그리고 '이 순간, 말할 때(Time)인가?, 말할 장소(Place)인가? 그리고 말할 상황(Occasion)인가?'를 먼저 생각하고 말을 하는 게 'T.P.O 대화법'이다. 세 번 생각하고 한마디 말을 하는 게 '삼사일언(三思一言)'이다.

이에 착안하여 말을 체로 세 번 거르는 데 3초의 시간을 투자하라는 '삼초후일언(三秒後一言)'이란 말을 새롭게 만들어 보았다. 입을 열기에 앞서 머릿속으로 한번 되뇌어 보면 어떨까?

세 나무 이야기

송 봉모 신부가 쓴《내 이름을
부르시는 그분》이란 책 속에 '세 나무 이야기'가 가슴에 와닿아 그 내
용을 옮긴다.

올리브나무와 떡갈나무와 소나무, 세 나무가 큰 꿈을 꾸며 사이좋
게 자란다. 아름다운 보석을 담는 정교하고 화려한 보석상자가 되고
픈 올리브나무를 한 나무꾼이 톱으로 잘라서 짐승들의 먹이를 담는 여
물통으로 만들어 버렸다. 이에 올리브나무의 꿈은 산산조각이 나 버렸
다. 떡갈나무는 위대한 왕을 태우고 바다를 건너는 큰 배가 되고픈 꿈
에 부풀었지만 작은 고깃배로 만들어져서 실망과 좌절의 눈물을 흘렸
다. 소나무는 산 정상에 우뚝 서서 세파에 물들지 않고 큰 나무가 되는
꿈을 꾸었으나 어느 날, 번개를 맞고 순식간에 땅바닥에 쓰러졌다. 나
무꾼은 꿈을 잃어버린 이 소나무를 시장에 내다 팔아 버렸다.

세 나무는 나름대로 큰 꿈을 꾸었지만 모두 자신의 꿈을 이루지 못하고 실망과 좌절의 아픔을 겪어야만 했다.

세월이 흘러 어느 날, 여물통이 된 올리브나무가 아기 예수를 처음으로 편안하게 눕히는 요람이 되었다. 자신의 계획과는 상관이 없었지만 하느님의 계획에는 있었던 것이다. 떡갈나무는 위대한 왕을 싣고 나르는 큰 배가 되기를 원했지만 어느 날 초라한 작은 배가 되어서 호수에서 베드로를 태우고, 그리고 예수님을 태우는 더 위대한 작은 배가 되었다. 그리고 소나무는 세파에 흔들리지 않고 산 정상의 꿋꿋한 큰 나무를 꿈꾸었지만 번개를 맞고 시장에서 팔고 사는 땔감이 되었으나 로마 병사들의 눈에 띄어 예수가 못 박히는 위대한 십자가로 거듭 태어나게 되었다. 올리브나무와 떡갈나무, 소나무의 꿈보다 더 좋은 계획을 이루어 준 건 바로 하느님이다. 인간이 원하는 것도 있지만 마음에 와닿지 않는 하느님의 더 좋은 계획은 분명히 있다. '생각은 최선을, 계획은 최악의 상황을 염두에 두고 수립하라'고 한다.

설령 계획이 뜻대로 되지 않더라도 하느님의 더 좋은 계획이 있을지 모르니 낙심하지 말고 희망을 갖고 기다려 볼 일이다.

머리를 숙이면
부딪치는 법이 없습니다

충청도 온양 출신으로 19세에 장원급제를 하고 20세에 파주 군수가 된 조선시대 맹 사성은 어깨에 힘이 들어가고 자긍심이 넘쳐났다. 어느 날 그가 무명 선사를 찾아가서 물었다.

"스님이 생각하기에 이 고을을 다스리는 사람인 내가 최고 가치로 삼아야 할 좌우명은 무엇이라고 생각하시오?"

그러자 무명 선사가 대답했다.

"그건 어렵지 않지요. 나쁜 일을 하지 말고 착한 일을 많이 베푸시면 됩니다."

"그런 건 삼척동자도 다 아는 이치인데 먼 길을 달려온 내게 해줄 말이 고작 그것뿐이란 말이오?"

맹 사성은 거만하게 말하며 자리에서 일어나려고 했다. 무명 선사가 녹차나 한잔 하고 가시라며 손을 내밀었다. 맹 사성은 못 이기는 척하고 자리에 앉았다. 그런데 스님은 그의 찻잔에 찻물이 넘치도록 계속해서 차를 따르는 것이 아닌가. 이를 본 맹 사성이 소리쳤다.

"스님, 찻물이 넘쳐나서 방바닥을 적십니다."

하지만 무명 스님은 태연하게 찻잔이 넘치도록 물을 따르면서 화가 잔뜩 난 맹 사성을 바라보며 말했다.

"그릇이 작으면 넘치는 법입니다."

스님의 한마디에 맹 사성은 부끄러워서 얼굴이 붉어졌다. 황급히 자리에서 일어나 방문을 열고 밖으로 나가려다 급히 서두르는 바람에 방문에 이마를 쿵! 하고 찧었다. 이를 바라본 무명 스님이 파안대소하며 말했다.

"머리를 숙이면 부딪치는 법이 없습니다. 껄~ 껄~ 껄~."

세종이 하사했다는 분당 이매동의 뒷동산, 맹산을 오를 때마다 생각나는 맹 사성 대감의 일화이다. 시공을 초월해서 맹 사성이 하와이 원주민 추장을 만나서 "나는 파주 고을을 다스리는 군수인데 내가 최고 가치로 삼아야 할 좌우명은 무엇이라고 생각하시오?"라고 묻는다면 하와이 추장이 이렇게 답하지 않았을까?

"지난 3,000년간 하와이 원주민들 가정교육의 정신이며 지침인 '미·용·고·사'라는 4자성어로 답하지요. 백성들의 눈높이보다 낮은 자세(Understand)로 '미안합니다(I am sorry), 용서바랍니다(Forgive me), 고맙습니다(Thank you), 사랑합니다(I love you)'라고 늘 큰 소리로 말씀하세요!"라고.

다산에게 똑같은 질문을 했다면 좀 더 알기 쉽고 명쾌하게 다음처럼 답하지 않았을까?

"존경하는 맹 선배님, 두려워할·존경할·목숨바칠 외(畏)와 백성 민(民) 자로 이루어진 '외민(畏民)정신'을 실행하세요!"라고.

"I love you"

"I am sorry"

"Thank you"

"Forgive me"

난초는
3대가 한 뿌리에 산다

해마다 인사철을 맞아 고객사의 창립기념 일이나 간부들의 승진 소식이 전해 오면 축하하는 마음을 담아 축란을 보낸다. 친지의 경사에도 마찬가지다. 사람들은 좋은 날에 꽃이 활짝 핀 난초를 보내며 받은 사람은 그 난초를 애지중지한다. 예로부터 집 안에서 난초를 기르거나 난초 그림을 걸어두면 귀신을 물리치며 난초 꽃이 활짝 피면 집안에 식구가 늘고 그 집 가문 자손이 훌륭한 인물이 된다고 전해진다.

또 '난초꽃은 미인을 닮았다(蘭花似美人)', '그윽한 난초는 정녀와 같다(幽蘭如貞女)'고 해서 난초의 꽃말은 '미녀'다. 곧은 줄기는 여성의 아름다움과 절개를 의미하는 식물의 표상이다. 청아하고 고귀한 꽃을 피우며 그 향기는 사람들의 마음을 사로잡으며 수향(水香), 향조(香祖), 제일향(第一香), 왕자향(王子香), 국향(國香)이라고 부른다.

난초의 수명은 보통 4~5년이며 크게 동양란과 서양란으로 구분한다. 동양란은 중국과 우리나라 호남지방과 일본 등지에 자생하는 춘란과 한란이 대표종이다. 우리나라 남쪽 여러 섬에도 석곡(石斛)과 풍란(風蘭)이 자생하는데 한국춘란(韓國春蘭)을 최고로 친다. 동양란은 서양란에 비해 색채가 화려하지 못하고 크기도 작지만 청초한 아름다움과 그윽한 향기가 일품이다. 서양란은 꽃은 화려하나 향기가 나지 않는다.

난(蘭) 자를 풀 초(艹)+문 문(門)+고를 간(柬) 자로 파자(破字)해 본다. '향기가 나는 풀 중에서 고른 명문의 미녀'란 뜻이다.

지난 수십 년간 주말마다 지리산을 누비면서 난초를 채집해 오는 난초 전문가인 장 영호 경북·구미 경영자총협회 상임부회장은 "고를 간(柬) 자를 동녘 동(東) 자로 풀어 보면 지리산의 동쪽을 향한 곳, 문처럼 생긴 풀덤불 아래에 청아한 한국춘란이 자생한다"고 말한다.

한 줄기에 꽃이 하나 피면 '난초(蘭草)', 한 줄기에 여러 개 꽃이 피면 '혜초(蕙草)'라고 한다. 난초는 중용의 과유불급을 상징하며 말과 행동이 튀는 걸 경계한다. 난초는 직사광선을 직접 받으면 세포가 타버려 죽어 버리는 습성이 있다. 따라서 은은한 아침 햇살이 잘 드는 동향 집에서 난초가 잘 자란다. 남향 집에선 가리개로 강한 햇빛을 가려 주어야 한다. 난초꽃 형상은 선비들의 사모관대와 과거급제한 사람이 머리에 쓰는 어사화에도 영향을 미쳤다.

공자가 제후들을 두루 찾아나섰으나 받아 주는 곳 없자 위나라에서 노나라로 가던 길 산골짜기의 잡초 속에서 향란(香蘭)이 홀로 피어 있는 것을 보고는 크게 한탄하며 수레를 멈추고 거문고를 타면서 자신이 때를 만나지 못한 것을 스스로 가슴 아파하며 지었다는 〈의란조(猗蘭操)〉는 난초에 얽힌 유명한 시다.

彈入宣尼操　공자는 거문고로 난의 곡조를 타고
紉爲大夫佩　대부는 난초 수놓인 띠를 차고 있네.
十薰當一蘭　난초 하나가 열 가지 향기와 맞먹으니
所以復見愛　그래서 다시 보고 사랑하리라.

위 시는 사육신의 한 사람인 성 삼문이 지은 〈오설란(午雪蘭)〉이다. 공자를 떠올리면서 난초의 향기에 의탁하여 자신의 심경을 노래했다.

난초에 관한 우리나라 최초의 기록은 《삼국유사》의 가락국기에 나온다. 난초의 재배는 고려 말기부터 시작된 것으로 추정하며 고려인 이 거인(李居仁)이 난초를 재배했다는 기록이 있다.

"초봄에 꽃이 피면 등불을 켜 놓고 책상 위에 난분을 올려 놓으면 이파리의 그림자가 벽에 비치어 어른거리는 것이 즐길 만하고 글을 읽을 때 졸음을 쫓을 만하다"고 조선 초기의 문신 강 희안은 《양화소록》에서 난초를 예찬했다.

가족사진 잘 찍기로 유명한 '란(蘭) 스튜디오'의 김 재환 회장을 만나 "여러 이름 중에서 왜 하필이면 란 스튜디오라고 이름을 지었는가?"라고 물어 보았다. 그가 빙긋이 웃으면서 나에게만 알려 준단다.

"란(蘭)은 원래 암수가 따로 없는 무성식물이며 포자균에 의해서 번식하는데 서로 떨어지기를 싫어하여 한 군데 모아 놓아야만 잘 사는 난초과 식물이거든요. 한 뿌리에서 할아버지, 아버지, 손자 등 3대가 동고동락하기에 '란 스튜디오'라고 사진관 이름을 지었어요. 할아버지 난초가 죽을 때엔 모든 에너지를 아들 난초에게 전부 물려주고 죽는데 아들 난초는 다시 그 아들 난초에게 면면히 모든 걸 대를 이어 내려 준다고 하더군요."

란 스튜디오에서 가족사진을 한번 찍으면 난초처럼 할아버지, 아버지 그리고 아들인 조부자(祖父子) 3대가 가족사진을 꼭 함께 찍게 되는 전통이 생겨났으며 수많은 귀빈들 가족이 단골손님이며 얼마 전엔 국가 고위지도자 가족 3대가 함께 모여 가족사진을 찍었다고 한다.

우리나라 최고의 가족사진관인 란 스튜디오에서 우리 가족사진도 찍어야겠다. 재미있는 이야기 거리(Story-Telling) 마케팅 전략으로 성공의 탑을 쌓아올린 예술사진계의 거장 김 재환 회장이 우러러 보인다.

사람답게
살아가기

'쓸데없는 걱정을 하며, 어떤 일에 몰두하지 않고, 피동적으로 감정을 숨기고, 이웃과 친하지 않고, 사랑한다는 말도 못 하고, 친구들과 자주 연락도 못 하고, 세상의 여러 나라를 체험해 보지도 못 하고, 행복은 자기 선택임을 모르면서, 자신감 넘치게 살지 못한 것.'

위 내용은 '사람이 죽음을 앞두었을 때 가장 많이 후회하는 10가지' 란다. 그럼 어떻게 하면 후회하지 않는 삶을 살 수 있는가? 간단하다. 위 내용을 거꾸로 하면 된다.

'쓸데없는 걱정하지 않고, 선택과 집중으로 도전하며, 감정을 잘 표현하고, 주변 눈치 보지 말고, 가족과 친지들에게 사랑한다는 표현을 하면서, 친구들에게 좀 더 자주 연락하고, 시간을 내서 세계여행을 즐기고, 행복은 결국 나 자신의 선택임을 알고, 자신감 있게 사는 것'이다.

사람이 사람답게 사는 것은 웰빙(Wellbeing)이며, 사람이 사람답게 늘는 것은 웰에이징(Wellaging)이고, 사람이 사람답게 죽는 것은 웰다잉(Welldying)이라 한다. 사람이 노년에 들면 '신체적 독립, 경제적 독립, 정신적 독립, 정서적 독립' 등 4가지 독립을 이루어야 한다. 이 4가지 독립 중에서 어느 한 가지라도 빠지면 불행의 싹이 튼다. 행복과 불행은 한 지붕 아래에서 함께 산다고 한다. 살 생(生) 자는 '소 우(牛)+한 일(一)' 자의 합성어이다. 소가 외나무다리를 건너가듯이 사는 게 인생(人生)이란 의미다.

사람의 연령은 '자연연령, 건강연령, 정신연령, 영적연령' 등으로 구분한다. 영국의 심리학자 브롬디는 인생의 4분의 1은 성장하며 보내며 나머지 4분의 3은 늙어 가며 보낸다고 했다. 사람이 아름답게 죽는 것은 참으로 어려운 일이다. 그러나 좀 더 어려운 것은 아름답게 늙는 것이다. 사람이 아름답게 늙어 가는 것이 바로 행복한 삶이다.

행복한 삶을 살기 위한 3가지 방법이 있어 소개한다.

첫째, 행복한 삶을 살려면 쉼 없이 일을 해야 한다.

하고 싶은 일, 가장 잘할 수 있는 일, 가족과 친구, 친척, 직장동료, 장애우, 불우이웃을 위한 일을 하자. "일하지 않으면 먹지도 말라"는 김 용기 가나안 농군학교장의 카랑카랑한 가르침이 지금도 귓가를 맴돈다.

참된 삶은 정직하고 겸손하며 열정적으로 사는 것이다. 그러나 나이가 들수록 질병, 고독감, 경제적 빈곤, 사회적 역할 상실감 등 4대 고통이 뒤따른다. 노년을 초라하지 않고 보람차게 보내기 위해 꿈과 희망, 용서와 감사 그리고 사랑을 하자. 가장 핵심적인 요소는 감사와 사랑이다. 나이를 먹을수록 열정적인 배움과 착한 나눔의 삶을 살자. 70~80대에 새로운 각오로 새로운 출발을 하는 이들이 많다. 열정적인 노년기의 삶은 위대한 업적을 남길 수 있다.

세계 역사상 최대 업적의 35%는 60~70대에 의해, 23%는 70~80대에 의해서 이루어졌다. 또한 6%는 80대 사람들에 의해서 성취되었다. 인류 위대한 업적의 64%는 60세 이상 사람들에 의해 이루어진 셈이다.

소포클레스는 80세에 《콜로노스의 오이디푸스》를 썼으며, 괴테도 80세를 넘어 《파우스트》를 완성했다. 다니엘 드 포우는 59세에 《로빈슨 크루소》를 썼다. 칸트는 57세에 《순수 이성 비판》을 발표하였으며, 미켈란젤로는 로마의 성 베드로 대성전의 돔을 70세에 완성했다. 베르디, 하이든, 헨델도 70세 이후에 불후의 명곡을 작곡했다. '이 나이에 무얼 하랴?'는 자조적인 푸념은 삼가야 한다.

둘째, 행복한 삶을 살아 가려면 인간관계를 원만하게 해야 한다.

나이가 들수록 초라해지지 않으려면 가족이나 친지, 친구와의 대인관계에서 많이 베풀어야 한다. 밥이나 술은 얻어먹지 말고 사라. '학사→석사→박사→밥사→술사'라는 우스갯소리도 있다. 그리고 '나' 중심의 생각을 '우리'로 바꾸고 믿음을 주어야 한다. 안해는 물론 아들, 딸, 며느리, 손자들에게 늘 나눔을 베풀어라.

미국 카네기멜론대학에서 인생의 실패 원인을 조사했는데, 전문적인 기술이나 지식이 부족했다는 이유는 15%에 불과하며 나머지 85% 는 잘못된 대인관계에 있다는 결과가 나왔다. 인간관계는 살아가는 데 가장 중요한 부분을 차지한다.

나이가 들면서 사람은 이기주의가 강해진다. 노욕이 생긴다. 모든 것을 자기 중심적으로 생각한다. 그러면서 폭군 노릇을 하고, 자기에게 몰입하여 자기도취증(Narcissism)에 걸릴 수 있다. 그리고 염세적인 생각으로 운명론에 빠질 수 있다. 자칫하면 작고 초라한 삶이 뒤따른다. 결국 인간관계의 중심축을 어디 두느냐에 따라 삶의 질은 달라진다. 물질 중심의 인간관계에 치중한 사람은 나이 들수록 초라해진다. '일' 중심이나 '나' 중심의 인간관계가 초라해지는 것은 당연하다.

반면에 이타 중심의 인간관계를 갖는 사람은 나이가 들수록 찾는 사람이 많고, 존경하며 따르는 후배들이 많다. 성공한 인간관계는 믿음 중심의 인간관계다. 이런 게 바로 웰에이징(Wellaging)이다.

셋째, 웰에이징을 위해 종교를 가져야 한다.

나이 들면 신앙이 삶의 질을 확연하게 바꾼다. 나이가 들수록 인간보다는 절대자에게 믿음을 구하게 마련이다. 교회나 성당 그리고 사찰을 찾아 절대자를 향해서 기도하는 시간과 명상의 시간을 정기적 또는 수시로 갖는 삶이 바람직하다.

내 친구 중에는 교회 목사와 장로가 많다. 불교 조계종 법사 친구도 있다. 주말이면 교회나 성당을 찾아 기도하는 기독교와 천주교 신자들이 있으며, 사찰을 찾아서 부처님에게 합장 기도하는 불자들도 많다. 그들의 환한 얼굴은 평화로움과 행복을 사람들에게 골고루 나누어 준다. 종교인들의 생활은 나눔, 봉사, 배려, 자비와 사랑으로 충만하다. 믿음을 가까이 하면 정신연령과 영적연령도 젊어진다.

후반전의 인생은 여생이 아니라 후반생이다. 결승점에 다가갈수록 더욱 더 혼신의 노력을 기울여야 한다. 노년의 삶은 내리막길 같지만 내세를 향한 새로운 인생을 시작할 때이다. 웰빙의 삶은 웰에이징을 잘 해서 웰다잉으로 마무리하는 것이다.

강,
장마
그리고 우산

물 수(氵)+한 가지 동(同)+
밭 전(田)+흙 토(土) 자로 이루어진 '동리(洞里)'란 말은 사람들이 같은 계곡의 물을 마시고 전답에 농사를 지며 사는 마을을 뜻한다. 강가에 사는 사람들끼리는 홍수가 나면 서로 힘을 합쳐서 둑을 쌓고, 가뭄일 때는 먼저 물을 끌어다 써야 하기 때문에 서로 경쟁한다. 수량이 풍족하면 이웃사촌으로 지내다가 가뭄이 들면 물을 서로 끌어다 쓰려고 다투는 원수가 되기도 한다.

라틴어로 '강'은 리부스(Rivus), 그 강을 같이 이용하는 '이웃'은 리발리스(Rivalis)라 한다. 따라서 라이벌(Rival)이란 말은 본래 강(River)에서 유래했다. 마을 사람들은 한 계곡의 냇물을 마시고 사는 공동체다. 그래서 라이벌이란 말은 경쟁자이면서 또한 협력자, 동반자라는 의미를 지닌다.

우리 사회는 얼굴 생김새가 각기 다르고 다양한 생각을 가진 사람들이 어우러져 살아간다. 내 생각과 맞지 않는다고 무조건 남을 배척하는 것은 바람직하지 않다. 경쟁자, 라이벌일지라도 상대의 말을 경청하고 신뢰하는 열린 자세가 필요하다. 어느 누구도 믿지 않는 이는 가족이나 친지 그리고 이웃 사람들의 신뢰를 얻을 수 없다.

올여름에는 섭씨 40도 가까이 기온이 올라 혹서에 힘들어한 사람들이 많았다. 선풍기, 에어컨을 켜고서도 밤잠을 설치곤 했다. 한반도에 태풍은 비켜가고 바라던 장마도 뒤늦게 왔다 갔다. 여름철에 여러 날을 계속해서 비가 내리는 장마에 대해 알아본다. 장마는 길 장(長)+마ㅎ(물의 옛말)가 어원이다. 오랜+비 → (長)+마ㅎ → 댱마ㅎ → 쟝마 →장마로 변천했다.

함경남도 북동부에 있는 군으로 개마고원 동부 지역의 해발고도 800~1,200m인 갑산 고을 아가씨들이 짧은 장마에 마(麻)가 자라지 않으면 애타는 심정으로 "마야, 길어라"며 눈물을 흘렸다 해서 '장마'란 말이 나왔다는 주장도 있다.

장마가 짧으면 갑산의 아가씨들이 삼(麻)대를 흔들며 눈물을 흘렸다. 비가 조금 내리면 삼이 덜 자라 흉마(凶麻)가 되면 삼베 몇 필에 오랑캐에게 팔려 가는 신세가 될 수 있기 때문이다.

장마를 일본은 '바이우(梅雨)', 중국은 '메이위(梅雨)'라고 부른다.

중국어와 일본어 발음은 약간 다르지만 한자의 뜻은 같다. 일본이나 중국 모두 매화(梅花)의 매(梅) 자를 쓴다. 매화의 열매인 매실이 익을 무렵에 내리는 비가 장마다. 일본과 중국에서 장마를 소리는 다르지만 매우(梅雨)라고 똑같이 표기하는 것이 조금은 운치 있어 보인다.

비, 장마와 관련해서 우리 삶의 생활필수품인 우산에 대한 이야기를 해볼까 한다.

故 김 수환 추기경

"머리에서 가슴까지 사랑이 내려오는 데 70년이 걸렸다"고 하신 故 김 수환 추기경의 〈삶과 우산〉이란 시다.

삶이란 우산을 펼쳤다 접었다 하는 일이요

죽음이란 우산을 더 이상 펼치지 않는 일이며

성공이란 우산을 많이 소유하는 일이다.

행복이란 우산을 많이 빌려주는 일이요

불행이란 아무도 우산을 빌려주지 않는 일이다.

사랑이란 한쪽 어깨가 젖는데도 하나의 우산을 둘이 함께 쓰는 것이요

이별이란 하나의 우산 속에서 빠져나와 각자의 우산을 펼치는 일이다.

연인이란 비 오는 날, 우산 속 얼굴이 가장 아름다운 사람이요

부부란 비 오는 날, 정류장에서 우산을 들고 기다리는 모습이 가장

아름다운 사람이다.

비를 맞으며 혼자 걸어갈 줄 알면 인생의 멋을 아는 사람이요

비를 맞으며 혼자 걸어가는 사람에게 우산을 내밀 줄 알면 인생의

의미를 아는 사람이다.

세상을 아름답게 만드는 것은 비다.

사람을 아름답게 만드는 것은 우산이다.

한 사람이 또 한 사람의 우산이 되어줄 때

한 사람은 또 한 사람의 마른 가슴에 단비가 된다.

세종대왕의
초가집

2018년 10월 9일은
세종대왕이 1446년 훈민정음이란 이름으로 한글을 반포한 지 572돌
을 맞는 한글날이다. 우리 한국인에게 한글이 없었다면 어떠했을까?

위대한 한글을 통한 세종대왕의 정신과 가르침을 우리는 기억해야
한다. 세종대왕과 관련한 숨겨진 이야기들을 들쳐 본다.

조선왕조 왕들이 대대로 기거한 경복궁은 조선에서 가장 아름다운
건축물이다. 그런데 경복궁 안에 주춧돌도 쓰지 않은 허름한 초가집
한 채가 있었다. 지붕은 기와가 아닌 억새풀을 얹어 놓았고, 방바닥에
는 아무것도 깔지 않은 초라한 집이었다. 한때 이 집에 기거했던 사람
이 바로 세종대왕이다.

세종 재위 5년, 나라에 대기근이 들어서 백성들이 먹을 것이 없어
흙을 파먹는 상황에 처하게 되자 세종대왕이 백성들을 구휼하며 국무

를 보았던 곳이 바로 그 초가집이다. 세종 즉위 후 10년간 가뭄이 들지 않은 해가 없었다. 세종대왕은 백성들의 피해를 줄이려고 노력했으며 백성들과 고통을 함께하고자 힘썼다.

이 허름한 초가집은 꽤 오랜 시간 동안 세종대왕의 거처로 사용되었다. 혹시라도 신하들이 초가집 방바닥에 지푸라기라도 깔아두면 대노했으며 거친 흙바닥에서 잠을 자는 생활을 수년 동안 이어 갔다. 세종대왕은 늘 자신의 몸을 낮추고 도움이 필요한 사람들을 위해서 노력하는 솔선수범을 보여 주었다.

"활을 멀리 쏘기보다 바로 쏘는 것이 중요하다. 새로운 일의 시작이 막연하고 과정이 험난할지라도 불필요하게 힘을 소진하지 않고 일을 의미 있게, 옳게 해내기 바라는 마음이다."

활을 멀리 쏜다 하더라도 무슨 소용이 있는가? 기초체력 없이는 화살을 멀리 쏘아도 명중률이 낮으니 무슨 소용이랴. 그 바탕을 먼저 닦으라는 4자성어가 '원사해용(遠射奚用)'이다. 1435년 봄, 세종대왕은 "활을 잘 쏘려면 우선 기력이 강장해야 하며 멀리 쏘기보다는 바로 쏘는 게 더 중요하다"고 신하 최 윤덕에게 말했다.

1474년, 세종대왕은 다음과 같은 과거시험 문제를 출제했다.

"왕은 말하노라. 인재는 천하 국가의 지극한 보배다. 세상에 인재를 들여서 쓰고 싶지 않은 임금이 어디 있겠느냐? 하지만 국왕이 인재를 쓰지 못하는 경우가 세 가지 있으니, 첫째는 인재를 알아보지 못하는 것이요, 둘째는 인재를 절실하게 구하지 않기 때문이요, 셋째는 국왕과 인재의 뜻이 합치되지 못할 경우다. 또한 현명한 인재가 어진 임금을 만나지 못하는 경우도 세 가지가 있으니, 첫째는 위와 통하지 못하는 것이요, 둘째는 뜻이 통하더라도 공경하지 않는 것이요, 셋째는 임금과 뜻이 합치되지 못하는 것이다. 임금이 인재를 알아보지 못하고 신하가 임금과 통하지 않는 것은, 비유하자면 두 맹인이 만나는 것과 같다. 어떻게 하면 인재를 등용하고 육성하고 분변할 수 있겠느냐? 각기 마음을 다해 대답하도록 하라."

그때 장원급제한 강 희맹의 답안이다.

"한 시대가 부흥하는 것은 반드시 그 시대에 인물이 있기 때문이다. 한 시대가 쇠퇴하는 것은 반드시 세상을 구제할 만큼 유능한 보좌가 없기 때문이다. 임금이 올바른 도리로써 구하면 인재는 항상 남음이 있다. 어찌 인재가 없다고 단정하여 딴 세상에서 구해 쓸 수 있겠는가? 세상에 완전한 사람은 없다. 따라서 적합한 자리에 기용해서 인재로 키워야 한다. 그리고 전능한 사람도 없다. 따라서 적당한 일을 맡겨 능력을 기르는 것이 중요하다. 그 사람의 결점만 지적하고 허물만 적발한다면 아무리 유능한 사람이라도 벗어날 수 없게 된다. 따라서 단점을 버리고 장점을 취하는 것이 인재를 구하는 가장 기본적이 원칙이다. 이렇게 하면 탐욕스런 사람이든 청렴한 사람이든 모두 부릴 수 있다."

1990년대 초, 경총 간부였던 나와 긴밀한 업무협조를 해온 SK그룹의 인사총책임자(CHO) 김 광수 前 상무는 '조선시대에는 어떻게 인재를 선발하여 승진을 시켰는가?'란 화두를 갖고 《조선왕조실록》을 전부 뒤져서 그 해답을 찾아냈다. 조선시대에 공직자를 승진시킬 때에 가장 중요시했던 항목은 바로 '후계자(후임자)를 키웠는가?'였다. 따라서 SK그룹이 적재적소에 적합한 인재를 선발하는 최고의 기준은 '후계자를 제대로 잘 길렀는가?'이다. 이는 세종대왕의 인재 선발 방법을 벤치마킹한 것이다.

삼성그룹의 인재를 선발하는 인재상은 중국 《송사》에 나오는 의심가는 사람은 쓰지를 말고 한번 쓴 사람은 의심하지 말라는 '의인불용 용인불의(疑人不用 用人不疑)'이다.

세종대왕은 백성들이 편안하게 살기 위해 정치가들이 고생해야 한다는 가치관으로 일관했다. 윗물이 맑으면 아랫물도 맑듯이 세종대왕 시대에는 훌륭한 신하들이 참으로 많았다.

세종대왕 때에 예조참판, 대사헌, 예조판서 등의 높은 벼슬을 지낸 정 갑손은 청렴한 공직자였다. 그가 함경도 관찰사로 지낼 때 일이다. 임금의 부름으로 한양까지 다녀와야 했는데 당시 함경도에서 한양까지의 여정은 한 달이나 걸리는 먼 길이었다. 그렇게 오래 자리를 비웠다가 돌아온 정 갑손은 업무를 처리하다 한 장의 보고서를 보았다. 함경도에서 선출한 관리들에 대한 보고서였다. 이를 본 정 갑손은 책임자를 크게 꾸짖었다.

그는 "여기 새로 뽑은 합격자 명단에 내 아들의 이름이 들어 있는데, 그 녀석은 아직 미흡하여 관직에 나서기에 한참 모자란 것을 내 잘 알고 있다. 나랏일을 돌보는 중요한 일에 능력이 아닌 아비의 위명을 보고 판단하다니… 어찌 이렇게 백성을 속일 수 있겠는가? 절대로 용서할 수 없다"며 바로 명단에서 아들 이름을 빼버렸다.

지금도 계속되는 취업대란의 시기에 실력은 있어도 일자리를 찾지 못한 수많은 젊은이가 취업을 위해 힘겨운 노력을 계속하고 있다. 청탁을 통한 불법으로 취업해서 나중에 밝혀진 사건이 TV 뉴스에 나올 때마다 성실히 노력하는 사람들을 화나고 허탈하게 한다.

수백 년 전에 정 갑손은 공정함이 얼마나 중요한지를 잘 알고 있었다. 지금도 공정한 인사관리 기준은 꼭 지켜져야 한다. "공직에 있을 때에는 공평함보다 큰 것이 없고, 재물에 임하여는 청렴보다 큰 것이 없다"는 선현들의 가르침을 명심하고 이를 실행하자.

착한 고흐,
못된 고갱

빈센트 반 고흐와
폴 고갱의 삶에 관해 불현듯 호기심이 발동해 찾아보았다. 그들의 독
특한 인생역정, 특히 1888년 10월 23일부터 12월 23일까지 동거하며
그림을 그린 프랑스 아를에서 지낸 2개월이 무척이나 흥미로웠다.

태양의 화가, 빈센트 반 고흐는 네덜란드의 브라반트에서 태어났
다. 1869년 16세에 구필화랑 헤이그 지점에서 그림 복제품 파는 일을
했는데, 그 일에 만족했으며 주변 사람들은 그를 유명한 화상(畵商)이
될 거라고 믿었다. 탁월한 능력을 인정받은 고흐는 1873년 런던 지점,
1875년 파리 지점에서 일했다. 런던 지점에서 일할 때 영국 여성 유제
니 로여와 첫사랑에 실패한 후 방황하다 종교에 심취하여 회사 일을
소홀히 하는 바람에 23세인 1876년 구필화랑에서 해고된다.

목사인 할아버지와 아버지의 뒤를 이어 목사가 되기를 꿈꾸던 고흐는 열심히 공부했으나 신학대학교 입시에서 낙방한다. 성직자의 꿈을 포기하지 못한 고흐는 벨기에 보리나주 탄광촌에서 전도사로 일한다. 그러나 그는 격정적인 성격으로 인해 목회자 일에 부적합해 전도사 직책을 잃는다. 이에 좌절한 고흐는 가족과 연락을 끊고 탄광촌에서 성경공부를 하며 짬짬이 그림을 그렸다.

"무언가 세상에 가치 있는 사람이 되자"한 고흐는 하나님의 말씀을 그림으로 전하는 화가가 되기로 결심한다. "확신을 가져라. 아니 확신에 차 있는 것처럼 행동하라. 그러면 차츰 진짜 확신이 생기게 된다"는 믿음을 갖고 생활했다.

그리고 브뤼셀, 헤이그, 드렌테, 뉴에넨에서 화가 수업을 받는다. 1880년 브뤼셀 친구인 안톤 라파트에게서 드로잉 기초지식을 배우고, 1881년엔 헤이그 친구인 안톤 모베에게서 유화와 수채화를 배운다. 그러나 그는 격정적인 성격으로 인해 남에게 지도 받기보다는 독학으로 그림 공부를 한다. 1883년 말, 목사인 부친이 뉴에넨으로 부임하자 함께 지내며 땀을 흘리는 농민과 노동자에게 동질감을 느끼고 노동자의 정직한 삶의 모습을 그리려고 힘쓴다.

고상한 야만인이라고 불린 폴 고갱은 파리에서 출생했다. 1849년, 고갱 가족은 정치적 박해를 피해 페루로 향하는 배를 탔는데 선상에서 아버지가 동맥파열로 사망한다. 페루에 도착한 고갱은 부자인 친척 도움으로 경제적 어려움 없이 어린 시절을 보낸다. 그의 이국적인 체험은 고갱의 예술을 풍성하게 만든다.

1854년 고갱이 6세 때, 가족은 5년간의 페루 생활을 접고 프랑스 오를레잉으로 귀국한다. 궁핍한 삶 속에 어머니 알린 고갱은 옷 수선하는 일을 하며 고갱과 동생 마리를 키운다. 17세가 된 고갱은 선원이 되어 지중해, 인도, 북극과 페루 등지를 떠돌다 2년 후 모친이 사망하자 인도에서 프랑스로 돌아온다.

1871년 21세인 고갱은 페루에서 함께 지낸 은행가이자 사업가 구스타브 아로자의 도움으로 베르탕 은행원으로 취업하며 증권거래인이 되어 여유로운 삶을 보내게 된다. 아로자는 고갱에게 예술에 대한 안목을 키워 주었는데, 그의 집에서 코로, 쿠르베, 들라크루아, 파사로, 같은 유명 화가들의 작품을 접하게 되며 고갱은 미술품 수집과 예술에 대한 혜안을 갖게 된다.

고갱은 일요화가로서 그림을 그리고 그림수집가로도 활동한다. 그는 인상파의 리더 카미유 피사로를 만나서 드가, 마네, 모네, 세잔의 그림을 사들였다. 1879년 파사로와 드가의 배려로 그림 전시회에 고갱의 작품이 출품된다. 1880년부터 고갱은 개인 화실을 열어 본격적인 작품 활동을 한다.

1881년 '앙당팡당 전'에 〈바느질하는 수잔: 누드연습〉을 출품해 호평을 받는다. 당시 대표적인 뒤랑 뤼엘 화랑은 고갱의 작품 석 점을 고

가에 사 주었다. 에드가 드가의 강력한 추천 덕분이다. 한마디로 에드가 드가는 고갱의 은인이다.

1873년 고갱은 25세에 메티 소피 가트란 덴마크 여성과 혼인하여 5명의 자식을 낳았다.

사람들은 "선한 고흐, 악한 고갱"이라고 한다. 이는 1888년 11월, 고갱이 고흐의 동생인 테오에게 보낸 편지에서 농담으로 한 말이다. 그런데 130년이 지난 지금도 고흐와 고갱을 구분할 때 이 말이 쓰이고 있다. 고갱만 그렇게 말을 한 것은 아니다. 고흐의 친구 에밀 베르나르도 "착한 고흐, 못된 고갱"이라고 불렀다. 이외에도 "솔직한 고흐와 계산적인 고갱" 또는 "천사 고흐, 악마 고갱"이라고 불린다. 고흐는 긍정적인 이미지로, 고갱은 부정적인 이미지로 인식된다.

고흐가 착한 사람인 것은 맞다. 고흐는 보리나주 탄광촌의 임시 전도사로 일할 적에 광부들에게 자기의 옷과 양식을 나누어 주며 광부들 오두막에서 함께 지냈다. 헤이그 시절에는 사회로부터 버림받은 거리의 여인 시엔을 애정으로 보살펴 주었다.

남프랑스 아를은 고흐가 사랑한 시골 마을이다. 아를의 화가 공동체를 추진한 것도 파리에서 어렵게 살아가는 화가 친구들, 특히 고갱을 돕고자 함이었다. 1887년 11월에 반 고흐와 폴 고갱이 파리의 한 화랑에서 만난다. 고흐와 동생 테오는 고갱의 작품에 매혹됐으며, 고갱은 고흐 동생 테오 화상에게 관심이 컸다. 서로 이해관계가 맞자 고흐와 고갱은 작품을 교환한다. 1888년 10월부터 아를에서 2개월간 공동 작업을 하는 계기가 된다.

아를 시절에 고흐는 정신질환으로 고통받는 지누 부인을 보살폈다. 고흐는 주변인의 고통과 슬픔에 가슴 아파한 휴머니스트였다. 반면 고갱은 현실적이고 냉정한 사람이다. 그는 자신을 부유한 증권거래인으로 키워준 구스타브 아로자의 장례식에도 참석하지 않았다. 고흐의 죽음에도 남의 일처럼 냉대했다. 한마디로 고갱은 냉정하고 계산적이었다. 고갱의 스승 카미유 피사로는 "고갱은 사람들에게 자신을 천재로 인식시키는 일에만 급급하며 누구든지 자신이 가는 길에 걸림돌이 되면 박살냈다"고 고갱의 인간성을 혹평했다.

고갱은 사랑 앞에서도 계산적인 행동을 취했다. 고갱은 타히티에서 만난 원주민 소녀 티티와 테하마나, 파후라 그리고 자바 출신의 흑인 여인 안나와 동거하며 그 사이에서 태어난 자기 자식들에 대한 연민과 책임의식이 전혀 없었다.

고갱은 정말로 나쁜 사람이었나?

생활환경이 그를 약삭빠른 기회주의자, 거만한 사람으로 만들었을 것이다. 이런 고갱의 성격은 성장배경과 생활환경 때문이다. 고갱은 한 살 때 페루로 가는 배에서 아버지를 잃고 옷 수선 일을 하는 홀어머니 슬하에서 어렵게 살았다. 그는 페루에서의 어린 시절을 빼고 늘 가난과 외로움 속에서 살았다. 정신적이나 물질적으로 열악한 환경 속에서 늘 외톨이였다.

그는 고흐처럼 착하고 든든한 후원자인 동생이 없었다. 그를 보살펴 줄 가족도 없었다. 그는 오로지 자신의 노력만으로 미술작품을 팔거나 어떻게 해서든지 생존해야만 했다. 경제적 어려움은 그를 더욱 현실적이고 냉정한 사람으로 만들었다. 고갱은 매월 200프랑을 후원하는 동생을 둔 고흐와는 사정이 달랐다. 고갱도 고흐처럼 정상적인 가정에서 성장하고 자신의 후원자가 있더라면 전혀 다른 사람이 되었을 것이다.

1885년, 고갱은 안해와 헤어져 집을 나온 후에 자신의 힘만으로 의식주를 해결하고 작품활동을 했다. 파리 뒷골목의 화가로 활동하던 시절에 아들 클로비스가 아파서 경제적인 어려움을 겪자 일당 5프랑의 벽보 붙이는 일도 했다. 1888년 아를에서 고흐와 공동작업을 한 것은 경제적인 이유가 크다. 고갱은 몸이 아파서 작품활동을 제대로 할 수 없고 병원 치료비와 하숙비 등을 해결하기 위해 고흐와의 공동작업이 내키지 않았지만 받아들인 것이다.

1888년 10월 23일부터 12월 23일까지 2개월간 프랑스 아를의 노란 집에서 반 고흐와 폴 고갱은 한 지붕 아래 살며 공동작업을 한다. 이들은 고대 로마의 유적지가 많은 아를의 이곳저곳을 그리면서 미술과 예술에 관해 토론한다. 처음에는 하루하루가 즐겁고 새로웠지만 시간이 갈수록 이들 사이에는 불협화음이 일어났다.

고흐와 고갱처럼 개성 강하고 자존심 강한 사람이 한 지붕 아래에서 함께 살아간다는 것은 쉽지 않다. 성장 환경이 다르고 가치관, 예술관과 성격이 맞지 않았다. 특히 누구에게나 복종하지 못하는 둘의 성격은 날마다 격렬하게 부딪힐 수밖에 없었다. 한 달이 지날 즈음, 둘은 심하게 싸워서 아침에 일어나기도 힘들었다.

개성의 다름이 고흐와 고갱의 특징이고 개성적인 작품을 만드는 원천이었다. 그들은 보통 사람과는 다른 독특한 눈을 가졌다. 독특한 눈으로 주변의 사람과 자연, 예술, 사물, 제도 등을 보았다. 고흐와 고갱은 세상을 보는 방식이 달라서 서로 다른 그림을 그린 것이다.

어쩔 수 없는 개인 사정으로 고흐와 고갱이 공동작업을 시작했으나 결말은 비극적이었다. 고흐와 고갱의 공동작업은 그들의 예술세계, 나아가 세계 미술사에 중요한 영향을 끼쳤다. 고갱은 "사람들에게 잘 알려지지 않은 사실인데 동거하는 동안 우리는 엄청나게 많은 작업을 했으며 우리는 분명 모종의 결실을 거두었다"고 평가했다.

고흐는 고갱의 상징주의 예술관을 수용하지 않았지만, 고갱과 가진 공동작업을 통해 자신의 예술관을 확고히 굳힐 수 있었다. 고갱이라는 존재는 고흐에게 엄청난 영향을 끼쳤다. 고갱이 아를에 도착하기 전에 고흐는 고갱을 기다리며 걸작 〈해바라기〉를 비롯하여 〈화가의 침실〉, 〈시인의 정원〉과 같은 걸작 명화를 그렸다.

고흐는 고갱에게 얕잡아 보이지 않으려고 열심히 좋은 작품들을 그렸다. 또한 그는 고갱의 영향으로 기억과 상상력에 의존해 그리는 방법을 배웠다. 고갱은 고흐의 영향을 부인하지만 고흐에게서 감정을 담아 강렬하게 표현하는 화법을 발견했다. 자신의 상징주의 예술관을 굳히는 데 큰 도움을 받았다.

고호와 고갱의 공동작업은 단순히 귀를 자른 슬픈 결말만 준 것은 아니다. 고호와 고갱은 19세기 후반 사진의 출현으로 위기에 빠진 미술계를 구했으며, 20세기 현대미술의 새로운 장르인 야수파, 표현주의, 다다이즘, 초현실주의와 추상표현주의의 탄생에 공헌했다.

1882년 6월, 고호와 동거하던 시엔이 아이를 낳았는데, 고호는 빌렘이라는 이름을 붙여 주었다. 고호는 빌렘을 위해 화가로서 성공하고 싶었지만 현실은 그렇지 못했다. 시간이 지나면서 생활의 고통은 커져갔고, 결국 경제적 어려움으로 시엔의 가족과 헤어지고 말았다. 고호는 시엔과 빌렘을 버렸다는 죄책감으로 평생 괴로워했다.

1885년, 셋째 아들 클로비스를 데리고 집을 나온 고갱은 파리의 친구 집에 머무르며 제8회 인상파 미술전에 모든 것을 건다. 그러나 전시가 실패하자 1886년 7월 고갱은 어린 클로비스를 누나 마리에게 맡기고 떠난다.

고호의 어머니 안나 카르벤투스는 고호의 아버지 테오도루스 반 고호와 결혼하여 여섯 명의 자녀를 낳았다. 안나는 목사인 남편을 충실히 보필하면서 자녀들을 키웠으나 행복한 삶을 살지는 못했다. 그녀는 60대 초에 남편을 잃었고, 세 아들 고호는 37세, 테오는 33세, 막내 코넬리우스는 23세에 죽었다.

고갱의 어머니 알린 고갱은 매력적인 모습과 달리 그리 편안한 삶을 살지 못했다. 1846년, 고갱의 아버지 클리비스와 결혼한 알린은 결혼 3년 만에 남편을 잃었고, 젊은 미망인으로 옷 수선 일을 하며 힘들게 두 아이를 키우다 40대 초반에 세상을 등졌다. 어린 시절 알린은 친아버지에게 납치와 성폭력이라는 고통을 당하기도 했으며, 아들 고갱에게는 행실이 부정한 여인으로 여성혐오증을 심어 주었다.

1888년 10월, 고흐와 고갱은 각자의 자화상을 주고받는다. 공동작업을 시작하기 전, 각자의 자화상을 그려 교환하자는 고흐의 제안을 고갱이 받아들여 성사된 것이다. 처음에 고갱은 고흐와 그림을 주고받을 생각이 없었다. 그해 5월까지 그는 아를에 갈 생각이 없었다.

공동작업하자는 고흐의 제안을 차일피일 미루다 8월에서야 아를로 가기로 결심했다. 몸이 아파 병원비가 많이 든데다 여관비도 많이 밀렸다. 테오가 생활비를 지원하고 매달 작품 한 점을 팔아 주겠다고 하자 눈 딱 감고 몇 달간 고생하는 셈 치고 아를에서 보내기로 한 것이다. 그리고 이왕 가기로 했으니 좀 더 적극적으로 임하자는 의미에서 고흐의 제안을 수용한 것이다.

아를의 라마르틴 광장에 위치한 '밤의 카페'는 지누 부부가 운영하는 카페로 술주정꾼들과 도시의 부랑자들, 하역을 마친 선원들, 손님을 유혹하려는 매춘부들이 밤새 들락거리는 술집이다. 고갱이 아를에 온 이후 둘은 거의 매일 밤의 카페를 들락거렸다. 1888년 9월, 고갱이 오기 전 고흐는 사흘 밤을 새워 〈밤의 카페〉를 그렸다. 고흐는 '밤의 카페'를 태워서 없애 버려야 할 악의 소굴로 표현했다.

11월에 고갱도 고흐와 같은 주제로 〈밤의 카페〉를 그린다.

같은 주제로 그렸지만, 둘의 그림은 양식과 의도가 완전히 달랐다. 고흐는 '밤의 카페'를 근심과 스트레스를 푸는 친구의 사업장으로 그렸다. 반면에 고갱은 사람들을 타락시키고 병들게 하는 악의 소굴로 그렸다.

조셉 롤랭은 아를역에서 근무하던 집배원이다. 그는 아를에서 고흐의 둘도 없는 친구였다. 고흐에게 롤랭은 온화하며 자비롭고, 대가족을 거느린 책임감 있는 가장이었다. 고흐는 그가 마치 소크라테스와 같은 외모와 인품의 중년 남자라고 생각했다.

그러나 고갱에게 롤랭은 소크라테스가 아니었다. 그에게 롤랭은 아를이라는 시골 술집에서 매춘부들과 히득거리며 밤새 술이나 퍼마시는 술주정꾼에 불과했다.

오귀스틴 롤랭은 조셉 롤랭의 부인이다. 1888년 11월 말에서 12월 초, 고흐와 고갱은 노란 집에서 오귀스틴을 그렸다. 고흐는 오른편에서 그녀를 그렸고, 고갱은 왼편에서 그렸다. 고흐는 라마르틴 공원을 배경으로 오귀스틴을 그린 반면, 고갱은 자신이 완성한 '푸른 나무'를 배경으로 오귀스틴을 그렸다. 다른 그림처럼 한 장소에서 같은 시간에 그렸음에도 두 사람의 그림은 전혀 달랐다.

1888년 10월 말, 고흐와 고갱은 알리스캉으로 스케치 여행을 나선다. 고호와 고갱의 첫 번째 공동작업이다. 고호는 어떻게 해서든 오랫동안 고갱을 아를에 머물게 할 생각으로 아를이 자랑하는 고대 로마의 공동묘지인 알리스캉을 첫 작업지로 선택한다. 알리스캉 길가에는 포플러나무가 늘어서 있고 나무 아래에는 커다란 석관묘가 줄지어 있다. 알리스캉을 배경 삼아 고호는 넉 점, 고갱은 두 점을 그림 그린다.

1888년 11월 고호와 고갱은 해질녘 황금색 태양빛을 받으며 비가 그친 아를의 저녁 무렵에 여인들이 포도를 수확하는 풍경을 그린다. 고호는 저녁 태양빛에 따라 수시로 변화하는 포도밭의 가장 인상적인 순간을 강렬한 색채와 힘찬 터치로 포착하여 그렸다. 고갱은 화실에서 종합주의 방식으로 〈아를의 포도 수확: 인간 고뇌〉를 그렸다.

그해 12월, 고호와 고갱은 비가 와서 며칠간 밖에서 그림을 그리지 못했다. 이때 고갱은 〈해바라기를 그리는 고호〉를 그렸고, 고호는 〈붉은 베레모를 쓴 고갱〉을 그렸다. 상대방을 모델로 그렸는데, 작업하는 모습을 서로 곁눈질하며 그린 것이다.

그러나 공동생활 두 달이 지나자 두 화가의 예리한 눈은 서로의 실체를 꿰뚫어 보았다. 고갱은 고호를 해바라기 그리는 미치광이로 그렸으며, 고호는 고갱을 음흉한 음모가로 그렸다. 더 이상 그들의 눈에 비친 상대는 수도승과 장 발장이 아니었다.

고호는 자타가 공인하는 '해바라기의 화가'이다.

1888년 여름, 고호는 해바라기를 그려 고갱의 방을 멋지게 장식했다. 고갱도 고흐의 해바라기를 높이 평가하였다. 1887년, 고갱은 자기가 그린 풍경화를 고흐가 그린 해바라기와 교환했다.

아를을 떠난 뒤 고갱은 고흐에게 해바라기 그림 한 점을 달라고 해서 고흐의 분노를 산 적이 있다. 그러던 고갱이 1901년 마르키즈에서 넉 점의 해바라기를 정물로 그리기도 했다.

1885년 엔트워프에서 일본 목판화를 본 고흐는 단순한 선과 강렬한 색면으로 정교하게 표현된 일본의 목판화에 빠진다. 그것은 고흐가 그토록 추구하고 싶던 예술세계였다. 1886년에는 자연을 단순화하게 그리던 고갱이 인상파의 분할주의 방식을 버리고 유려한 곡선과 밝은 색의 색채를 평편(平便)하게 칠하는 그림을 시작한다. 일본 회화의 영향을 받은 때문이다.

여성과의 사랑 결핍으로 고흐는 늘 로맨틱한 사랑을 꿈꾸었다. 그는 연인들이 서로 팔짱을 끼거나 어깨동무를 하고 공원이나 강변을 거니는 낭만적인 연애를 꿈꾸었다. 반면 일찍부터 여러 여성과의 밀회나 섹스 경험이 풍부했던 고갱은 에로틱한 시선으로 여성들을 바라보았다. 고갱은 여성이란 성적 욕망을 해결하는 대상이자 정복해야 할 대상으로 보았다.

농민화가를 꿈꾸던 고흐는 자신을 그림 그리는 노동자라고 생각했다. 반면 고갱은 정치적으로는 민주주의자였지만 예술적으로는 귀족화가였다. 농민화가인 고흐의 취미는 독서, 편지 쓰기, 산책 등이다. 이와 반대로 귀족화가인 고갱의 취미는 글쓰기, 악기 연주, 시낭송, 펜싱 등이다. 고갱의 화실에는 늘 시인과 음악가들로 가득 찼다. 그는 아를에 갈 때도 펜싱 검과 마스크를 소지했다.

1888년 12월 23일, 고갱이 머지않아 아를을 떠날 것이라는 사실을 안 고흐는 불안했다. 고갱을 위협했던 면도칼로 고흐는 자신의 귀를 잘라서 창녀에게 주었다.

그 다음 날인 12월 24일, 고갱은 도망치듯이 아를을 떠났다. 이후 둘은 서신교환을 몇 차례 했지만 서로 만나지 않았다. 고흐는 고갱을 방문하기 원했지만 고갱은 이런저런 핑계를 대면서 고흐의 방문을 거절했다. 이별 후에도 두 사람의 삶은 행복하지 못했다.

고흐가 말년에 자살한 것은 치유할 수 없는 정신질환이 문제였지만 더 큰 문제는 돈이었다. 고흐는 생전에 동생 테오에게 800여 통의 편지를 썼다. 자신을 지원하던 동생 테오의 결혼 문제와 이직 문제로 어려움에 처해서 고흐에게 후원금을 제때에 보내 주지 못했다.

이에 고흐는 금전적인 어려움으로 마지막이 왔다고 생각하고 1890년 7월 27일, 오베르 들판에서 자신의 배를 권총으로 쏜 후 29일 사망한다. 고갱도 1903년 5월 8일, 남태평양 마르키즈섬에서 가난과 질병 동맥파열로 쓸쓸히 죽는다.

"난 무식해서 잘 모르지만 형의 그림에는 진정성이 있다"라는 테오의 칭찬에 고흐는 용기를 얻어 〈두 개의 손과 감자 심는 사람〉 등의 명작을 그린다. "내 그림 속엔 거름냄새가 풍겨났으면 좋겠다"는 게 고흐의 소박한 바람이었다.

고흐가 살아 있을 때 고흐의 작품은 한 점만 팔렸다.

귀를 자르고 붕대감은 모습과 입술이 터지고 피를 머금은 모습 40점의 자화상과 한 점당 1,000억 원을 호가하는 2,000여 점의 명작을 10년간 그린 천재 화가 고흐다. 이틀에 한 작품씩 그린 꼴이다. 살아서보다 사후에 진가를 발휘하는 고흐, 고갱이다.

1990년 5월, 런던 크리스티 경매에서 고흐의 〈닥터 가셰의 초상〉 경매가 있었다. 경매가액은 무려 8,250만 달러(약 830억 원)였다. 당시 세계 최고의 경매가였다. 그 후 24년이 지난 2014년 고갱이 다히티에서 그린 〈언제 결혼하니?〉는 경매사상 최고가인 3억2,500만 달러(약 3,500억 원)에 팔렸다. 미술품 판매사상 최고가였다. 그런데 요즘 고흐의 작품이 경매에 나온다면 고갱이 세운 최고가를 넘어서는 천문학적 경매가가 될 거라고 한다.

1888년 10월 23일부터 12월 23일까지 두 달간 프랑스 아를에서 고흐와 고갱이 한 지붕 아래 살면서 작업했다는 실화를 집중적으로 탐구해 보았다. 이제 고흐가 왜 자기 얼굴의 오른쪽 귀를 스스로 잘라서 라체라는 창녀에게 주었으며 왜 권총으로 자살했는지 그 의문이 풀릴 것이다.

내 주변에도 두 화가가 있다. 나랑 친한 사이인 윤 고방 화가(시인)와 하 정열 화가(시인)다. 그들이 고흐와 고갱처럼 두 달간 함께 생활하며 작업을 한다면 어떤 작품이 나올지 눈 감고 그려 본다. 아마 한국 최고의 명화가 나오지 않을까 기대한다.

생각근육과
생각주간

국어사전에서 '생각'은 '사물을 헤아리고 판단하는 작용이나 어떤 사람이나 일 따위에 대한 기억'이라고 정의하고 있다. 생각에서 사유(思惟), 사고(思考), 사상(思想)이란 말이 잉태되었다. 데카르트는 "나는 생각한다. 고로 나는 존재한다"고 했다.

"인간은 생각하기 위해 만들어졌다. 이것은 인간의 존엄성과 가치의 전부다. 인간의 의무는 올바르게 생각하는 것이다. 생각의 순서는 자기로부터 시작하여 창조주와 자기의 목적에 이르러야 한다." 파스칼도 비슷한 말을 남겼다. 에머슨 또한 "사고는 행동의 씨앗이다"라고 했다.

"생각하는 기술을 가르쳐 주어야지 생각한 것을 가르쳐서는 안 된다", "고귀한 생각을 지닌 사람은 결코 고독하지 않다"는 가르침도 있다. '생각'이란 말을 들으면 가장 먼저 떠오르는 게 로뎅의 〈생각하는 사람〉이란 청동 조각상일 것이다.

사람의 인체는 뼈와 살, 신경과 근육 등으로 이루어지는데 "사람의 생각에도 근육이 있다"라고 새롭게 주장하는 신지식인이 있다. 창원지방법원과 부산지방법원의 삭막한 법정을 지역 예술가들과 협업과정을 통해 시서화로 장식해 예술법정을 탄생시킨 강 민구 서울고등법원 부장판사(前 창원지법원장, 前 부산지법원장)가 바로 그 사람이다. 《인생의 밀도》란 책을 펴내며 사람은 "생각의 근육을 잘 훈련시켜야만 좋은 생각을 할 수 있다"고 주장한다.

　　'생각근육'이 잘 발달된 빌 게이츠는 매년 2회 미국 서북부 지역의 작은 별장에서 일주일 동안 칩거하며 마이크로소프트사의 장래와 디지털 세계의 향방을 결정지을 새로운 기업경영 전략을 짜는 '생각주간'을 갖는다. 2층짜리 소박한 별장의 침실에서 온종일 세계 각국의 마이크로소프트 직원들이 작성한 100여 건의 보고서와 제안서를 읽으면서 생각에 몰입한다. 그는 보고서 읽는 것에 그치지 않고 내용이 마음에 들면 즉석에서 작성자에게 이메일로 자신의 의견을 보낸다. 둘 사이에 시공을 초월한 아이디어를 교환한다.

　　생각주간에 전 직원이 갖고 있는 지적 역량이 모두 집결된다. 직원들의 창의성과 아이디어는 최대한 존중된다. 미래 지향적인 CEO에게는 홀로 있는 시간이 필요하다. 자신의 생각을 정리하고 미래로 나아갈 전략과 비전을 가다듬는 기회이기 때문이다.

　　강 민구 서울고등법원 부장판사가 주장하는 '생각근육 증강 비법'이다. 첫째는 쉼 없는 독서, 둘째는 하루 한 줄이라도 글쓰기, 셋째는 생각을 몰입한 명상, 넷째는 고수와의 교류 이렇게 4가지가 그 핵심 내용이다.

좀 더 효과적인 방법은 황 농문 서울공대 재료공학과 교수(뇌공학 연구가)가 창안한 '생각의 몰입 방법'을 습득하고 실행하는 것이다. 최근 수험생들에게 '공부의 신(神)'으로 유명한 강 성태 강사의 공부 방법도 '어떤 생각을 선택하고 집중하는 것'이다.

건강한 몸을 만들기 위해 근육을 단련시키는 것도 중요하지만 자신의 삶과 미래를 위한 생각근육을 단련시키는 것도 좋을 듯싶다.

왼손잡이는 '다름'이란
이해의 대상이다

미국의 유명한 골프선수인 필 미켈슨은 키가 190.5cm, 체중은 90.7kg의 거구다. 그는 U.S. Open 골프대회, Masters 골프대회, 영국의 The Open 골프대회와 미국의 PGA Championship 등 4개의 메이저 골프대회와 PGA투어에서 40회를 우승했다. 유러피언 골프투어도 일곱 번을 우승해서 '골프 명예의 전당'에 이름을 올린 전설적인 골프선수다. 그런데 그는 미국 골프협회(PGA) 소속 수많은 골프선수들 중에서 보기 힘든 왼손잡이다.

우리나라 야구선수 중에는 미국 메이저리그의 텍사스 레인저스 팀의 좌타자 추 신수 선수가 맹활약 중이다. '라이온 킹'이란 별명의 이승엽 선수와 일본 야구계의 전설인 장 훈 선수와 백 인천 선수가 왼손잡이 좌타자로 유명하다.

'야구의 신'이란 별명의 김 성근 前 국가대표 감독, 허 재 국가대표

농구감독도 왼손잡이다. 다른 구기 종목에서도 왼손잡이 선수들을 찾아볼 수 있다. 한화의 이 용규 선수와 넥센의 서 건창 선수도 왼손잡이다.

그래서 사회의 편견 속에서 살아가는 왼손잡이에 관해 알아보았다. 왼손잡이를 뜻하는 라틴어, Sinister는 '흉하다', '불운'을 의미한다. 오른손잡이를 일컫는 Dexter는 '알맞다', '능숙하다'란 뜻이다. 오른쪽의 Right란 단어는 '옳다', '권리', '정확', '능숙' 등 긍정적인 의미다. 반면에 왼쪽의 Left는 '어색', '무시당하다', '잘못', '부정'과 '떠나다'란 의미를 담고 있다. All Right란 영어단어는 '좋다'라는 뜻이다. '떠나다, 이별하다'는 영어단어인 Leave의 과거, 과거분사는 Left임을 알 수 있다.

다수는 좋은 것, 소수는 나쁜 것이란 편견 때문이리라. 아랍권에서는 오른손은 밥 먹는 손이고 왼손은 화장실에서 똥을 닦는 손이라며 그 용도가 다르다고 믿고 생활한다.

2002년 한국갤럽에서 왼손잡이에 관해서 조사한 통계자료다. 만 20세 이상 대한민국 국민 중에서 왼손잡이는 3.9%이며 양손 모두를 쓰는 양손잡이는 7.8%며 오른손잡이는 88.3%다. 양손잡이는 원래 왼손잡이기 때문에 왼손잡이는 11.7%이다. 세계인의 10명 중 9명은 오른손잡이며 왼손잡이는 1명 정도다. 왼손잡이가 오른손잡이보다 평균수명이 9년 정도가 짧다고 한다. 일상생활 속에서도 왼손잡이라는 불편함 때문일지도 모른다.

컴퓨터 마우스, 가위, 식판, 스프링 노트, 자동차 기어, 음악 볼륨을 높이거나 병뚜껑을 딸 때 오른손잡이 위주로 되어 있다. 그뿐만 아니라 대학 강의실 책상의 손받침도 오른쪽에 달려 있으며 카메라 셔터나 지하철역 개찰구도 오른쪽에 위치한다.

바이올린이나 트럼펫, 트럼본, 튜바 같은 악기는 오른손으로만 연주할 수 있도록 디자인되어 있다. 왼손잡이 연주용은 찾아볼 수 없다. 야구연습장이나 골프연습장에서도 왼손잡이를 위한 타석 배치는 아예 없거나 있어도 한 타석 정도일 뿐이다.

전 세계 왼손잡이의 인권을 신장하고 왼손 사용의 편견에 대한 인식변화를 추구할 목적으로 제정된 '세계 왼손잡이 날(International Left-Handers Day)'은 매년 8월 13일이다. 1976년 세계 최초로 '국제 왼손잡이협회'를 창립한 미국의 딘 캠벨이 1992년에 자신의 생일(8월 13일)을 왼손잡이의 날로 지정했다.

세계적 유명 인사들 중에도 왼손잡이가 많다. 왼손잡이는 천재이거나 예술가일 확률이 높다는 속설이 맞아서인지 알렉산더 대왕, 만유인력의 뉴턴, 이론물리학자 아인슈타인, 천재 건축가이자 화가인 레오나르도 다빈치가 왼손잡이다. 조각가이며 화가, 건축가인 미켈란젤로와 화가 피카소, 대문호인 괴테, 시인 하이네, 철학자 니체, 동화작가 안데르센, 작곡가 베토벤, 작곡가 슈만, 희극인 찰리 채플린도 왼손잡이 예술가다. 가수 폴 매카트니, 야구선수 베이브 루스, 빌 클린턴 대통령, 버락 오바마 대통령이 모두 왼손잡이다. 빌 게이츠와 미국의 TV 사회자로 유명한 방송인, 오프라 윈프리도 왼손잡이다.

'왼손잡이는 머리가 좋다'란 속설이 있지만 검증된 자료는 찾기 힘들다. 오른손, 왼손을 모두 쓰는 양손잡이가 두뇌 발달에 도움이 된다는 속설이 있어서인지 우리나라 젊은 엄마들이 어린아이의 양손 쓰기를 적극 권장한다. 중국인 사이에선 왼손으로 명함을 주면 사업상 파투난다는 미신이 있다.

공직사회나 기업에서 낮은 직위로 떨어지거나 외직으로 전근함을 좌천이라고 한다. 예전에 서자나 별자의 자손을 좌족(左族)이라 했다. 이는 왼손잡이란 편견에서 왔으리라.

태아가 엄마 뱃속에서 왼손가락을 빨면 왼손잡이가 될 확률이 높다고 한다. 왼손잡이라도 친지나 고객과 악수할 때에는 사회생활 속의 일반 예절에 맞게 오른손으로 악수를 한다.

이를 '다름(別)'과 '틀림(誤)'이란 두 가지 관점에서 바라보자.

술을 좋아하는 사람에게 길을 물으면 "저쪽 코너에 호프집이 있다. 거기서 오른쪽으로 돌면 막걸리집이 보이며 그곳에서 직진하라"고 가르쳐 준다. 목사에게 길을 물으면 "저기 교회 보이죠? 그 교회를 지나서 100m쯤 가면 2층에 교회가 보여요. 그 교회에서 오른쪽으로 가라"고 일러 준다.

뭇사람들에게 '+'가 그려진 카드를 보여주면 수학자는 덧셈이라 하고, 산부인과 의사는 배꼽이라 한다. 목사는 십자가라고 하며 교통경찰은 사거리, 간호사는 적십자, 약사는 녹십자라고 대답한다. 사람들은 자기가 서 있는 입장이나 자신의 직업의식으로 바라보고 생각하기 때문이다.

나와 달리 생긴 사람은 '틀린'게 아니라 나와 조금 '다를'뿐이다.

보통 사람들과 다른 사람은 비판의 대상이 아니라 이해의 대상이다. 신체가 불편한 장애우를 대할 적에도 틀림의 대상이 아닌 다름의 대상으로 인식하고 배려함이 바람직하다.

㈜동양EMS는 여러 장애우 사원들과 함께 일하는 공동의 일터다. 장애우 사원들을 제대로 섬기고 받드는 방법이란 정상인과 똑같이 생각하고 바라보며 차별하지 않는 것이다. 티를 내서는 곤란하다. 신체적으로 조금은 힘들어하는 그들을 티 나지 않게 잘 보듬어 주어야 한다. 그들은 슬픔과 기쁨을 우리와 함께 나누는 동반자며 협력자다. 함께 손잡고 더불어 성공해야 할 상성인(相成人)이다.

오른손잡이의 선입견과 편견 속에서 왼손잡이가 얼마나 힘들고 어려운지를 '역지사지'로 생각하자. 오른손잡이가 왼손잡이를 보는 시각을 비판의 대상이 아니라 이해의 대상이란 관점에서 바라보자. 소수자를 위해 감싸고 배려하는 사회가 진정 선진국이다.

주차간야
유럽견문기

　　　　　　　　　　　　　　　최근 안해와 함께
베네룩스 3국과 독일, 프랑스 여행을 다녀왔다. 네덜란드 암스테르담을
시작으로 (독일)쾰른 → 프랑크푸르트 → 룩셈부르크 → (프랑스)파리
→ (벨기에)브뤼헤 → 겐트 → 브뤼셀 → (네덜란드)잔세스칸스 → 암
스테르담을 버스로 이동했다. '백문이 불여일견'이라고들 하지만 백 번
을 듣기보다는 한 번을 (제대로) 느끼는 것도 소중하다는 '백문이 불여
일감'이란 생각이 드는 여행이었다.

　　유럽 중심부의 고속도로를 씽씽 내달리는 버스 차장에 펼쳐지는
광활한 유럽 여러 나라의 평야지대를 주마간산처럼 언뜻언뜻 보고 듣
고 느낀 점을 〈주차간야(走車看野) 유럽견문기〉에 담는다.

　　바다보다 낮은 땅, 네덜란드 암스테르담 공항에 내린 후 여러 도시
를 버스로 이동했는데, 일주일 동안 노란 유채꽃이 만개한 풍광이 끝

없이 이어지며 가도 가도 산은 찾아볼 수 없으며 평야 지대만이 펼쳐 진다. 우리 한반도는 70%가 산지인데 유럽의 평야 지대는 하늘로부터 축복받은 땅이다. 부럽기 그지없다. 유럽 중심부의 알프스산맥 지대는 빼고 말이다.

12개의 ★이 원형으로 배열된 유럽연합(EU)의 작은 표지판이 국경마다 을씨년스럽게 우리를 반겨 준다. 예전처럼 국경을 통과하는 검문검색은 없다. 한마디로 유럽 27개 국가의 연합으로 1993년 11월 1일 창립된 유럽연합은 미합중국연합(U.S.A)처럼 한 나라임을 체감할 수 있었다.

고속도로의 휴게소는 우리나라 휴게소와는 비교할 수 없을 정도로 한산한 시골 간이역 수준이다. 주유소와 편의점 그리고 화장실(절반은 남녀 공용이었음)이 전부였으며 화장실은 동전(0.5유로)이 없으면 용변을 볼 수 없다. 뚱뚱한 여성관리인이 두 눈을 부라리며 큰 목소리로 소리치며 그 유세가 대단하다. 남북으로 곧게 뻗은 이탈리아 고속도로를 벤치마킹했다는 우리나라 고속도로 휴게소가 세계에서 가장 깨끗하고 편리하다고들 이구동성이다.

유럽이나 미국 등 세계 각국을 여행하다 보면 독립투사나 유명한 전투의 승리한 장군들의 말을 탄 동상을 쉽사리 볼 수 있다. 그런데 재미난 것은 동상 아래 말의 형상을 보면 그 장군이 어떻게 죽었는지를 금방 알 수 있단다. 말의 네 다리가 모두 선 동상 위의 장군은 천수를 누린 것이며, 말이 한 다리를 든 동상의 장군은 전투 중 부상을 당한 것이고, 앞의 두 다리를 들고 서 있는 장군은 전사한 것이란다.

'달린다'는 의미의 '라인(Rhein)'강은 알프스 산지에서 출발하여 스위스, 리히텐슈타인, 오스트리아, 독일, 프랑스, 네덜란드 등 여러 나라를 거치며 운하로 지중해, 흑해, 발트해 등과 연결된다. 총길이가 1,320km인데 독일을 흐르는 강줄기가 698km에 이른다. 따라서 라인강의 절반이 독일 땅을 흐르기 때문에 독일인들은 이 강을 '아버지의 강'이라고 한다. 라인강 옆의 비탈엔 포도밭이 즐비하다. 그래서 유럽은 와인산업이 번성했는가 보다.

검은색의 157m 고딕철탑이 인상적인 유네스코 세계유산인 쾰른대성당이 자리한 쾰른(Cologne)시의 이름은 10~15세기경 '로마의 식민지(Colony)'에서 유래했다. 쾰른의 명물로는 쾰시 맥주와 '콜로뉴의 물'이라는 의미의 오데 코롱 향수가 유명하다. 옛 로마시대의 건축물이 즐비한 프랑크푸르트 뢰머광장은 옛날에 로마 군인들이 주둔한 광장이다. 뢰머광장 성당의 아름다운 종소리가 지금도 귓가에 맴돈다.

라인강 북쪽 언덕의 고양이성, 생쥐성은 12세기에 건립되었는데 소리가 나는 바위라는 의미가 담긴 로렐라이 언덕과 마주 보고 있다. 옛날에 로렐라이라는 처녀가 실연하여 라인강에 몸을 던진 후 반인반조의 요정이 되었다. 그 요정은 아름다운 목소리로 뱃사람들을 유혹했으며 높이 132m의 로렐라이 언덕 아래 굽이치는 빠른 물살과 소용돌이로 인해 많은 배들이 난파하고 수많은 뱃사람들이 죽었단다. 라인강의 급물살은 지금도 변함없이 흐른다.

독일의 클레멘스 브렌타노가 쓴 소설인《고드비(Godwi)》에서 영감을 받고 하이네 시인의 명시에 곡을 붙여 〈로렐라이 언덕〉이란 노래가 탄생했다. 독일인들은 로렐라이 언덕에 관해 무관심하지만 한국인, 일본인 등 동양인들은 음악교과서에 실린 로렐라이 언덕을 즐겨 찾는다. 그러나 직접 보고는 기대했던 것보다 실망감이 더 큰 것 같으며 가까운 곳의 백포도주 산지로 유명한 뤼데스하임으로 발길을 돌린다. 조용하고 아기자기한 가게들이 즐비하며 새 소리가 들려오는 듯한 티티새 골목이 눈길을 끈다.

노트르담 성당의 노트르담이란 우리들의 (우아한) 마담, 즉 성모 마리아를 의미한다. 파리 노트르담 성당 외에도 룩셈부르크에도 뾰족한 철탑의 노트르담 성당이 있다. 해발고도 300m 절벽의 사양구릉에 위치한 천연의 요새인 천년 고도, 룩셈부르크를 유럽공동체는 1995년에 유럽문화도시로 지정했다. 동서남북 어디나 풍광이 멋지다.

여행객이 잠시 휴식을 취하며 하룻밤을 머무는 '호텔(Hotel)'이란 단어의 어원은 병원을 뜻하는 Hospital인데 룩셈부르크도 발견할 수 있었다. 룩셈부르크시 남부에 있는 룩셈부르크 시청사의 공식명칭이 'Hotel de Ville'인데 호텔은 시청사를 의미하는 것으로도 쓰이고 있었다. 룩셈부르크 시청사 앞의 두 마리 파란 사자상에 눈길을 준다.

높이 320.75m의 철로 만들어진 프랑스 파리 에펠탑의 야경은 예전 모습과 사뭇 달라졌다. 탑 꼭대기에서 등대처럼 불빛을 쏘아대며 다이아몬드 형상의 화려한 불꽃놀이가 펼쳐졌으며, 세느강 유람선 선상에서 세계 각국 관광객들이 "와우!" 하며 연신 탄성을 쏟아낸다. 세느강 물에 비친 노트르담 성당의 밤의 자태도 영롱하게 일렁인다.

'서유럽의 베니스'라고 일컫는 벨기에의 운하도시 브뤼헤의 아름다운 마르크트 광장과 겐트시의 겐트성과 성니콜라스 성당도 아름답다. 영화 〈로마의 휴일〉에 나오는 여배우 오드리 헵번이 벨기에 사람임도 뒤늦게 알았다. 유럽연합(EU) 본부와 북대서양조약기구가 있는 벨기에 수도인 브뤼셀에는 빅토르 위고가 세계에서 가장 아름다운 광장이라고 말한 그랑플라스 광장이 있다.

1619년 제롬 뒤케노스가 만들었다는 브뤼셀의 마스코트 '오줌싸개 소년'상(60cm)은 그랑플라스에서 100m쯤에 있으며 인근 주택가 골목에는 '오줌싸개 소녀'상도 있다. 지금까지 850벌의 옷을 각국 정상들에게서 선물받았다고 한다. '오줌싸개 소년'상 옆에는 세계 최고라는 벨기에 고디바 초콜릿 가게가 장사진을 이루고 있으며 와플 가게, 아이스크림 가게도 인파가 넘쳐났다.

매년 3월 말부터 5월 중순까지 약 28만m²(8만5,000평)에서 펼쳐지는 네덜란드 큐켄호프 튤립축제는 세계 각국에서 온 관광객들로 붐빈다. 내가 찾았을 때도 그러했다. 터키가 원산지라는 각양각색 만개한 튤립꽃은 장관이었다. "Wow~ Beautiful!"이란 감탄사가 여기저기에서 쏟아진다. 인산인해의 관광객을 태운 수백 대의 버스가 물결을 이루고 어깨를 부딪히며 관람객들이 카메라 셔터를 누르기에 바쁘다. 타고 온 버스를 찾는 데 애를 먹기도 한다.

암스테르담에서 북쪽으로 13km 떨어진 강변에 위치한 잔세스칸스는 풍차와 양의 방목으로 유명하다. 18세기에는 700여 개의 풍차가 있었지만 지금은 관광용으로 몇 개의 풍차만 남았다. 나막신과 치즈를 파는 상점들도 눈에 띈다.

　'운하의 도시' 암스테르담 운하의 유람선에서 바라본 풍광은 파리 세느강과는 비교가 되지 않았다. 건물 사이의 공간을 두지 않고 바짝바짝 붙여서 집을 짓는 것은 바다를 메운 지반이 약하기 때문이란다. 그래도 옆으로 기운 건물이 눈에 들어온다.

　관광은 '이끌림, 떨림, 울림, 어울림, 몸부림치며 빛을 보는 것'이라고 이 참 한국관광공사 前 사장이 말한 데 동의한다. 여기에 덧붙여 여행은 고통을 수반하는 것이란 게 내 생각이다. 걸음걸이가 다소 불편한 안해와 함께 다녀온 이번 유럽여행은 참으로 멋지고 알찼다.

휘게와
케렌시아

한가족의 생활 터전인 가정은 일상생활에서 지친 몸을 쉬는 '안식의 터'다. 생존경쟁에서 심신이 상처받고 병든 것을 치유하는 '치유의 터'다. 부부와 가족이 힘을 합쳐 가사를 꾸려 나가는 '노동의 터'다. 그리고 가족 간에 사랑이 충만한 '사랑의 터'다. 이를 '가정의 4터'라고 신 재덕 목사(농심그룹 CEO 출신)는 설교한다.

그런데 무언가 빠진 것 같아서 위의 4가지 터에다 밥상머리 교육현장인 '교육의 터'를 보태서 '가정의 5터'라고 이름을 붙여 보았다. 이를 평소 존경하는 신 재덕 목사에게 이야기했더니 빙그레 웃으면서 고개를 끄덕였다. 이렇게 해서 생겨난 게 바로 'Daegila의 가정의 5터'다.

언제부터인가 웰빙(Well-Being)이니 힐링(Heal-ing)이란 단어가 유행하더니 힐빙(Heal-Being)이란 신조어가 등장했다. 이 모든 게 즐겁고, 기쁘고 편안한 개인의 삶과 가정에서의 가족 사랑이 바탕이다.

최근 웰빙을 뜻하는 노르웨이어에서 출발한 덴마크인들의 '휘게(Hygge)'가 유행하고 있다. 휘게는 간소한 것, 느린 것과 관련이 있다. 새 것보다는 오래된 것, 화려한 것보다는 단순한 것, 자극적인 것보다는 은은한 분위기와 가깝다. 휘게는 덴마크 사람들의 느리고 단순한 삶을 가리킨다.

크리스마스이브에 잠옷을 입고 〈반지의 제왕〉 영화를 보는 것, 좋아하는 차를 마시면서 창가에 앉아 창밖을 내다보는 것, 장작불이 활활 타로는 벽난로 옆에서 촛불을 켜놓고 포도주 한잔을 마시면서 가족이나 친구와 함께 도란도란 담소를 나누는 그러한 소소한 행복이다.

덴마크가 스웨덴에 노르웨이를 빼앗긴 1814년까지 약 500년 동안 덴마크와 노르웨이는 단일 왕국이었다. 덴마크 공식문서에 '휘게'라는 단어가 나타난 것은 1800년대 초반이며 휘게와 웰빙 또는 행복과의 연관성은 우연의 일치가 아닌 것으로 보인다.

최근 휘게의 정체를 밝히려는 목적으로 덴마크를 구석구석 둘러보는 여행객이 늘고 영국의 어떤 대학은 휘게에 관해 가르치고 있다. 더 나아가 휘게를 내세운 빵집이나 상점, 카페들이 세계 곳곳에서 속속 문을 열고 있는 추세이다.

덴마크 수도 코펜하겐에 위치한 행복연구소가 발표한 내용이다. 덴마크 사람들의 '행복'에 관한 순위는 단연 세계 으뜸이다. 세계 행복 보고서(2016년) 1위, OECD 생활만족도(2015년) 1위, 유럽 사회조사

(2014년) 1위가 덴마크 국민(Dane)이다. 덴마크 사람들이 행복한 이유 중의 하나는 일과 개인의 삶을 균형적으로 분배하기 때문이다.

유럽사회연구소는 유럽 여러 나라 사람들의 안정감과 행복감, 평화로움을 느끼는 지수를 조사했는데 덴마크인이 33%, 독일인이 23%, 프랑스인이 15%, 영국인이 14%라고 발표했다. 그렇다면 우리 한국인은 어느 정도일는지 상상해 본다. 삶의 질과 관련해서 '워라밸(Work and Life Balance)'이란 말이 등장했는데, 이는 휘게와 관련 있어 보인다.

덴마크 국가정책이 덴마크 사람들로 하여금 좋은 인간관계를 추구하는 시간을 보장해 주지만, 덴마크의 언어와 문화 또한 덴마크 사람들이 가족이나 친구와 보내는 시간을 최우선시하고 오랜 시간에 걸쳐 좋은 인간관계를 맺도록 돕는다.

휘게를 내세우며 세계적으로 조명이 아름답고 휘게릭하기로 유명한 코펜하겐의 노마(NOMA) 레스토랑에서 베니 안데르센이 곡을 붙여 노래한 〈스반테의 행복한 하루(The Happy Day of Svante)〉라는 유명한 시를 읊는다.

"기다려 보세요. 곧 햇빛이 날 겁니다. 태양과 기우는 달, 함께 있기에 좋은 사람, 그게 우리가 가진 전부이기 때문에 삶은 살 만합니다. 그리고 커피는 아직 따뜻합니다."

그리고 일상생활에서 지친 사람들이 편하게 쉬면서 안정을 취하는 개인적인 공간으로 사전적 의미는 '애정, 애착, 귀소본능'인 스페인어 '케렌시아(Querencia)'도 뜨고 있다. 잠시 후 투우장에 나갈 소가 투우

사와 마지막 일전을 앞두고 홀로 잠시 숨을 고르는 공간인 케렌시아는 소가 혼자서 휴식을 취하는 공간이다.

현대인에겐 휴식이 중요하다. 멀리 나가지 않고 집이나 집 근처에서 휴가를 보내는 스테이케이션이 하나의 트렌드로 자리매김했다. 집 안에서 TV나 영화를 보며 휴식을 취하기에 적합하며 척추에 무리를 주지 않는 자세로 쉴 수 있는 기능성 소파도 인기리에 판매되고 있다.

주거공간의 인테리어 역시 편안함, 온전한 쉼을 목적으로 하고 그를 위해 개인의 수면 자세와 신체 특성에 맞춰 조절 가능한 침대 매트리스도 인기를 끈다. 최근 유통업계에 의하면 눈에 편한 조명기구 및 1인용 안락의자, 고급 침구 등 휴식을 위한 상품의 매출이 꾸준히 증가한단다.

휴식의 휴(休)는 사람이 나무 옆(人+木)에서 쉬는 것이고, 식(息)은 스스로 마음의 기운을(自+心) 조절하고 쉬는 것이다. '잠이 보약'이다라는 말처럼, 휴식 중의 최고는 잠이다. 자는 동안 우리 몸은 호흡과 심장의 박동은 스스로 유지하지만 다른 기능은 쉬면서 신체적·심리적 회복을 통해 새로운 삶의 에너지를 얻는다.

우리는 인생의 3분의 1 정도를 잠을 자면서 보내며 재충전의 시간을 갖는다. 숙면을 이루는 방법으로는 낮에 충분한 햇볕을 쬐며 저녁 늦게 야식을 먹지 않으며, 술이나 과도한 카페인은 섭취하면 곤란하다.

인디언들이 푸른 초원에서 말을 타고 힘차게 달려 나가다 가끔씩

멈추어 서서 주변을 살피는 것은 자기 자신의 영혼이 따라오기를 기다리는 것이라고 한다. 자신의 영혼이 따라올 수 없을 만큼 마구 달려왔지만 잠시 숨을 고르면서 탐진치를 내려놓고 멍 때리기처럼 무념의 상태로 지내는 게 바로 케렌시아다.

최근 젊은이들 사이에 유행하는 휘게(Hygge)와 케렌시아(Querencia)란 말을 나는 '즐기편'과 '함따오'란 말로 만들어 보았다. 즐기편은 '즐겁고, 기쁘고, 편안하게'이고, 함따오는 '함께, 따뜻하게, 오래오래' 살자다.

워라밸

'근로자의 삶의 질(Quality of Working Life)'을 뜻하는 QWL은 직장인들이 잘 알고 있는 경영학 용어다. 그런데 작년에 고용노동부에서 조직의 일과 가정의 양립을 위한 '워라밸'이란 신조어를 발표했다. 이는 '일과 삶의 균형(Work and Life Balance)'의 약칭이며 좋은 직장의 기본 조건이다. QWL과 유사한 개념이다.

1970년대 후반 영국에서 개인 업무와 사생활의 균형을 의미하는 말로 등장한 워라밸은 일하는 여성들의 일과 가정의 양립을 의미했다. 그 후 노동관의 변화, 라이프스타일의 다양화에 따라 지금에 와서는 남녀, 노소, 기혼과 미혼 그리고 국적을 불문하고 일하는 노동자 모두를 대상으로 한다.

고용노동부는 2017년 7월에 워라밸 제고를 위한 '일·생활의 균형을 위한 국민 참여 캠페인'을 발표하고 일과 가정의 양립과 업무생산성 향상을 위한 근무혁신 10대 제안을 책자로 발간한 바 있다.

10대 제안은 정시 퇴근, 퇴근 후 업무연락 자제, 업무집중도 향상, 생산성 위주 회의, 명확한 업무지시, 유연한 근무, 비대면 결재 등 효율적 보고, 건전한 회식문화, 연가 사용 활성화, 관리자부터 실천 등이다.

'일과 삶 중에서 일이 우선'이라는 응답이 43.1%이라는 게 2017년 통계청이 발표한 조사결과다.

그러나 취업포털 '사람인'에서 구직자 2,935명을 대상으로 설문조사한 결과, 경력직 구직자는 연봉을, 신입 구직자는 근무시간 보장을 가장 중요시하며 직장 선택의 기준 1위로 꼽았다. 구직자 400명을 대상으로 연봉과 야근 조건을 조사한 결과, 연봉은 중간 수준이나 야근이 적은 기업을 65.5%가 선호했다. 연봉이 낮고 야근이 없는 기업은 22.8%, 그리고 연봉이 높고 야근이 많은 기업을 선택한 사람들은 단지 11.8%뿐이었다.

또한 직장인 522명을 대상으로 높은 연봉과 저녁이 있는 삶에 관해서 조사했다. 높은 연봉보다 저녁이 있는 삶을 선택한 이들은 무려 70%였다. 10명 중 7명이 돈보다 시간적 여유가 있는 삶을 선택했다.

김 난도 서울대학교 소비자학과 교수가 발표한 '2018년에 가장 주목해야 할 10대 트렌드' 중 하나도 워라밸이다.

1. 소확행(小確幸, 작지만 확실한 행복 추구)
2. 플라시보 소비(플라시보 효과처럼 가격보다 심리적 만족)

3. 워라밸 세대(일과 생활의 균형이 중요한 세대)

4. 언택트 기술(키오스크, 챗봇(Chatterbot) 등 무인서비스 기술)

5. 나만의 휴식처(수면카페, 대나무 숲 등 익명의 휴식 공간)

6. 만물의 서비스화(서비스 비즈니스의 확산)

7. 매력자본(카카오 캐릭터 등 개성 있는 매력이 돈 되는 시대)

8. 미닝아웃(Meaning Out: 정치, 사회적 신념의 신소비행태)

9. 대인관계(관계의 권태기, 티슈인맥 등 기능 중심의 관계 맺기)

10. 자존감(자신에게 선물하는 보상적 소비 인기)

서양에서 시작된 워라밸의 본래 의미는 직장과 가정의 양립이다. 하지만 우리나라 직장인의 워라밸은 개인생활을 우선시하고 자신만의 취미생활을 즐기는 직장과 개인생활의 양립으로 변화했다.

직장인 스스로도 워라밸을 위해 일에 대한 혁신과 맡은 바 직분에 충실해야 한다. 직장이 있어야 내 개인적 삶도 영위할 수 있다.

뭐 하러 왔노?

2018년 11월 8일, 우정(牛汀) 이 동찬(李東燦) 코오롱그룹 前 명예회장(한국경총 前 회장)이 93세로 서거한 지 4주기를 맞는 날이다. 우정 회장의 고향, 경북 영일만 비학산 단풍이 곱게 물든 가을날, 모든 걸 내려놓고 극락왕생하셨다. 우정 회장과의 일화를 떠올린다.

4년 전 어느 날, 우정 회장님으로부터 종로 체부동의 수제비 단골집에서 "점심 한 끼 함께 하자"는 연락이 왔다. 보리밥과 수제비로 점심을 하면서 "회장님께서 오랫동안 맛있는 밥을 사 주셨는데 오늘은 제가 회장님께 점심식사를 대접할 기회를 주십시오"라고 말씀드리니 "왜 자네가 점심을 사려고 하는가? 오늘이 무슨 날인가?" 되물으시기에 "예! 10월 25일, 오늘은 제 월급날입니다"라고 말씀드리고 점심식사를 대접했다. 운명하시기 20일 전이다.

30년 동안 나와의 연을 마무리하시려 했는지 마지막으로 모실 기회를 주신 것 같다. 수제비집 주인이 방명록에 우정 회장의 글을 받으려 하자 '자네가 나 대신하라'는 눈빛 명(命)을 내리시기에 '우정 회장님을 모시고 맛있는 외미(畏味)를 함께 하다!'라고 붓으로 썼더니 빙긋이 웃으셨다.

1985년부터 1998년까지 13년간 경총(한국경영자총협회)에서 우정 회장을 가까이서 모시고 일한 나는 "저는 이 세상에서 존경하는 분이 세 분이 계십니다. 나를 낳아 주고 길러 주신 어머니와 도산 안 창호 선생 그리고 경제영웅, 우정 이 동찬 회장님을 존경합니다"라고 했더니 "내가 왜 유(You, 자네)의 존경을 받아야 하는가?"라고 묻기에 "그건 제 마음에서 우러난 존경심 때문입니다"라고 말씀드린 바 있다.

어느 날, 우정 회장에게 "어떻게 하면 부자가 될 수 있는가?"를 여쭈어 보았다. 그냥 가르쳐 줄 수 없다면서 "주머니에 한번 들어온 돈은 단돈 1원도 명분 없이 쓰지 않는 것"이라고 알려 주셨다.

1992년 여름, 스페인 바르셀로나올림픽에서 코오롱 소속의 황 영조 선수가 죽음의 몬주익 언덕을 숨 가쁘게 넘어서 손 기정 선수 이후 56년 만에 올림픽에서 마라톤 금메달을 목에 걸었다. 막판에 스퍼트하는 그를 지켜보면서 우정 회장은 "아! 어릴 적 일본 오사카의 극장 화면 속에서 일장기를 가슴에 달고 뛴, 손 기정 선수의 못 이룬 꿈을 이루는구나!"라며 뜨거운 눈물을 펑펑 흘리셨다고 한다.

응원차 바르셀로나로 날아온 우정 회장은 대회 전날 밤에 황 영조

선수가 금메달을 목에 건 꿈을 꾸었다. 대회 전날 밤에 숙면을 취하도록 일본인 친구가 구해준 귀한 약도 건넸지만 황 영조 선수는 그 약의 도움 없이도 밤잠을 잘 잤다. 행사 당일 아침 일찍이 올림픽 주경기장을 둘러보던 우정 회장은 경기장 안의 기념품 매장에서 파는 금·은·동 메달 중에서 한 개만 남은 금메달이 눈에 띄어 얼른 그 금메달을 사서 목에 걸고 '이젠 되었다!'고 회심의 미소를 지었다는 마라톤 사랑 이야기를 나는 지금도 생생하게 기억한다. 우정 회장의 얼굴엔 소년처럼 홍조 띤 함박웃음이 넘쳐났으며 무척 신나 하셨다.

1992년 가을, '코오롱그룹 보람의 일터 대행진'이 2,000여 명 코오롱 임직원들이 참가한 가운데 열렸다. 1991년 강원도 고성에서 열린 세계잼버리대회를 벤치마킹해서 김 주성 코오롱그룹 비서실장 등이 기획하여 치렀다. 그 후 경총 간부들에게 행사에 참가한 소감을 물었다. 이구동성으로 행사에 관한 이야기는 제쳐 두고 "비가 많이 와서…"라고 두루뭉술하게 대답할 뿐이었다.

그때 나는 이렇게 말했다.

"비가 억수로 퍼붓던 첫날밤은 코오롱의 과거이고 다음날 아침에 햇빛이 쨍쨍 비출 때는 코오롱그룹의 미래라고 생각합니다."

그러고 나서 행사가 끝난 직후 화장실에서 코오롱그룹 직원들 간의 대화를 우연히 엿들은 내용을 가감없이 말씀드렸다. 한참 눈을 감고 계시던 우정 회장께서 "다시 말해 보라"고 해서 같은 이야기를 반복해서 말했다.

이런 일도 있었다. 1996년 5월 6일(월) 아침 10시, 경총 고급인력정보센터 운영계획(안) 결재를 받으려고 우정 회장이 계신 코오롱그룹 명예회장실 문을 노크하고 들어서자 느닷없는 불호령이 내려졌다. "뭐하러 왔노? 바쁜데 전화나 팩스로 하지!" "예, 긴급하고 중요한 TV광고에 관한 내용이라 직접 결재를 받으려고 왔습니다"라고 말씀드리니 "그럼 설명해 보라!"고 하셨다.

"회장님! 지난 토요일 오후에 안해와 함께 공주 갑사의 부처님께 108배를 올리고 계룡산을 넘어서 하룻밤을 보내고, 어제 새벽 4시에 동학사 부처님께 108배 기도를 하고 지금 왔습니다"라고 말씀드리니 "그래서? 본론을 말하라. 왜 갑자기 절 이야기를 꺼내느냐?"고 짜증을 내셨다.

"회장님께서는 고급인력을 위한 재취업센터를 운영하라고 제게 특별지시를 하시면서 어려울 때 한 번은 도와주겠다고 약속하셨습니다. 그런데 지난 경총 간부회의에서 회장님께 TV광고 모델을 무료로 서달라고 제가 부탁드렸더니 '이 나이에 무슨 TV광고 모델이냐'면서 '내가 미쳤냐?'라고 단호하게 거절하셨습니다. 그래서 불자인 회장님의 마음을 움직이는 유일한 방법은 부처님의 월력뿐이라는 생각으로 공주 갑사와 동학사 부처님께 안해와 함께 간절하게 기도드리고 왔습니다. 일 배 일 배 할 때마다 부처님 얼굴을 보면서 '부처님, 월력을 발휘해서 우정 회장이 TV광고 모델을 꼭 서게 해 주세요'라며 절을 했습니다. 남아일언 중천금이라는데 약속을 지켜 주십시오"라고 말씀드리니 우정 회장께서 참으로 난감한 표정을 지으셨다.

이때다 싶어서 "부처님! 우정 회장께서 마음이 움직일 듯 말 듯 합니다. 지금 이 순간, 부처님의 월력을 펼쳐 주소서!"라고 두 손을 합장하니, 우정 회장의 두 눈가에 이슬이 맺히며 "알았다! 그래, 내가 약속을 지키마! 어찌해야 하노?"라고 말씀하셨다. 내 눈가에도 감사의 눈물이 흘렀다.

우정 회장은 수첩을 펼치시며 "내일밖에 시간이 없다. 언제, 어디서 찍나?"라고 묻기에 "내일 오전에 이곳 회장실에서 찍겠습니다. 대한민국 국민이 모두 보는 TV광고입니다. 라디오, TV광고비 일체는 노동부 예산이 지원됩니다."

다음날인 5월 7일, 오전 10시부터 오후 4시까지 6시간에 걸쳐 코오롱그룹 회장실은 촬영이 이어졌다. 매경TV 카메라 앞에 선 74세의 우정 회장께서는 회장실 안을 거닐며 내가 준비한 대사를 수도 없이 반복하며 촬영에 임했다. "고급인력 여러분! 새로운 일자리를 원하십니까? 경총 고급인력센터로 오십시오. 여러분의 일자리를 구해드리겠습니다." 나는 출입문 뒤에 숨어서 광고 촬영 현장을 지켜보며 우정 회장님께 죄송함과 무한한 감사함을 느꼈다.

1998년 2월, 경총을 사직하고 매경 인력개발원과 ㈜동양EMS의 대표이사로 일해 오면서 우정 회장 생신(4월 1일) 때 '우정 회장님 생신을 축하드립니다. KOLON그룹 大吉'이란 리본을 단 예쁜 축분을 회장실로 보내고 인사드리면 "왜 코오롱 대길인가?"라고 해마다 물으셨다.

"예, 코오롱그룹이 계속 성장 발전하려면 대길(大吉)이란 제 이름이 붙어야 합니다"라고 말씀드리면 빙그레 웃곤 하셨다. 그리고 1998년부터 2014년 11월 우정 회장님이 서거하실 때까지 일본판《문예춘추(文藝春秋)》월간 잡지를 매월 빠짐없이 회장실로 보내드렸다.

2014년 4월 1일, 생신 축하인사를 드리려고 우정 회장님을 찾아뵈었다. "내가 대한민국의 큰 죄인이다. 1982년부터 14년간 경총회장으로 일했다. 그전의 부회장 8년까지 합하면 총 22년간 경총 수장으로 노사관계 일을 했는데 그 무엇 하나 제대로 이루어 놓은 게 없다. 봄철이 오면 노조의 임금인상 춘투(春鬪)가 해마다 열리는데 노사가 머리 맞대고 마음을 열고 물가인상과 생산성을 자동적으로 반영한 임금조정 공식이라도 사회적 합의로 마련했어야 하는데 안타깝다!"며 후회하셨다. 이에 "이 모든 것은 경총 간부들이 회장님을 잘못 보필한 때문입니다. 멍석에 두 무릎을 꿇고 국민께 석고대죄할 중죄인은 바로 저를 포함한 경총 간부들입니다"라고 우정 회장께 머리를 숙였다.

우정 회장께선 정직하고 겸손하며 올바른 일에 열정을 다 바친 경제영웅이시다. "S그룹, D그룹처럼 수많은 기업들을 인수합병(M&A)해서 몸집을 키우는 경영방식은 바르지 않다. 처음부터 땅에다 말뚝을 박고 공장을 짓는 제조업이 바람직하다"는 경영철학을 고수하셨다. "이상은 높게, 눈은 아래로 하고 벌기보다 쓰기가, 죽기보다 살기가 더 어렵고 힘들다"고 가르쳐 주셨다. "산을 오를 때보다 내려올 때가 더 위험하니 조심하라"고 늘 알려 주셨다.

1980년대 말, 나중에 대통령이 된 두 분의 야당 대표도 참석한 한국노총 대의원대회장에 우정 회장을 수행하고 참석했다. 단상 정면에 VIP석에 착석한 우정 회장이 축사를 하려고 단상에 오르려는 순간, 대회장 내 이곳저곳에서 "물러가라! 이 동찬!" 하는 구호가 터져 나왔다.

그때 대회장이 떠나갈 듯한 우렁찬 큰 목소리로 "축사~!!!"라고 우정 회장은 대갈일성(大喝一聲)했다. 그러자 분위기가 금방 잠잠해지고 끝까지 축사를 마친 우정 회장께 참석자들의 박수소리가 터져 나왔다. 우정 회장은 6·25전쟁 중에는 경찰에 자원입대하여 대구경찰서 경북지역 특경대장(전투경찰대장)으로 공비토벌작전 선봉장으로 참전한 참전용사의 극기정신과 위풍당당함을 보여 주셨다.

나는 사회를 맡은 조 용언 노총 사무차장 뒤에서 우정 회장의 일거수일투족에 신경을 쓰며 눈을 응시했다. '불미스런 사고가 있으면 안된다. 나는 우정 회장의 수행비서이며 유일한 보디가드다'라고 다짐하면서 말이다. 행사가 끝나자 나는 축화환 삼각대 밑으로 번개처럼 기어나와서 맨 먼저 자리를 박차고 나오는 우정 회장을 모시고 나왔다. 노조 대의원들의 시선이 집중되었지만 어쩌겠는가! 이게 바로 수행비서의 기본 책무이지 않은가!

행사 후 VIP들과 함께 엘리베이터를 타고 내려오는데 그 시각이 오전 11시 50분이었다. "이 근처에 적당한 오찬장소가 있는가?"라며 우정 회장이 내게 물었다. "예! 63빌딩 56층 와꼬가 있습니다"라고 답하자 모두들 고개를 끄덕이며 좋다는 반응이었다.

1층에 내리자마자 나는 6층서부터 계단으로 뛰어내려온 수행비서들에게 "63빌딩 56층, 와꼬!"라고 소리친 후 승용차 앞좌석에 타자마자 평소에 외워둔 번호로 전화를 거니 전망이 가장 좋은 강(江)실이 비어 있단다. 이런 게 천우신조일까? 예약을 하고 나니 등줄기에 식은 땀이 흘렀다. 우정 회장을 룸미러로 슬쩍 살펴보니 창밖을 물끄러미 바라보고 계셨다.

　중간에 식사비를 계산하라고 우정 회장의 골드카드가 쟁반에 받쳐 나왔는데 경총의 대외활동비는 법인카드로 정산하고 반납했다. VIP 오찬간담회가 끝난 후 엘리베이터 안에서 우정 회장은 "해마다 발표하는 임금인상 가이드라인 때문에 경총 직원들 임금 수준이 전경련, 상의보다 임금 수준이 낮아요. 맞는가?"라고 나에게 물었다. "예, 사실입니다"라고 대답하니 옆에 있던 VIP들이 월급을 올려 주고 일을 시키라고 이구동성이었다.

　이런 일이 계기가 되어서 경총 임직원의 임금은 우정 회장의 특별지시로 전경련 등 타 경제단체 임금 수준으로 파격적으로 인상되었다. 경총 회원사업부장인 나는 회원사 배가운동을 펼치며 그 재원 마련을 위해 동분서주했다. 거액의 금일봉을 경총 직원협의회 복지기금으로 우정 회장이 쾌척해 주셨는데, 그 고마운 마음을 잊을 수 없다.

　신라호텔에서 열린 1996년 전국 최고경영자 연찬회를 기획하고 이를 총괄 진행한 나는 조 중훈 한진그룹 회장의 생애 처음이자 마지막 특별강연의 사회를 보았다. 2002년 월드컵조직위원장으로서 조직위 회의를 연기하며 끝까지 경청하는 우정 회장의 따뜻한 배려에 감동했다. 조 중훈 회장에게 '사업은 예술이다'라는 은쟁반에 칠보를 입힌 감사패를 전했다. 그 이전엔 두 회장님들 간에 어떤 교류도 없었다고 한다.

　우정 회장님을 오랫동안 모신 코오롱그룹 김 주성 前 부회장(비서실장, 구미공장장 역임) 안 병덕 부회장, 석 도정 前 사장, 홍 성안 전무, 강 대주 부장, 장 재혁 대표, 류 현준 부장, 그리고 20여 년간 정성 들여 따뜻한 차를 끓여 우정 회장을 모신 비서 박 혜영 차장의 노고가 빛난다. 특히 개인생활과 가정생활을 포기하고 지난 36년간 (1978~2014년) 우정 회장을 위해서 24시간 숙식을 함께 하며 규칙적인 생활을 하도록 분골쇄신 보필한 서 기복 이사를 우정 회장은 "내게

가장 무서운 사람"이라며 애정을 표시했다. 우정 회장이 돌아가신 후 서 기복 이사 부부는 코끼리 바위로 유명한 울릉도 천부에 안식처를 마련하고 낚시를 즐기며 여생을 보내고 있다. 송곳산 아래 절에서 우정 회장을 위해 날마다 새벽예불을 올리는데 지극정성이다. 극락왕생하신 우정 회장님의 명복을 빌며 두 손을 합장한다.

新진인사대천명

2017년 10월 27일, H사의 최 경주 초청 골프대회(KPGA 주관) 1차전 직후 스포츠TV와 가진 최 경주 선수 인터뷰 내용이다.

"남들이 가지 않은 골프선수의 길을 묵묵히 걸어왔다. 훌륭한 후배 선수들이 많이 나오고 있어 참으로 흡족하다. 한국과 미국에 어린 선수들을 위한 최 경주 꿈나무재단을 운영해 오고 있는데, 미국에서처럼 사회 기부자에게는 면세해 주는 세제를 우리나라도 검토하고 실행되어야 한다. 과도한 세금을 부과함은 사회기부 활성화에 걸림돌이 될 수 있다."

"완도 명사십리에서 벙커샷을 한도 없이 연습했으며 한국, 일본, 유럽과 미국 등 세계에서 '코리안 탱크'라는 별명을 얻은 골프선수가 되어 이번 대회의 초청자가 되었다. 머지않아 그가 지천명을 맞는다. 그런데 어린 선수들을 볼 때마다 3년, 5년, 10년 후에 어린 꿈나무들이 어떤 모습으로 어떻게 자랄 것인지를 예감할 수 있다. 모든 게 희망적이어서 보람차고 힘이 난다."

최 경주 선수의 진솔한 이야기를 들으며 지난 50여 년간 인사노무관리 업무를 해오면서 건방지다는 소릴 들을 것 같아서 가슴속에 담아둔 말이 떠올랐다. "나도 상대의 얼굴을 지켜보며 말하는 모양과 내용을 생각해 보면 그들의 미래 모습이 어렴풋이 보인다."

최 경주 선수처럼 나도 어린 청소년들을 만나 보면 그들 각자의 3년, 5년, 10년 후의 모습이 예견된다. '저 꿈나무는 큰 나무로 클 것이며 취업 문제는 걱정이 없겠구나. 장차 우리 사회의 큰 그릇이 될 것이다.' 얼굴이 해맑은 사람은 만사형통이다. 얼굴이 검붉고 어두운 사람은 뜻하는 바를 잘 이룰 수 없다. 대다수 경우를 보면 시련이 뒤따른다.

어린 꿈나무들의 진로지도를 위한 휴먼닥터(Human-Doctor)라는 한글과 영문 도메인을 20년간 소유하고 있으며, 30년 이상 근무한 주요 그룹사 인사책임자와 최고경영자 친구들과 함께 뜻과 힘을 모으고 있다. 일본 동경대학에서 뇌공학을 연구하고《얼굴 속에 답이 있다》의 저자, 최 창석 명지대학교 정보통신공학과 교수와도 통섭하고 있다.

나이가 들어 가면서 자식이나 손주를 미래 우리 사회의 빛과 소금 같은 인재로 키우기 위해 존경받는 아버지·할아버지가 되기 위해서는 반드시 지켜야 할 新진인사대천명이 있다. H사의 Y사장이 오랫동안 생각해온 생활수칙인데 치매예방에도 효과적이란 주장이다.

진땀 나게 걷기, 수영, 산행 등의 운동을 하라!
인정사정없이 담배를 끊어라!
사회 활동을 열심히 하라! 많은 사람들과 만나서 친교하라!
대뇌활동을 많이 하라!(단, 장시간 TV시청은 뇌를 멍 때리게 한다)
천박하게 술을 마시고 버스나 지하철을 타지 말라!(와인도 술이다)
수명을 연장하기 위해 삼시 세 끼는 잘 챙겨 먹어라!(밥이 보약이다)

끝으로 가장 중요한 게 빠져 있다. 나이 먹는 게 유세가 아니다. 빨간 신호등 무시하고 다니는 노인은 젊은이들이 사람으로 보지 않는다. 뒤통수에 대고 욕을 한다. 얼굴은 언제나 미소가 넘쳐나고, 한 소리 또 하지 말라. 말수를 줄이고 적고 젊은이들의 말에 귀를 기울여야 한다.

'경청'의 들을 청(聽) 자를 살펴보면 남의 이야기를 들을 때(耳)에는 왕 앞에서 듣는 것처럼 들어라. 그리고 열 번(十)이라도 상대방 눈(目)을 바라보며 듣고 마음을 모아 일심(一心)으로 잘 들으란다.

그런데 남자가 젊은 여성과 대화할 적엔 특별히 주의해야 할 점이 있다. 여성의 눈을 너무 빤히 쳐다보면 오해를 받아 뺨을 맞을 수 있다. 상대방 눈을 보지 말고 코끝을 보면 무난하다. 내가 터득한 방법이다. 여자를 볼 때 눈길을 아무렇게 줄 수 없으니 남자로 사는 게 참 힘들다.

한려수도에서
하나의 추억을 보태다

　　　　　　　　2017년 10월 13일부터 1박2일 걸쳐 용산 고교 18회 졸업생 60여 명이 졸업 50주년 기념으로 한려수도의 아름다운 통영과 거제를 다녀왔다. 용(龍)으로 시작하는 교명이기에 물과 바다를 떠나서는 승천할 수가 없다는 데 이유를 달아 남해로 목적지를 정한 것이다.

　　인생 70년, 고희를 맞은 반백의 노신사들이 50년 전의 까까머리 학창시절로 되돌아가서 하룻밤을 지새우며 동심에 빠져 어깨동무하고 사진도 찍고 여자들만 떤다는 수다도 떨면서 한려수도 뱃길을 내달렸다.

　　첫 도착지는 통영자개로 유명한 곳이자 유 치환 시인, 김 춘수 시인, 박 경리 소설가 그리고 이 중섭 화가와 윤 이상 작곡가를 탄생시킨 예항인 경상남도 통영이다. 경상, 전라, 충청도 3도의 수군을 총 지휘한 '삼도수군통제영'은 왜군의 침략으로 발발한 임진왜란 당시 초대 수군통제사인 이 순신 해군제독이 1593년 8월 한산도에 설치한 최초의 통제영(統制營)이다. 이 순신 제독이 세운 작전회의장인 운주당(運籌堂)은 정유재란 때 폐허가 되었는데 1740년, 조 경(趙儆) 107대 수군통제사가 옛 터에 다시 복원해서 집을 짓고 제승당(制勝堂)이란 이름을 짓고 현재 걸려 있는 현판의 글씨를 친필로 썼다.

한산섬 달 밝은 밤에 수루에 혼자 앉아,
큰 칼 옆에 차고 깊은 시름 하는 차에,
어디서 일성호가는 남의 애를 끊나니.

나라 지키는 망루란 뜻의 수루(戍樓)에서 이 순신 제독이 읊은 명시엔 충무공의 나라를 사랑하는 우국충정과 외로움, 지도자의 고뇌가 고스란히 녹아 있다. 〈우국가〉를 〈한산도가〉라고도 부른다.

충무공의 넋이 깃든 제승당 가는 길의 파아란 바다는 그 바닥까지 보일 정도로 맑고 투명했으며 문어포 산정의 거북선을 대좌로 한 한산대첩비(20m), 1963년에 암초 위에 세운 거북등대는 대승첩지임을 알려준다. 한산대첩에서 승리한 후 충무공이 올라 갑옷을 벗고 땀을 씻었다는 작은 섬, 해갑도(게딱가리섬)도 시야에 들어온다.

한려수도 조망 케이블카를 타고 미륵산 전망대에 오르니 다도해 절경이 한눈에 들어온다. 일제강점기인 1932년에 통영시 육지 남단인 당동~미륵도 북단을 잇는 통영 해저터널(길이 461m, 폭이 5m, 높이 3.5m)도 관심을 모은다.

한려수도를 아름다운 물길이라고만 생각하는 이가 많은데 경남 통영시 한산도에서 사천, 남해 등을 거쳐 여수에 이르는 남해안 연안수로를 일컫는 말이다. 여기에 거제도의 해안 일부가 포함되어 경남 쪽의 남해안 일대가 한려해상국립공원으로 1968년에 편입되었다. 이 지역은 오염이 적으며 섬이 많고 바다가 잔잔하고 평화로우나 해전의 유적지가 많다.

현재 한려해상국립공원으로 지정된 곳은 여수 오동도지구, 남해 금산지구, 노량지구, 사천지구, 한산도지구, 거제 해금강지구 등 여섯 군데다. 유인도 38개, 무인도 57개의 섬이 쪽빛 남해에 떠 있는 모습이 한 폭의 그림 같으며 변화무쌍한 뱃길 풍광을 여수에서 부산까지의 쾌속선에서 3시간 동안 즐길 수 있다. 특히 여수에서 통영까지 1시간30분의 뱃길은 이탈리아 소렌토 풍경보다 더 아름답다고 말한다.

거제 저구항에서 소매물도로 가는 뱃길은 자연이 빚어 놓은 돌섬이 아름답기 그지없다. 일명 '쿠크다스섬'이라 부르기도 하는데, 예전에 크라운해태 제과의 쿠크다스란 과자 광고에 소매물도가 배경화면으로 나와서란다. 모세의 기적으로 유명한 소매물도란 섬 이름에 관해서 궁금해 하는 이들이 많은데 사실은 돌섬이라서 메밀농사를 지을 수도 없으며 지하수가 나오지 않고 비도 잘 오지 않기 때문에 땅이 메말라서 소매물도란다. 그리고 보니 빗물을 받아 생활용수로 쓰는 물탱크가 여러 곳에 눈에 띄며, 육지로부터 생활용수 보급선이 없으면 살기가 어럽단다.

그 밖에도 보석 같은 욕지도, 산호빛의 비진도와 바다에 핀 연꽃이란 뜻의 연화도가 어서 오라고 손짓을 한다.

"용케도 70년을 살아왔는데 30여 년 여생도 용케 살아가자고."

뭍으로 나오는 배 안에서 혜화동 새마을금고 이사장 최 용주 동문이 외친 그 한마디가 아직도 귓전에 생생하다.

톡톡톡 톡톡 사랑

교통사고로 의식을 잃고 쓰러져 산소호흡기로 연명하는 안해의 소생을 간절하게 바라는 남편이 있다. 누구 엄마, 여보! 라고 불러 보건만 아무런 반응이 없다. 그래도 안해의 손과 발을 주무르며 매일같이 '하느님! 제발 제 안해를 살려 주세요!'라고 기도하건만 아는지 모르는지 묵묵부답이다.

그래도 하루에도 여러 번, 안해의 의식이 돌아오길 기도하면서 오른손 검지로 안해의 손바닥에 '사랑해'라고 쓴다. 쉼 없이 쓴다. 그러길 한 달이 지났을까? 안해 손의 검지가 떨리며 미세한 반응을 보였다. 믿기지 않은 남편은 다시 안해 손에 '사랑해'라고 썼다. 그러자 안해 검지가 다시금 미세하게 두 번 움직였다. 안해가 무의식 속에서도 '나도'라고 응답하는 것 같았다.

실낱같은 희망에 남편은 시도 때도 없이 안해의 손바닥에 '사랑해'라고 써주었다. 어느 날은 반응이 없다가 어떤 날은 안해 검지가 '톡톡'

하고 두 번 미세하게 떨리곤 했다. 남편은 "하느님, 고맙습니다. 감사합니다!"라고 연신 기도하며 손으로는 '사랑해' 세 글자를 안해의 손바닥에 또박또박 새기듯 천천히 썼다. 차츰 안해의 손가락 떨림의 폭이 커져 갔다. 남편의 '사랑해' 손글씨에 응답하듯 마치 '사랑해, 나도' 그러는 것처럼 '톡톡톡, 톡톡' 답을 해오는 것이었다. 둘만의 손가락 대화는 이어졌다.

마침내 안해의 의식이 차츰 회복되고 급기야 산소호흡기를 떼어내고 눈을 뜨는 기적이 일어났다. 유명 대학 S병원의 중환자실에서 실제 있었던 일이다. 이 이야기는 부부간 사랑의 위대함을 잘 보여 주는 이야기로 널리 알려졌다. 그렇다면 사랑이란 과연 무엇인가?

어떤 이는 유행가 노랫말처럼 '눈물의 씨앗'이라고 하고 '배려'라 하기도 하며 '용서'라고 말한다. 그러나 1900년 독일 프랑크푸르트 유대인 가정에서 태어난 에릭 프롬은 34개국 언어로 번역되어 수백만부가 팔린 책《사랑의 기술》에서 사랑을 5가지로 정의했다.

> 첫째, 사랑은 상대방에 대한 관심이다. 무관심은 사랑을 잉태할 수 없다.
> 둘째, 사랑은 상대를 이해하는 것이다. 서로 입장을 바꾸어 역지사지
>   정신으로 말이다.
> 셋째, 사랑은 상대에게 무한책임을 지는 것이다. 남녀 간의 사랑엔
>   반드시 그 책임이 뒤따른다.
> 넷째, 사랑은 상대방에게 감사하는 것이다. 나눔과 배려 그리고 봉사가

선행되어야 한다.

다섯째, 사랑은 상대에게 대가를 바라지 않고 주는 것이다. 눈곱만큼이라도 그 대가를 바란다면 이는 사랑이 아니다.

'톡톡톡 톡톡 사랑'에는 위 5가지가 모두 들어 있다.

위 5가지 중에서 단 한 가지라도 빠지면 진정한 사랑이 될 수가 없다.

섬기는 사람이 되자

2006년 5월, 장충동 동국대학교 정문엔 동국대학교 100주년을 기념하는 '동국 100年, Do Dream(두드림)!'이란 현판을 내걸었다. 그걸 보며 그래, 내가 꿈꾸기보다는 사람들에게 꿈을 꾸게 해주며 사람을 제대로 받들고 섬기는 사람(Follower)으로 살아야겠다는 다짐을 하며 정리한 것이 '5~er'이다.

'사람 섬김(Followership)'을 제대로 하지 않고 한 번에 리더란 위치에 오른 지도력(Leadership)은 바닷가 모래 위에 지은 집이다. 윗사람을 잘 섬기고 받들 줄 알아야만 부하직원(Follower)에게 존경받는 리더가 될 수 있다. 이는 내가 오랜 직장생활 체험을 통해 체득한 소중한 자산이다.

'5~er'은 이런 사람이다.

첫째는 주변 사람들에게 꿈을 꾸게 하며 꿈의 뿌리가 근착하도록 물을 주고 햇빛을 비추어 주는 사람, 'Do Dream'의 'Dreamer(드리머)'

이다. 둘째는 어려움 속에서 고통 속의 사람들에게 희망을 주는 사람, 'Do Hope'의 'Hoper(호퍼)'이다. 셋째는 할 수 있다는 자신감을 주는 사람, 'Do Energize'의 'Energizer(에너자이저)'이다. 넷째는 일상생활 속에서 행복을 찾아주는 사람인 'Happilizer(해피라이저)'이다. 다섯째는 참된 교육적 메시지를 전파하며 이타심을 바탕으로 즐기면서 사는 사람이란 의미의 신조어인 'Edutainer(에듀테이너)'이다.

사람이 살아가려면 기운이 있어야 한다. 기운 기(氣) 자를 보면 그 안에 쌀 미(米) 자가 있는데 이는 바로 '밥(먹은) 힘'을 뜻한다. 사흘에 피죽 한 그릇 못 먹은 몰골로 무슨 일을 제대로 할 수 있겠는가?

그래서 직장인에게 꼭 필요한 7가지 기운을 간추려 보았다.

첫째, 눈에는 '총기(聰氣)'가 있어야 한다. 상대방을 바라보는 해맑은 눈은 상대의 마음속에 평안과 기쁨을 주며 상대방 마음을 이끌어내는 무한한 힘이 있다.

둘째, 얼굴에는 '화기(和氣)'가 있어야 한다. 웃음이 가득한 내 모습은 상대를 웃게 할 수 있다. 미소와 자신감 있는 얼굴 표정, 화안시(和顔施)는 성공의 열쇠다.

셋째, 마음에는 '열기(熱氣)'가 있어야 한다. 열정이 있어야 자신감이 생기는 법이며 매사에 뜨거운 열정으로 자신감 있게 임하는 것이 성공의 지름길이다.

넷째, 몸에서 '향기(香氣)'가 나야 한다. 한마디로 사람 냄새가 물씬물씬 풍겨야 한다. 뚝배기 장맛 같은 구수한 내음은 상대의 마음을 사로잡는 묘약이다.

다섯째, 행동에는 '용기(勇氣)'가 있어야 한다. 용감한 자만이 미인을 구할 수 있다.

여섯째, 어려울 때는 '끈기(根氣)'가 있어야 한다. 어떠한 일이라도 어려움과 고통이 없이는 성공할 수 없다. 기필코 이겨내고야 말겠다는 은근과 끈기로 어려움을 극복할 수 있다.

일곱째, 자존심이 꺾일 때는 '오기(傲氣)'가 있어야 한다. 세상을 살아가면서 가장 자존심이 상하는 것은 가족들과 친구들로부터 신뢰를 받지 못하는 것이다. 그럴 때 '반드시 성공하는 모습을 보여 주겠다'는 오기심은 자아를 채찍질하는 동기가 된다.

지도자가 되기 위해 필요한 일곱 가지 '기운'을 기르자. 상대에게 관심을 갖고 배려하는 인간관계에도 신경을 쓰자. 사회생활을 시작하는 신입사원 시절부터 리더가 되겠다는 욕구를 탐하기 전에 직속상사인 리더를 잘 보좌하고 보필해서 어떻게 하면 승진시킬 것인지를 먼저 생각하는 부하직원이 되자. 이렇게 직장생활을 하다 보면 자기 자신도 모르게 리더의 위치에 오르게 됨을 체감할 것이다. 이게 바로 팔로어

십(Followership)의 바탕이다.

시간이 지나고 나중에 그 최대 수혜자는 직속상사가 아닌 바로 자기 자신임을 스스로 깨우치게 될 것이다. 직속상사가 잘 되어야 덩달아 나도 승진할 기회가 생겨난다. 똥차(상사)가 막혀 있어서 명차인 내가 나갈 수 없다고 생각하는 건 바보 천치다.

"남들보다 잘하려고 고민하지 마라. 지금의 나보다 더 잘하려고 힘쓰라." 소설가 윌리엄 포크너가 노벨문학상을 받고 한 말을 새겨 들어봄직하다.

그래도(Anyway)

미국 하버드대학교 출신의 커뮤니티 활동가, 대학교수, 하이테크공원 개발자, 하와이주 정부관료인 켄트 케이스 변호사는 2001년 어느 날, 인문학 세미나에 참가했다가 '역설적 계명'이란 주제 발표를 듣고서 깜짝 놀랐다.

어찌된 연유로 이 내용이 알려졌는지를 질문했더니, 인도 캘커터의 테레사 수도원의 어린이 집 벽에 걸려 있던 글인데 누구의 작품인지는 미상이란 발표자의 답변을 들었다. 그 자리에서 켄트 케이스 변호사는 자신이 하버드 대학생 시절(1968년)에 발표한 '역설적 계명, 그래도(Anyway) 정신'임을 밝혔다.

10년 전에 롯데그룹 임원과 간부직원들이 《그래도(Anyway)》로 출간된 켄트 케이스의 역설적 계명에 관한 책자를 읽고 토론하고 학습하는 스터디 그룹을 운영한 적이 있다. 그 10가지 주요 내용이다.

- 첫째: 사람들은 논리적이지도 않고, 이성적이지도 않다. 자기 중심적이다. 그래도 사람들을 사랑하라!

  (People are illogical, unreasonable, and self-centered. Love them anyway.)

- 둘째: 당신이 착한 일을 하면 남들은 다른 속셈이 있다고 의심을 할 것이다. 그래도 착한 일을 하라!

  (If you do good, people will accuse you of selfish ulterior motives. Do good anyway.)

- 셋째: 당신이 성공하게 되면 가짜 친구와 진짜 적들이 생길 것이다. 그래도 성공하라!

  (If you are successful, you will win false friends and true enemies. Succeed anyway.)

- 넷째: 오늘 당신이 착한 일을 해도 내일이면 사람들은 잊어버릴 것이다. 그래도 착한 일을 하라!

  (The good you do today will be forgotten tomorrow. Do good anyway.)

- 다섯째: 정직하고, 솔직하면 공격당하기 쉽다. 그래도 정직하고 솔직 하게 살아라!

  (Honesty and frankness make you vulnerable. Be honest and frank anyway.)

- 여섯째: 사리사욕에 눈먼 소인배들이 훌륭한 사람들을 해칠 수도 있다. 그래도, 크게 생각하라!

  (The biggest men and women with the biggest ideas can be shot down by the smallest men and women with the smallest minds. Think big anyway.)

- 일곱째: 사람들은 약자에게 호의를 베푼다. 하지만 결국 힘이 있는 편에 선다. 그래도 소수의 약자를 위해 분투하라!

(People favor underdogs but follow only top dogs. Fight for a few underdogs anyway.)

- 여덟째: 몇 년 동안 공들여 쌓은 탑이 하루아침에 무너질 수도 있다. 그래도 탑을 쌓아라!

(What you spend years building may be destroyed overnight. Build anyway.)

- 아홉째: 물에 빠진 사람을 구해주면, 보따리를 내놓으라고 덤빌 수도 있다. 그래도 도움이 필요한 사람을 도와라!

(People really need help but may attack you if you do help them. Help people anyway.)

- 열 번째: 젖 먹던 힘까지 다하여 헌신해도 칭찬을 듣기는커녕 경을 칠 수도 있다. 그래도 헌신하라!

(Give the world the best you have and you'll get kicked in the teeth. Give the world the best you have anyway.)

그 후 민들레 홀씨처럼 전 세계로 퍼져 나간 '역설적 계명, 그래도 정신'은 지난 50여 년간 하버드 대학생들의 인생지침서로 자리 잡고 있다. 이는 우리 대한국인 모두가 꼭 갖추어야 할 정신이기도 하다. 유사 이래 1,000번 이상의 국난을 극복하고 다시 일어선 우리 대한국민이여! 그래도(Anyway) 더 크게, 긍정적으로 생각하고 나라의 번성을 위해 몸과 마음(몸)을 다 바쳐서 헌신하자.

우리는 전화위복의 새로운 전기를 만들 수 있다.

프리 허그와
프리 리스닝

'프리 허그'란 길거리에서 'Free-Hug'란 피켓을 들고 있다가 포옹을 원하는 이방인을 포근하게 안아 주는 행위다. 이런 행위를 하는 사람들을 'Free Huggers', 프리 허그 활동을 'Free-Hugs Campaign'이라 부른다. 이러한 행위를 장난 삼아 하는 일부 사람도 있으나 포옹을 통해서 현대인의 정신적 상처를 치유해 주고 평화로운 가정과 사회를 함께 이루자는 게 본래의 의미다.

프리 허그 닷컴(free-hugs.com)을 설립한 제이슨 헌터는 "그 누구나 인간의 중요함을 알게 하라!"는 어머니의 가르침에 따라 2001년에 미국에서 이 운동을 처음 시작했다. 'Free Hug'란 로고가 새겨진 옷을 만들어 팔기도 했다. 우리나라엔 후안 만이라는 호주인의 동영상에 의해 10년 전에 전해졌는데, 자칫하면 성희롱 문제(?) 발생 가능성 때문인지 요즘엔 흐지부지되었다.

그런데 할리우드 영화배우인 벤자민 메서스가 낯선 사람들의 이야기를 들어 주자는 'Free Listening' 캠페인을 얼마 전 시작해서 관심과 눈길을 끈다. L.A거리에 그가 피켓을 들고 서서는 이방인의 이야기를 진솔하게 들어 준단다. 안해와 이혼한 그가 외로움 등으로 시련을 겪던 중에 한 노숙자가 적선하라고 구걸하기에 "나는 가진 돈은 없어도 함께 앉아서 당신 이야기를 들어주고 싶다"며 노숙자의 이야기를 경청했다. 그는 예전에 안해의 이야기나 자신의 마음속 이야기에는 전혀 귀를 기울여본 적이 없었다. 그런 일이 있고 난 후에 그는 남들의 이야기를 아무런 대가를 바라지 않고 경청하는 것이 인간관계를 새롭게 형성하는 데 좋은 방법임을 깨우치게 되었다고 한다.

이렇게 출발한 그의 프리 리스닝 캠페인은 L.A의 전철역과 시위현장 등을 찾아다니며 뭇사람들의 이야기를 들었는데, 그중에는 "자살을 시도하려 했다"고 고백하는 소녀와 "교도소에서 막 출소했다"는 사람도 있었으며 자식과의 소통 문제와 불화로 인해서 고통받고 있다는 노인도 있었다.

현대인은 슬픈 일이나 기쁜 일에 관해서 누군가에게 자신의 이야기를 하고 싶지만 들어줄 사람이 없어서 늘 마음이 공허하고 외롭게 느낀다. 자칫하면 자아의 가치가 없다고 느낄 수 있다. 따라서 프리 리스닝은 단순히 남의 이야기를 듣는 게 아니고 상대와 두 눈을 맞추고 최선을 다해 귀를 기울이며 공감하는 것이다. 그런데 다른 사람의 이야기를 들을 때엔 자신을 생각하지 않는 게 중요한데, 그는 그걸 '자기

망각'이라고 부른다. 프리 리스닝 봉사에서 경청하는 사람 자신도 모르게 정신적 아픔이나 고통이 저절로 치유된 사례도 있다.

처음 만난 이들의 이야기를 들으면서 자기 자신을 뒤돌아볼 수 있으며 평소에 느끼지 못했던 자아를 찾게 된다. 인내심, 용기, 위험을 감수하는 일에 대해서도 골똘히 생각하게 되고 원만한 인간관계를 위해 선입견과 편견 같은 장애를 제거하는 것도 배우게 된다. 벤자민 매서스는 다른 사람들의 이야기를 경청하면서 많이 배우고 자기 자신도 많이 바뀌었다고 한다.

그는 잘 듣기 위해서, 경청하기 위해서 쉼 없이 연습하고 있다고 한다. 프리 리스닝 운동을 시작한 후 경청하는 것도 연습이 필요하며 타인의 말에 공감하고 배려하는 마음이 없이는 곤란하다. 그는 인간은 각자 중요한 가치가 있으며 서로 사랑하면서 지금의 모습 그 자체로도 충분하게 행복해질 수 있음을 느끼고 알았으면 좋겠다고 한다.

미국뿐만 아니라 전 세계로 프리 리스닝 운동이 점차 퍼져 가고 있는데, 남의 이야기를 들어 주며 자아의 소리에도 귀 기울이자는 게 인본주의를 바탕으로 한 것 같다. 성공하는 인간관계의 처세술을 쓴 데일 카네기는 "솔직하고 진솔하게 칭찬하라"고 했지만 막상 어떻게 칭찬해야 하는지 그 실행방법은 말하지 않았다.

지난 45년간 인사노무관리 실전 체험을 바탕으로 나름대로 찾아낸 해법이 상대방을 칭찬해 주며 경청하는 것임을 알게 되었다. 상대방 이야기에 맞장구를 치며 귀 기울이는 게 바로 경청하는 방법이다. 따라서 '아(Ah~), 하(Ha~), 야(Ya~), 와(Wa~)'라는 만국 공통 언어 4글자를 단전에서 나오는 진솔한 목소리로 상대의 이야기에 맞추어 적절하게 맞장구를 치며 경청하자. 이를 'Daegila의 아·하·야·와 칭찬법'이라고 이름을 붙였다.

수많은 사람들과 만나서 "아~ 그러세요?", "하~ 그런 일이 있으신 줄 몰랐습니다!", "야~ 어떻게 그런 아픔을 이겨 내셨어요?", "와~ 대단하십니다!"를 연발하며 맞장구를 쳤더니 밥도 공짜, 술도 공짜인 적이 한두 번이 아니었다. 기억하자. 경청(Well-Listening)은 칭찬이란 사실을!

대한민국
젊은이들에게

첫째, '이 세상에는 공짜가 없다!'

무상급식, 무상교육, 무상교복, 무상 청년수당, 무상 산후조리 등 정치권의 대중 인기영합주의(Populism)에 바탕을 둔 무상복지 세상이 판을 치는 마당에 무슨 뚱딴지 같은 소리냐고 떨떠름하게 생각하며 비판하는 이가 있을 것이다. 그러나 그 재원은 어디에서 나오는가? 공무원이나 정치인의 개인 주머니에서 나오는 돈이 절대로 아니다. 제 돈이라면 그렇게 물 쓰듯이 절대로 못 쓴다. 우리 대한민국 국민이 갖은 명목으로 부담하는 세금으로 충당해야 한다.

구멍 난 독의 물 채우기 식의 세금을 더 걷으려니 국가기관과 지자체장은 물론 세무관서 세리들은 눈에 불을 켜고 납부자 국민들 삶은 더 팍팍해질 것이다. 이러는 게 국태민안이 아니다. 국민을 두려워하고 존경한다는 다산 정 약용 선생의 외민(畏民)사상을 모른 채, 입에다 침을 듬뿍 바르고 "국민을 잘 섬기겠다"는 일부 '사기꾼 머슴(?)들'

의 정치 놀이터가 절대 아니다. 내일을 염두에 두지 않고 지금 당장 잘 먹고 잘 살겠다고 펑펑 낭비만 일삼는다면 가정이나 국가재정은 순식간에 어렵고 힘들어져서 금방 거덜이 난다.

돈은 평소에 아끼고 모아서 명분이 확실할 때만 써야 한다. 국가나 지방자치단체도 마찬가지이다. 우리 후손들의 미래를 염려해야 한다. 시장경제를 바탕으로 하는 자본주의 사회에서 살아가려면 '이 세상에는 절대로 공짜는 없다'는 생활의 진리를 가정교육, 학교교육, 사회교육을 통해 철저히 교육해야 할 중차대한 때이다. 일부 정치인들은 '무상복지'가 만병통치약인 줄 알고 큰소리만 뻥뻥 치는데, 이는 우리네 영혼을 환각의 상태로 혼미케 해서 마약중독자를 양산하는 마약일 뿐이다.

'공짜를 좋아하다가는 머리가 벗겨진다'는 말이 무슨 의미인지를 곱씹어 보라. 지금부터라도 공짜라는 마약의 늪에서 탈출해서 미래에 대한 과감한 투자를 해야만 우리에겐 희망이 있다. 그렇지 못하면 대한민국이 거덜날 수 있음을 우리 젊은이들은 물론 온 국민이 정신을 똑바로 차리고 허리띠를 졸라매야 한다.

둘째, '송곳은 끝부터 들어간다!'

옷이나 종이에 구멍을 뚫으려면 송곳의 손잡이나 그 어느 부분으로는 불가능하다. 송곳의 끝이 첫 구멍을 뚫고 나가야만 제대로 구멍을 뚫을 수 있다. 이는 모든 일에 기본에 충실하라는 자랑스러운 우리 선조님들의 지혜로운 가르침이다. 아울러 그 송곳의 끝은 바로 올바른 일에 솔선수범해야 하는 나 자신임을 잊지 말자. 일이 잘 되면 동료나 선후배들의 공이고 잘못되면 모든 게 내 탓이라고 생각하자.

셋째, '빗방울이 돌에 구멍을 낸다!'

이 세상 어떤 일이든지 땅 짚고 헤엄치는 쉬운 일은 눈곱만큼도 없다. 어느 TV방송의 달인이란 프로그램이 이를 잘 입증해 주고 있다. 자기 자신이 좋아하는 한 가지 일에 최소한 10만 시간 이상을 투자해야만 달인이라고 불리는 프로의 경지에 오를 수가 있다. 1만 시간 정도 투자하고 전문가니 프로라고 폼을 잡는 짝퉁들이 너무 많다. 어떤 일을 좋아하고 그 일을 즐기며 사랑하며 투자를 한다면 프로가 될 것이다.

우리가 말하는 프로(Pro)는 진정한 프로라고 부르기가 좀 민망할 뿐이다. 진정한 프로란 '3Pro'를 필요충분조건으로 두루 갖춘 사람이다. '1Pro'란 그 분야에서 최고라고 평가받는 프로페셔널(Professional)의 'Pro'이며, '2Pro'란 쉼 없이 노력해서 좀 더 높은 경지로 발전해 나가는 프로그레스(Progress)의 Pro이다. 3Pro란 어느 가정이나 사회, 국가를 넘어서 글로벌시대의 세계인으로서 인간과 자연 그리고 온 누리에 빛과 소금과 같은 프로피트(Profit)의 Pro이다. 내가 영어사전을 뒤적여서 찾아 정리한 Pro의 정의다. 한마디로 '대낄라(Daegila)의 3Pro' 이론이다.

우리는 함부로 '○○ 프로'라고 부르는 것을 새삼 재고해야 한다. 피나는 노력으로 쉼없이 발전하고 성숙해져야만 진정한 프로이다.

　도산 안 창호 선생은 〈한국 청년에게 고함〉이란 글에서 거짓없이 (務實), 열심히 일하고(力行), 나라에 충성하고 부모에게 효를 다하라 (忠義). 그리고 올바른 일에는 용감(勇敢)하라는 한국인의 4대 정신을 강조한다. 어른은 어른답게 '빙그레~ 벙그레~' 웃고, 어린이는 '방그레~' 웃자고 가르쳤다.

충무공 이 순신 제독도 '참 진(眞), 나아갈 진(進), 다할 진(盡)'이라 는 '3진 사상'을 주창했다. 지금을 살아가는 우리 대한민국의 젊은이들 에게 주신 소금, 황금 같은 고귀한 가르침이다.

젊음은 쏜 화살처럼 지나간다. 절대로 돌아오지 않는다.

　한 사람의 일생을 시간으로 한번 계산해 보자.
1년을 산다는 건 8,760(24 × 365)시간을 사는 것이다.
70세는 61만3,200(24 × 365 × 70)시간이며 100년을 산다 해도
100만 시간이 못 된다. 고작해야 87만6,000(24 × 365 × 100)시간일
뿐이다.

주어진 현재 시간을 최선을 다해 살자.

LIFE-MODE
5가지

　　　　　　　　　　　　세종문화회관에서 10년 전부터
문화지도자를 양성하는 교육과정을 개발해 주도적으로 운영하고 있
는 '세종르네상스 문화지도자고위과정(S.R.P)' 2015년 총원우회 송년
모임에서 있었던 일이다.

　　세종1기 원우이며 우리 사회의 지도층인 R 前 검찰총장이 "나는 그
늘이 없는 사람을 사랑하지 않는다. 나는 그늘을 사랑하지 않는 사람
을 사랑하지 않는다. (중략) 기쁨도 눈물이 없으면 기쁨이 아니다. 나
무 그늘에 앉아 다른 사람의 눈물을 닦아 주는 사람의 모습은 그 얼마
나 아름다운가"라는 정호승 시인의 〈내가 사랑하는 사람〉을 우렁차고
맛깔나게 낭송했다.

　　그러고 난 후, 여태까지 자신의 삶은 더 높은 자리로의 출세지향과
더 많은 것을 소유하려는 욕망의 굴레 속에서 'Having-Mode'로 살아
왔던 게 사실이다. 이제부터는 그 탐욕의 사슬을 끊어 버리고, 있는 듯

없는 듯이 조용하고 평안하게 모든 것을 내려놓고 'Being-Mode'로 여생을 살아가겠노라고 말해서 여러 원우들이 공감하며 격려박수를 보내 주었다.

그날 모임에 세종1기 원우로 참석해 그 말을 들으며 '그렇다면 무엇을 어디에다 어떻게 내려놓을 것인가?'라는 화두가 불쑥 나의 뇌리에 들어와 꽂혔다. 자신의 마음을 양손으로 접고 또 접어서 엄지손톱만 해졌을 때 비로소 양발의 엄지발가락 앞에 그 마음을 내려놓고 108배 하는 게 부처가 될 수 있는 수행의 시작이란 불교의 가르침이 갑자기 떠오른 건 무슨 연유였을까?

조선 후기의 실학자 다산 정 약용 선생이 오 대익 대감 고희연에 보낸 축하 글에서 "복(福)에는 두 가지가 있다. 사회에 나가 출세하고 돈 벌고 지위가 높아져서 사람들로부터 존경받는 뜨거운 복인 '열복(熱福)'이 있는가 하면, 대자연 속에서 좋은 사람들과 더불어 섭생하며 잠잘 때 두 다리를 쭉 뻗고 밤잠을 자는 맑고 향기로운 '청복(淸福)'이 있다"란 가르침이 생각난다.

그렇다면 60대 중반의 엘리트 지성인 R총장은 '여태까지의 열복 삶으로부터 진정한 참 삶인 청복을 찾아나선 게 아닐까?'라는 생각이 든다. 인생의 가장 뜨거운 시절을 산다는 'Hot-Age(55~75세)세대'의 사람들이 찾아나서는 삶의 여정이 바로 이러한 청복을 구하려는 게 아닐는지?

그뿐만 아니라 '인간의 삶이 Having-Mode에서 Being-Mode로 옮겨간 후에는 다음 단계의 삶의 방식은 무엇일까?'란 의구심이 머릿속에서 똬리를 튼다. 지금 이 순간, 내가 대자연 품속에서 가족, 친구, 동료, 이웃과 함께 일하며 살아있다는 현실에 진심으로 감사하는 'Thanking-Mode'가 세 번째 단계가 아닐까? 그다음 네 번째 단계는 우리 사회로부터 받은 지식과 소유하고 있는 자산 등 모든 것을 후손과 후학들에게 되돌려주며 기부하는 'Dominating-Mode'로 살아야 하지 않겠는가?

"난 가진 게 없어서 줄 게 없는데 어떡하지?" 걱정할 필요가 없다. 부처를 만난 한 거지가 "저는 가진 게 없어 남에게 줄 게 아무것도 없습니다"라고 말했더니 부처께서는 "그 무슨 소리냐? 돈 없이도 얼마든지 남에게 보시할 수 있는 게 화안시(和顏施), 언시(言施), 심시(心施), 안시(眼施), 신시(身施), 좌상시(座床施), 찰시(察施) 등 7가지나 있다"라고 가르쳐 주셨다. 이 가르침이 바로 불교의 《잡보장경》에 나오는 〈무재칠시(無財七施)〉다.

최고의 마지막 다섯 번째 단계로는 사회심리학자인 에릭 프롬이 《사랑의 기술》에서 말한 '관심, 이해, 책임, 감사 그리고 (대가를 바라지 않고) 주는 것'이란 사랑의 5가지 정의를 실행하는 'Loving-Mode'라고 이름을 붙여 보았다. 대자연과 인간 그리고 동식물과 세상만물을 대할 적에 그들의 눈높이보다 늘 아래에(Under) 서서(Stand) 상대방을 바라보며 생각하고 말하며 행동하는 'Understanding-Mode'로 말이다.

끝으로 미국의 심리학자인 아브라함 매슬로우 교수가 인간의 욕구를 아래로부터 생존(의식주)의 욕구, 안전의 욕구, 사랑의 욕구, 자존의 욕구, 그리고 자아실현의 욕구라는 5단계로 구분, '인간의 5단계 욕구' 이론을 발표한 바 있다. 나는 이와는 다르게 맨 처음에는 Having-Mode로부터 시작해서 Being-Mode, Thanking-Mode, Dominating-Mode로 진화해 마지막에는 Loving-Mode로 이어지는 과정을 모아서 'Life-Mode 다섯 가지 이론'이라고 감히 주창한다.

얼굴,
손 그리고 발

　　　　　　　　　　　　조물주가 인간을 흙으로 빚을 때 '어떻게 만들까?'를 수없이 많이 고민했으리라. 보고 듣고 말하며 숨을 쉬고 생각하는 기능을 가장 중요시해서 '얼(魂)이 통하는 굴(窟)이라는 얼굴'을 맨 위에 두었으며, 사물을 집어 들어 옮기는 다섯 손가락으로는 방향을 가리키거나 글을 쓰라고 두 손을 인체의 중심부에 두었으며, 인간의 몸무게를 어둠 속에서 지탱하며 불평하지 않고 참고 살라고 두 발은 맨 아래에 두었으리라.

　　먼저 거울에 비친 자신의 얼굴을 물끄러미 바라보면 조물주의 뜻을 쉽게 알 수 있다. 그리고 절대로 똑같이 만들지 않았다.

　　모든 사물을 두 번 이상 바라보고, 두 번 이상 듣고, 두 번 이상 심호흡하고 난 후에야 비로소 한마디 말을 하라는 뜻을 담아 두 개의 눈, 두 개의 귀, 콧구멍 둘, 하나의 입을 만드셨을 게다. 살기 위해서 숨(호흡)을 쉬는 게 가장 중요하기 때문에 코를 얼굴 중앙에 두었고 모가 나지 않고 둥글게 살아가라고 타원형의 얼굴을 만드셨으리라.

추하고 나쁜 모양은 바라보지 말라며 두 눈에다 눈꺼풀을 두었고 모든 소리는 경청하라고 귀에는 귀꺼풀을 두지 않았다. 한 개의 입 안에 28개의 치아(사랑니 빼고)로 성곽을 쌓고 입술로 장막을 두루 친 것은 함부로 말을 하지 말라는 심오한 가르침이 아니겠는가?

젊어서는 잘 모르지만 나이가 점차 들면서 머리카락이 하얗게 백발이 되는 건 여럿 중에서 찾기 좋으라는 것이고, 시력이 흐려지는 건 좋은 것만을 보며 나쁜 것은 보지 말라는 뜻이리라. 물론 청력이 떨어지는 것은 나쁜 말보다는 좋은 소리에만 귀를 기울이라는 게 아니겠는가?

그렇다. 나이 들면 보아도 못 본 척, 들어도 못 들은 척하라는 가르침이다. 그렇다면 왜 손가락은 다섯 개로 만드셨을까? 그건 어떤 일이나 문제를 해결할 적에 다섯 가지 해결방법이 있음을 제시한다. 왼손을 들어 편 후에 유심히 관찰해 보라.

하늘로 향한 엄지는 문제해결의 최상책을 가리키며 검지는 차선책, 가운데 중지는 보통이란 중책을, 환지는 하책이며 새끼손가락은 하늘의 뜻에 맡기고 가만히 있으면 저절로 해결된다는 무대책임을 뜻하지 않는가?

엄지를 들어 하늘로 향해 똑바로 서면 솔선수범하는 엄지에게 나머지 4개의 손가락은 스스로 머리를 숙이며 뜻을 함께한다. 검지를 들어 어떻게 하라고 지시하면 엄지는 따르는 척을 하지만 나머지 3개의 손가락은 투덜거리며 불평불만하며 등을 돌린다.

그런데 한마디 불평불만도 없이 어두움 속에서 내 몸의 무게를 떠 받치는 두 발에게는 그 고마움과 미안함을 어찌 전하랴! 굵은 핏줄이 불거진 고단한 발등과 가뭄에 갈라진 논바닥 같은 발바닥을 따뜻한 물로 감사하며 지극정성으로 자주 씻어 주는 수밖에….

싸락눈 아프게 내리던 날, 가난한 고향집을 나설 때 묵묵히 따라왔으며 그동안 타인의 가슴을 짓밟지 않고 함부로 가선 안 되는 길을 걸어도 늘 함께해 줌에 감사함을 어떤 시인이 감사의 시로 발표했는데 공감하는 이들이 참 많다.

그뿐만 아니라 사람의 몸에서 중요한 부분이 어디 얼굴, 손, 발뿐이랴? 목, 가슴, 허리, 척추, 다리, 근육, 신경, 오장육부 등 우리 신체 각 기관에도 그 고마움을 생각하고 표하며 살아가자. 열 손가락 깨물어 아프지 아니한 손가락 없듯이 말이다.

술은 이 잔으로
한 잔만
먹거라

태조 이 성계의 손자이자 태종(이 방원)의 3남으로 태어나 이 수, 변 계량 등 대학자에게 학문과 국가경영관을 배운 조선 왕조 4대왕은 세종이다. 22세에 즉위한 세종은 재임 32년 동안 불후의 과학기술을 일구었다. 당시 조선은 측우기, 간의(천문학 관측기기), 앙부일구, 자격루, 편종 등 과학기술의 최고 걸작품을 25개나 만들었다. 중국이 5개, 일본은 1개도 없었다.

"인재는 나라의 보배이다"란 세종의 가치관은 어전회의가 자유로운 토론의 장이 되었으며, 학사들의 경연방식과 독서경영을 통해 지식경영의 꽃을 피웠다. 공직자는 후계자를 바르게 훈련시키고 제대로 잘 육성했는지에 핵심을 맞춘 인사평가제도인 '표폄등록'은 21세기 공사조직의 인사평가 시스템보다 앞선 측면도 있다.

세종 4년에는 대마도를 정벌해서 우리 땅으로 만들었다. 북방영토에 집단으로 거주하던 여진족을 귀화시켰으며, 백두산을 우리 영토로

영구히 확보한 것은 외교정치의 커다란 치적이다. 그리고 훈민정음 창제를 강력하게 반대하던 최 만리 등에게 "너희들이 음운을 아느냐?"며 크게 꾸짖곤 세종 28년(1446년)에 백성의 안거낙업을 위해 반포한 훈민정음은 최고·최대의 가장 빛나는 위대한 유산이 되었다.

디지털 시대를 맞아 언어학자들은 천(天), 지(地), 인(人)을 중심으로 창제된 훈민정음(한글)이 '알파벳의 꿈'이며 여러 글자 중에서 '최고의 글자'로 평가한다. 자음, 모음 24개만으로 모든 소리를 한 번에 컴퓨터 자판에 입력할 수 있는 글자는 한글뿐이다. 중국어는 400여 개, 일본어는 단지 300여 개 소리만 표현할 수 있는 데 반해 한글은 8,800여 가지 소리를 한 번에 쉽게 표현해낼 수 있다. 그래서 세계의 글자 중에서 한글은 단연 으뜸인 것이다.

오늘날 문맹률 0%인 한국이 G20 국가로, 세계 한류문화의 중심지로 자리매김한 것도 정보통신(IT) 대왕, 세종의 덕분이다. 어디 그뿐이랴. 1426년, 세종(당시 29세)은 여성의 출산휴가와 임신휴가를 주는 제도를 시행했는데 이는 양민과 노비의 구분 없이 백성을 하늘처럼 섬기는 애민사상의 실행이었다. 여자 노비가 아이를 낳으면 100일간의 출산휴가를 주었으며, 임신기간이 더 중요하다며 30일간의 임신휴가를 출산 전에 더 주도록 했다. 출산한 노비의 남편에게도 30일간의 출산휴가를 준 것을 볼 때 세종은 가슴이 따뜻한 인본주의자가 틀림없다.

세종에게는 황 희, 맹 사성, 정 인지, 성 삼문, 윤 회, 이 수, 박 연, 장
영실 등 훌륭한 신하가 많았는데 그중에서 부제학 윤 회와 관련된 일
화이다. 그는 술잔이 아닌 술독으로 술을 마시곤 늘 술에 절어 있을 적
이 많았다. 이에 세종은 윤 회를 위한 술잔을 특별하게 만들어 하사하
면서 앞으로 "술은 이 잔으로 딱 한 잔만 먹거라!"는 어명을 내렸다. 그
럼에도 술버릇을 못 고친 윤 회는 잔술이 아닌 말술을 마시고선 어전
회의에 가끔 늦거나 졸은 적이 있었지만 세종은 이를 모른 척 눈감아
주었다.

그리고 백성의 가난한 삶을 알게 된 세종은 지금의 광화문과 동대
문 인근에 무료급식소를 운영하기도 했으며, 백성과 어려움을 함께하
기 위해 경복궁 안에다 초가집을 짓고 2년 반 동안 거처하며 나랏일을
보기도 했다.

그뿐만 아니라 "그렇지 않다. 왜냐하면…"이라는 화법의 정조와는
달리 "그래, 네 말이 옳다. 그러나!"라는 긍정화법으로 세종은 백성과
소통하고 통섭했다. 앞으로 세종처럼 조용하고 투명하며, 따뜻한 리더
십을 갖춘 지도자가 많이 나왔으면 좋겠다.

세계문화유산인《세종실록》이 세계인의 친구가 되고 세계 각국의 지
도자들이 '세종 리더십'을 열심히 배우고 익히는 그날을 기대해 본다.

'Hot-Age 세대'
〈0.7 곱하기 인생〉

'보은 대추'로 유명한 내 고향, 충청도 보은에서는 노인 인구가 급증함에 따라 만 80세 이하 노인들은 주민 등록증을 일일이 확인한 후에야 경로당 출입이 가능하단다. 서울에서 지하철과 전철이 닿는 충남 온양 온천과 강원도 춘천시의 지역경제는 이곳을 찾는 '지공도사(지하철 요금이 무료인 만 65세 이상 노인을 뜻하는 신조어)'들에 의해서 큰 영향을 받는다고 한다.

그뿐만이 아니다. 예전에는 청소년들이 서울 중앙도서관 등 전국 공공도서관을 주로 이용해 왔으나, 요즘에는 책을 읽거나 인터넷을 즐기며 시간을 보내는 노인들이 장사진을 이루며 새로운 풍속도를 만들고 있다.

도시는 물론 전국 방방곡곡에는 어린아이 울음소리가 멎은 지 오래이며 허리가 휜 백발의 노인들만이 유모차에 몸을 의지하며 고향산천을 지키고 있는 게 사실이다. 사방을 둘러보아도 60대는 노인이 아니라 젊은이 취급을 받으며 환갑잔치가 사라진 지도 오래며, 70세의 고희연도 구경하기가 힘들다.

65세 이상 노인인구 비율이 국가 인구의 7%를 넘으면 고령화 사회라고 한다. 우리도 2000년에 65세 이상 인구가 7%를 넘어섰다. 2018년엔 14%에 이르고 2026년엔 20%를 초과하는 초고령사회로 진입할 것이란 예측이다.

'나약한 늙은이'라는 뜻의 'Third-Age'를 명명한, 미국의 윌리엄 새들러 박사는 은퇴 후 30년이란 기간을 '핫에이지(Hot-Age)'라고 이름 붙이고 이들은 '6R'을 구가하며 왕성한 삶을 살아가고 있다는 조사연구 결과를 발표했다. 그는 육체의 부활(Renewal), 원기회복(Revitalization), 영적재생(Regeneration), 자아의 재발(Rediscovery), 회춘(Rejuvenation)과 삶의 방향수정(Redirection) 등 Hot-Age 세대의 특징을 '6R'이라고 설명한다.

Hot-Age 세대가 새겨 들을 일곱 가지를 소개한다.

첫째, 인생이란 무대에서 아름다운 퇴장을 준비하자!
둘째, 화려했던 옛날 명함은 과감하게 찢어 버리자!
셋째, 이제라도 버킷리스트를 마련해서 꼭 하고 싶었던 일을 하자!
넷째, 자식들에게 절대로 기대거나 그 무언가를 바라지 말자!
다섯째, 우리가 이웃이나 사회로부터 받은 것을 후배, 후손들에게 아낌없이 되돌려 주자!

여섯째, 생생하게 느끼고 계속 움직이자!

꾸준한 운동이 노화를 막으며 감동을 많이 먹을수록 퇴화가 지체된다.

일곱째, 가족, 친지, 이웃 들이 즐겁고, 기쁘고, 편안하게 살아갈 수 있도록 배려하자!

그래서 '건배사'란 말은 "건강하게 살자!, 배려하며 살자!, 사랑하며 살자!"라는 심오한 의미가 담겨 있다고 한다.

나 스스로 국가사회나 타인으로부터 어떠한 대가도 받기를 원하지 말고 그 무언가를 되돌려 주려는 삶을 살아가자! 지금까지 국가사회로부터 받은 무한한 사랑과 충효사상을 우리의 후손들에게 유산으로 남겨 주자!

Hot-Age 세대는 "~줄걸!, ~말걸!, ~할걸!"이란 후회 3걸로 고종명을 맞던 옛 사람이 절대로 아니다. 단지 나이가 좀 들긴 했으나 경륜이 풍부하고 정신적 · 육체적으로 건강한 젊은이라는 것을 실증적으로 보여 주자.

의학과 과학이 발전하고 식생활 등이 개선되어 삶의 질이 높아지다 보니 백수를 누리는 시대를 맞고 있다. 그래서인지 사람들의 실제 나이는 자기 나이에 0.7을 곱한 수치라고 한다.

서 상록
롯데호텔 쉔부른 웨이터

　　1996년 7월 29일(월) 오후 3시 정각, 서울 마포구 용강동 한국경영자총협회(경총) 회관 2층에 우리나라 최초로 군대 장군과 대령 전역자, 주요 그룹사와 기업의 부장급 이상, 공무원의 국장급 이상 퇴직자의 재취업을 위한 경총 '고급인력정보센터'의 개소식이 열렸다.

　　진 념 당시 노동부 장관, 박 종근 한국노총위원장, 강 신호 동아제약 회장, 조 남홍 경총 상임부회장과 각 분과별 상임위원장이 참석한 가운데 초대 소장인 내가 사회를 맡아 진행을 이끌었다.

　　고급인력정보센터는 진 념 노동부 장관이 아이디어를 내고 이 동찬 경총회장이 나에게 업무추진을 특별하게 지시하여 1996년 4월부터 3개월간의 준비 과정을 거쳐 탄생되었다. 미국, 영국, 프랑스, 일본 등 그 어느 나라에서도 고급인력을 위한 재취업센터 운영 사례는 눈 비비고 찾아볼 수 없었다. 나는 고급인력정보센터 설립과 운영에 관해서 이 동찬 회장에게 요구사항 3가지를 당돌하게 요청했다.

첫째는 '내 아이디어와 추진력으로 꼭 성공시키겠으니 위에서 간섭하거나 지시하지 않도록 해주십사' 하는 것과, 둘째는 내가 어려울 때 이 회장께서 딱 한 번만 도와 주실 것, 셋째는 내가 초대 소장으로서 일하고 싶을 때까지 일하게 해달라는 것이었다.

지금 생각해 보아도 감히 무례한 제안이었지만 큰 그릇, 우정 이 동찬 회장은 흔쾌히 허락해 주었다.

앞서 밝혔듯이 우정 회장께서는 경총 고급인력정보센터 TV광고에 무료로 출연해 달라는 나의 도움 요청을 기꺼이 수락해 주셨다.

'불광불급(不狂不及)'이란 4자성어가 바로 이런 거구나라는 실감이 났다. 새벽에 일찍 출근해서 밤늦게까지 줄 서서 센터 소장인 나와의 면담을 기다리는 수많은 고급인력들을 한 분도 빼놓지 않고 반갑게 맞아 주고 귀 기울여 정성껏 들어 주었다.

남들이 한 번도 해보지 않은 일이라서 잠자다 일어나 분당 탄천 하늘에 뜬 반달을 쳐다보며 생각의 근육을 움직여 그 생각에만 몰입했었다. 기업의 회생절차를 법원으로부터 책임자로 선정되는 '법정관리인 교육'을 생각해낸 것도 이즈음이었다. 경총 법정관리인 교육을 기획하고 실행하는데 이 영하 사법연수원 부장판사, 조 용무 인천지방법원 부장판사와 권 광중 서울지방법원 민사50부 부장판사가 적극적으로 도와주었다. 지면을 빌려 그분들의 고마움에 머리 숙여 감사한다.

KEF QUARTERLY REVIEW

. XVII - III (Serial No. 63)   1996 Septemb

고급인력정보센터 문을 열고 나서 경총을 사임한 1998년 3월까지 5,000여 명의 고급인력들에게 새로운 일자리를 찾아주었다. 그뿐만 아니라 수많은 고급인력 여러분에게 희망과 용기를 주었다. 정말로 죽을 둥 살 둥 미쳐서 일을 했다. 수많은 고급인력들이 일할 의사는 있는데도 일자리를 찾아줄 공식 기구가 전혀 없었기에 반응은 상당했고, 성과 또한 기대 이상이었다.

그들 중에 롯데호텔 레스토랑 쉔부른에서 웨이터로 일한 서 상록 삼미그룹 前 부회장을 잊을 수 없다.

고급인력정보센터(약칭 고인정) 문을 연 지 얼마 지나지 않아서였다. 점심시간에 경총회관 승강기 안에서 백발의 노신사 한 분이 "우리

같은 사람들 재취업시켜 주는 센터의 소장실이 어디냐?"고 묻기에 "제가 바로 전 대길 소장입니다" 답하고 상담실로 안내했다. 그 노신사는 자리에 앉자마자 "나는 레스토랑 웨이터로 일하고 싶어서 웨이터 복장까지 맞추어 놓았다. 큰 식당의 보이(Boy)로 일할 수 있도록 꼭 좀 힘써 주세요"라며 구직신청서를 작성해 접수했다.

처음엔 잘 믿기지가 않아서 "정말입니까? 삼미그룹 부회장으로 일했는데 레스토랑의 웨이터로 일하겠습니까? 되물었지만 노신사는 "그렇다!"고 단호하게 대답했다. 이에 나는 '옳거니, 다른 사람들에게 눈높이를 낮추는 좋은 본보기가 될 것 같다'는 생각으로 확실하게 다짐을 받아 두려고 열 번 정도 묻고 또 물으며 의사를 확인했다.

서 상록 웨이터는《내 인생 내가 살지》란 자전적 에세이 책(19~25페이지)에 나와 오간 이야기를 이렇게 적었다.

"서 부회장님, 여기는 장난하는 곳이 아닙니다. 다시 한 번 묻습니다. 구하시는 직업이 식당 종업원이 틀림없습니까?"

"전 소장님 눈에는 내가 머리가 좀 이상한 사람으로 보이는 모양인데 내가 보기에는 당신이 인력센터 소장 자격이 없는 사람 같소. 아무리 높은 자리에 있었어도 떠났으면 다른 직업을 찾는 게 당연하지 않소. 내가 하고 싶은 일을 찾아서 하겠다는데 무슨 확인이 그리 필요해요? 직업에 귀천을 따지거나 편견이 있다면 인력센터 소장 자격이 없는 것 아니오? 이제 그만 확인하고 내 일자리나 찾아봐 주세요."

그를 승강기 앞까지 배웅하고 자리에 앉자마자 조선일보 R기자가 찾아왔다. "방금 다녀간 멋쟁이 신사분은 어떻게 오셨냐?"고 물어서 자초지종 이야기를 했더니 "자기가 그 노신사를 취재해서 인터뷰 기사를 신문에 싣겠다"며 좋은 기사감 하나 건졌다는 눈치였다.

그 다음 다음 날, 조선일보 지면에 '서 상록 부회장의 웨이터 되기' 란 인터뷰 기사가 대문짝만 하게 나왔다. 나중에 알고 보니 R기자가 서 상록 부회장 집 앞에서 하룻밤을 꼬박 새우고서야 인터뷰에 성공했단다.

이젠 빼도 박도 못 하고 서 부회장은 웨이터로 변신하는 일만 남았다. 그러고 나서 평소에 큰형님으로 모시던 롯데그룹 종합조정

故 서 상록 롯데호텔 쉔부른 웨이터

실 김 종호 인사노무담당 전무(한국전력 前 노조위원장)께 전화로 말씀드리니 "아~ 그 친구가 사고쳤구나. 나랑 고려대학교 정치외교학과 동기동창 친구이니 내게 맡겨 달라"고 했다.

며칠 후 분당의 일식집에서 박 종헌 삼양그룹 부회장과 서 부회장, 그리고 나와의 대화가 MBC TV 〈화제집중〉에 방영되었다. 그 밖에도 나는 MBC TV 손 석희 앵커와 SBS TV 뉴스, KBS TV 뉴스라인, KBS 라디오 박 찬숙 앵커와 고급인력 재취업에 관한 대담프로에 출연했으며

한국경제, 매일경제 등에 관련 기사가 많이 게재되었다.

그 후 서 상록 부회장은 김 종호 롯데그룹 전무의 추천으로 롯데호텔 레스토랑 쉔부른의 웨이터로 변신했다. 그에게 화제가 집중되었다.

그는 쉔부른에 오면 최상의 서비스로 모시겠다는 손 편지를 수많은 친지들에게 써서 보냈으며, 특강한 날 오후에는 남대문시장에서 맛있는 튀김을 사서 들고 귀사해서 동료 웨이터들을 즐겁게 했다. 그리고 내가 그를 〈주부생활〉 잡지사의 특별강연 연사로 추천한 후부터는 국내 최고의 명강사로 인기를 끌어서 전국의 기업이나 공공기관 신문, 잡지, 방송사의 스타강사로 우뚝 섰다. 한때 그가 노인권익당을 만들고 당 대표로서 대통령 출마를 고려한 적이 있었는데, 내가 적극적으로 만류한 바가 있다.

2014년 여름에 서 상록 웨이터는 췌장암으로 소천했다. 고인의 고려대학교 후배인 이 동호 롯데 부산호텔 사장과 함께 고인의 영정 앞에서 국화 한 송이를 바치고 명복을 빌었다.

서 상록 웨이터는 젊어서 가족과 함께 미국에 이민을 떠났으며 길거리 노점상으로 출발해서 부동산 중개인으로 큰 부자가 되었다. 귀국해서는 기업인을 거쳐 정치인이 되려 했으나 실제로는 어릴 적 꿈꾸어 왔던 큰 식당의 웨이터의 삶을 즐겼다. 그는 이 시대의 한 줄기 불꽃이자 유성이며 만인에게 신선한 충격을 준 풍운아였다.

우리는 하나

"남이 잘한 것이 있으면 칭찬해 주고 남이 잘못하거든 덮어 주어라. 남이 나를 해치려 해도 맞서지 말고 남이 나를 비방해도 묵묵히 참아라. 그러면 해치던 자는 스스로 부끄러워할 것이며 비방하던 자는 스스로 그만둘 것이다."

"남풍이 건 듯 불어 문을 열고 방에 드니 행여 고향소식 가져왔나 급히 일어나니 그 어인 광풍인가. 지나가는 바람인가. 홀연히 소리만 날 뿐 볼 수가 없네. 허탈히 탄식하고 덩그러니 앉았자니 이내 생전에 골육지친(骨肉之親)을 알 길 없어 글로 서러워하노라."

임진왜란 때 조선에 귀화한 김 충선 장군의 말과 시다.

1592년 4월 13일, 임진왜란 때 22세의 왜장 사야가는 가등청정의 우선봉장으로 왜군 3,000명을 거느리고 부산을 침략했다. 그리고 부하들에게 "남의 나라에 들어와 토지를 빼앗고 재물을 탐내 사람을 죽이고 노략질하는 것은 병가에서 금하는 일이다. 너희들은 마음을 단속해 내 명령을 기다리라"며 명령을 내린다. 임진왜란의 시작이었다.

《모하당》문집에는 임진왜란 배경과 사야가의 당시 심경이 적혀 있다. 도요토미 히데요시가 군사를 일으키고 우리나라에 사신을 보내 "중국에 조공을 바치러 갈 테니 조선이 길을 빌려 달라"고 했지만 이는 조선을 먼저 함락시킨 후 중국을 치려는 속셈이었다.

사야가는 명령을 따르고 싶지 않았지만 출병했다. 조선에 와서 보니 풍토와 문물이 과연 듣던 그대로였다. 왜구가 조총으로 조선 땅을 유린할 때 사야가는 안해와 아이를 둔 한 농부가 노모를 업고 가파른 산길을 따라 피란 가는 모습을 본다. "착한 조선 백성을 해칠 수는 없다"며 자신을 따르는 왜군과 함께 사야가는 경상좌병사 박진에게 귀순한다.

일본 아소 가문의 가신인 오카모토 에치고로 아소 가문이 가토 기요마사에게 멸문되어 그의 부하로 편입된 것을 수치로 여겨 임진왜란 때 일본을 등졌다는 이야기도 전한다.

귀순 후에 사야가는 조선군에게 조총과 화약 만드는 방법을 가르쳤으며, 수많은 싸움터에 출전해서 승리하여 큰 공을 세웠다. 임진왜란 때 경주, 울산 등에서 전공을 세웠으며, 정유재란에 손 시로 등 항복한 왜장과 의령전투에 참가했다. 1624년 이 괄의 난이 일어났을 때에 큰 무공을 세우고 1636년 병자호란 때에는 스스로 광주의 쌍령에 나아가 전투에 참전했다.

선조는 사야가에게 사성 김해 김씨라는 성과 김 충선이란 이름을 하사하고 정2품 자헌대부란 벼슬을 내렸다. 김 충선은 오로지 조선의 국난 극복에만 신경을 쓴 위인으로 더없는 충신으로 평가받는다. 이렇게 해서 사야가란 왜장은 조선인으로 환생한다. 왜장이던 그를 보는 조선인들의 시선은 곱지만 않았다. 오랑캐 땅에서 건너온 이방인, 조선을 침략한 원수라며 그는 물론 가족들에게 손가락질하고 작은 허물에도 비난했을 것은 명약관화하다.

김 충선은 일본의 고향 이야기를 단 한 번도 꺼내지 않았다고 전해진다. 하지만 마음속엔 결혼했던 일본인 처와 가족을 잊지 못했을 것이다. 일본에선 배신자로 낙인찍혔고, 조선인들은 그를 곱게 보지 않았을 것이다.

사성(賜姓) 김해 김씨 시조가 된 김 충선은 대구광역시 달성군 가창면 우록리에 입향하며 '사슴을 벗하다'는 의미로 직접 우록(友鹿)이라 지었다. 그는 2명의 안해와 10명의 자식을 둔다. 지금 보면 다문화 가정이다. 현재 우록리에는 사성 김해 김씨 67가구가 집성촌을 이루고 산다. 사성 김해 김씨를 우록 김씨라고도 한다.

우리나라 성씨 중에는 같은 본(本)과 성(姓)을 사용하면서도 그 근원이 달라 사실상 혈통적으로 관련이 없는 성씨가 있다. 김해 김씨와 같은 본과 성을 사용하나 혈연적으로 전혀 관계가 없는 사성 김해 김씨가 그 대표적인 사례다. 사성 김해 김씨(종친회장 김 상보)와 관련해서 가창면 우록리에는 김 충선의 위폐를 모신 녹동서원(鹿洞書院)을 비롯하여 충절관(忠節館), 달성한일우호관(達城韓日友好館)과 김 충선 묘소가 있다.

그의 후손들은 1910년 이후 일제강점기에는 일본 총독부에 의해 핍박을 받았으나 1945년 해방 후에는 일본과의 민간교류에 힘써온 것으로 평가받고 있다.

왜놈의 자식이란 선입견과 편견으로 인해서 사성 김해 김씨 후손들이 겪은 어려움과 고초는 형언할 수 없으리라 짐작이 간다.

사성 김해 김씨 시조, 김 충선 자헌대부가 후손에게 준 생활철학이다.

"남의 허물을 보려하지 말고 좋은 점을 적극적으로 찾아내라. 칭찬해 주어라. 거센 바람보다는 따뜻한 햇볕이 사람의 마음을 돌리는 법이다. 너희를 해치려 하는 이들에게 앙심을 풀지 말고 웃어 주어라. 그들의 말이 맞다면 너의 행실을 고치면 될 것이며 그들이 잘못했다면 스스로 부끄러워하게 될 것이다. 순간의 분노는 더 큰 화를 부르는 법이다. 시간이 지나면 그들은 잠잠해질 것이다. 명심하여라. 지는 것이 이기는 것이다."

우리가 어릴 적부터 부모로부터 귀에 못이 박히도록 들었던 "지는 게 이기는 것이다"란 말의 원조가 누구인지 이제야 알 것 같다.

김 충선 외에도 조선시대에 귀화한 외국인들이 여러 명 있다.

그중에서 대표적인 화산(華山) 이씨와 정선(旌善) 이씨, 덕수(德水) 장씨 그리고 임천 이씨와 경주 설씨 등이 있다. 화산 이씨의 중시조는 베트남에서 온 이 용상이다. 시조는 베트남 리 왕조(이조)의 개국 황제인 이 공온(李公蘊 · Lý Công Uẩn)이다. 중시조 이 용상은 7대손이며, 6대 황제 영종 이 천조(李天祚 · Lý Thiên Tộ)의 일곱 번째 아들이다.

또한 정선 이씨의 시조 이 양혼과는 종손과 종조부 사이다. 1226년 정란에 베트남 왕족들이 살해당하자 화를 피하기 위해 측근들을 데리고 바다에서 표류하다 황해도 옹진군 화산면에 정착했다.

덕수 장씨는 위구르에서 유래한 한국의 성씨이다. 시조 장 순룡은 위구루 사람으로 그의 부친은 원 세조 때 필도치라는 벼슬을 지냈다. 그는 1275년(충렬왕 1년) 충렬왕비인 제국공주를 배행하여 고려에 온 후에 금자광록대부, 문하찬성사지내고 덕수 부원군에 봉해졌다. 2015년 덕수 장씨는 2만4,185명이며 조선시대 문과급제자 14명을 배출했다.

임천 이씨 시조 이 현과 경주 설씨 시조 설 손도 위구르 사람이라고 한다.

다문화가정이 어제 오늘에 생겨난 것이 아니다. 국적도 인종도 다르지만 예전부터 우리는 하나였다.

학문이란 물어서 배우는 것이다.

배움엔 그 끝이 없다.

어린아이처럼 호기심이 강하고 궁금한 게 많아

중언부언, 이런저런 것 등을 뒤적이며 알아본 것들을 적어 보았다.

○ 두
번
째 이야기

알 아 야
면 장 을
한 다

알아야 면장을 한다

　　알아야 면장을 한다는 옛말이 있다. 이때의 면장은 면(面)사무소의 행정책임자 면장(面長)이 아니다. 면장(面牆 또는 面墻)인데 공자의 가르침인 면면장(免面牆)에서 유래되었다.

　　공자가 아들 리(鯉)에게《시경(詩經)》의 "수신(修身)과 제가(齊家)에 대해 공부하고 익혀야만 담장을 마주하고 있는 듯한 답답함에서 벗어날 수 있다"고 말한 데서 비롯되었다. 면면장의 장(牆·墻)은 '담벼락'을 뜻한다. 장(牆)과 장(墻)은 '담장 장'이란 같은 글자다. 따라서 면면장이라고 하면 눈앞에 마주하고 있는 담벼락 때문에 앞이 보이지 않는 상황을 면한다(탈피한다)는 뜻이다. 그런데 면면장의 첫 글자인 면(免)자는 생략하고 면장(面牆)으로 쓰기 시작하면서 그 발음이 같은 면장(面長)으로 착각을 한다. 한마디로 면장(面牆)은 면장(面長)과는 관련이 없다.

　　갓난아이의 재롱에 어른들은 한번씩 '도리도리 까꿍'을 외치며 어린아이의 눈길을 끌려고 한다. 도리도리 까꿍은 어디서 나온 말일까? 이는 《단동십훈(檀童十訓)》에서 그 유래를 찾을 수 있다. 이 교훈서는 정확한 출처·시기·작가마저 미상이지만 단군시대부터 내려오는 왕족 양육법일 것이란 설이 강하다. 도리도리 까꿍은 머리를 좌우로 흔들며 아이를 어르는 동작이다. '도리도리(道理道理) 각궁(覺躬)'에서 나온 말이다. 이는 천지만물이 하늘의 도리로 생겼으니 주위를 살펴 너도 하늘의 도리에 따라 생겼음을 깨달으라는 뜻이다.

'곤지곤지'는 오른손 집게손가락을 왼손바닥 가운데 찧는 동작이다. '건지곤지(乾知坤知)'에서 나온 말이다. 이는 하늘과 땅의 이치를 깨달으면 천지간 무궁무진한 조화를 알게 된다는 뜻을 가진다. 아울러 손뼉을 치는 '짝짜꿍 짝짜꿍'이란 동작은 '작작궁(作作弓) 작작궁(作作弓)'에서 나온 말로, 양손이 마주치는 모습은 궁(弓)을 서로 맞댄 아(亞) 자의 형국으로 천체 좌우의 체궁을 뜻한다. 천지좌우와 태극이 맞부딪혀 하나가 되면 사람으로 오고 신(神)으로 간다는 뜻을 전한다.

우리나라를 포함해서 동양에서 쌍둥이가 출생하면 먼저 세상에 나온 아기가 형이나 오빠가 되고 뒤이어 출생하는 아기는 동생이 된다. 그러나 서양에서는 먼저 세상에 나온 아기가 동생이 되고 엄마의 뱃속에 있다가 뒤이어 출생한 아기가 오빠나 형이 된다.

이 얼마나 재미있는 동양인과 서양인의 생각과 관점의 차이인가?

더욱 더 재미있는 이야기를 든다. 미국에서 철도의 철로 폭은 일반적으로 4피트 8.5인치이다. 왜 5피트도 아니고 4피트 8.5인치일까? 그 이유는 영국 철도의 표준 수치가 4피트 8.5인치이다. 영국에서 미국으로 이주한 자들이 이 표준을 그대로 따랐기 때문이다. 그럼 영국 사람들은 왜 선로의 폭을 그렇게 정했을까? 마찻길을 깔던 사람들이 선로를 건설했기 때문이다.

그럼 마찻길은 왜 그 수치였을까? 마차의 크기에 맞춰 길을 만들었기 때문이다. 그렇다면 마차의 크기는 어떻게 정해졌을까? 마차의 바퀴가 옛날 도로에 깊이 팬 바퀴자국에 맞게 만들어졌기 때문이다.

그럼 옛날 도로는 언제 누가 만들었을까? 2,000년 전 영국에 군대를 파견하기 위해 로마인들이 건설한 것이다. 로마 시대의 전차는 말 2마리의 엉덩이 폭에 의해 결정되었으니 지금 우리가 쓰고 있는 철길은 바로 말 2마리의 엉덩 폭만큼 된 것이다.

우주선 발사대에 추진 로켓을 장착하려면 추진체를 기차로 운반해야 하는데, 산악 지대에 있는 터널을 통과하는 기차 선로보다 크면 운반할 수 없다. 결론적으로 세계에서 가장 발달한 교통수단이자 과학의 총아인 우주왕복선의 디자인은 2마리 말의 엉덩이 폭에 기준하여 설계된 것이다. 박 종하의 《수학, 생각의 기술》을 읽으면서 이처럼 재미있는 이야기를 나는 처음 알았다. 여태까지 '그저 그런가 보다'라는 무관심을 강물에 흘려보내면서 말이다.

빵에 관한 이야기도 알아본다. 빵의 역사는 6,000년 전으로 거슬러 올라간다. 성경에 '사람은 빵만으로는 살 수 없다'고 쓰여 있는데 빵은 성서가 쓰인 이전부터 존재했음을 알 수 있다. 인류의 문화가 수렵생활에서 농경·목축생활로 옮아 가면서 빵 식문화가 일어났다고 볼 수 있다. '빵'이라는 단어는 포르투갈어인 '팡(Pão)'이다. 일본을 거쳐 우리나라에 들어왔는데 영어의 브레드(Bread), 프랑스의 뺑(Pain), 포루투갈어인 팡(Pão), 네덜란드어 브로트(Brood), 중국어는 미엔파오(麵麭)이다.

아프리카 북서부의 가장 큰 상공업 도시이며 베르베르인의 어항(漁港)으로 영화에 나오는 아름다운 모로코의 휴양도시, 카사블랑카는 '하얀 집'이라는 포루투갈어이다. 아프리카 서북단의 모로코란 국가명도 '일몰(日沒)'이란 포루투갈어이다.

말을 바꾸어 네덜란드의 상징인 아름다운 꽃, 튤립의 원산지가 네덜란드가 아니고 실제로는 터키라는 것을 처음 알았다. 16세기 후반 터키에서 유럽 전역으로 퍼진 것이다.

터키인들이 끼니마다 빠지지 않고 먹는 메뉴는 요구르트와 치즈이다. 플레인요구르트와 물에 소금으로 간을 한 요구르트 음료인 아이란은 요구르트를 우유와 같은 형태로 만든다는 게 그 어원(Yogurt Stugerdi)이다. 요구르트의 원산지는 우리가 아는 불가리아가 아니라 바로 터키이다.

학문이란 물어서 배우는 것이다. 배움엔 그 끝이 없다. 어린아이처럼 호기심이 강하고 궁금한 게 많아 중언부언, 이런저런 것 등을 뒤적이며 알아보았다.

순간이
인생을 바꾼다

"봤을까? 날 알아봤을까?"

어느 날 종로 번화가를 걸어가다 앞에서 옛날 애인이 갑자기 나타나 1초 사이에 옆으로 스쳐 지나갔다. 당황해서 뒤를 돌아보지도 못하고 한마디 말도 건네지 못한 심경을 노래한 유 안진 시인이 쓴 아홉 글자의 〈옛날 애인〉이란 명시는 이렇게 탄생했다. 순간의 찰나 속에 수많은 생각이 시인의 뇌리에 주마등처럼 흘러갔으리라.

이 선희 씨의 명곡 〈J에게〉 탄생도 순간에 이루어졌다. 가수의 꿈을 키우며 여러 공연기획사를 찾아다니며 오디션을 보았는데 받아 주는 곳은 없었다. 그날도 퇴짜를 맞고 허탈하게 나오던 중에 우연히 쓰레기통 속에 마구 구겨진 채 버려진 악보를 발견했다.

'이 악보의 작곡가도 나처럼 퇴짜를 맞고 나오다가 화가 치밀어 손으로 악보를 짓구겨서 쓰레기통에 버렸나 보다'란 생각이 들어 이를 집어들고 돌아왔다. 그 곡을 편곡해 강변가요제에 출전했고, 행운의 여신이 그녀를 도왔는지 MBC 강변가요제 대상을 받고 가수의 길로 접어들었다고 한다.

이 선희 씨가 그때 쓰레기통에서 〈J에게〉란 악보를 발견하지 못했다면 어찌되었을까? 1초라는 찰나가 운명을 바꾼 것이다.

순간의 소중함을 일깨우는 일화를 더 소개한다. 한평생 시계를 만든 시계 명장이 자기 아들의 성인식에서 자신이 정성들여 만든 예쁜 시계를 선물로 주었다. 그런데 그 시계의 시침은 구리(銅), 분침은 은(銀)이었으며 초침은 금(金)이었다. 시계 명장의 아들이 아버지에게 물었다.

"아버지, 왜 시침은 구리, 분침은 은, 초침은 금인가요?"

"아들아, 초침은 가장 중요하기에 금(金)으로 만들어져야 한다. 초를 잃는 것은 모든 시간을 잃는 것과 마찬가지다. 초를 아끼지 않는 사람이 어떻게 시간과 분을 아낄 수 있겠느냐? 세상만사가 1초에 의해 결정된다는 것을 잊지 말거라. 아들아! 지금부터 성인으로서 단 1초라도 하찮게 허비하지 말고 최선을 다해라."

시계 명장은 이렇게 말하며 아들의 왼 손목에 세상에 단 하나뿐인 명품 시계를 채워 주었다.

순간이 인생을 바꾸는 또 다른 이야기가 있다. 얼마나 오랫동안 열심히 발레연습을 했으면 발가락 10개 모두가 휘고 꺾여서 관절염 환자처럼 볼품이 없기로 유명한 국립발레단 강 수진 예술감독의 《한 걸음을 걸어도 나답게》란 책에서 그녀의 인생을 바꾼 사건에 눈길이 간다.

강 수진 감독은 무용계 아카데미상이란 '브누아 드 라당스'란 최고 여성 무용수 상을 받고, 최고의 명장 예술가에게만 주는 독일 '캄머 탠 저린(궁정 무용가)'에 뽑혔으며, 스위스 로잔 콩쿠르에서 우승한 세계 적인 발레무용가다.

그녀가 발레 연습에 몰두하던 중학교 3학년 때, 마리카 베소브라소 바 모나코 왕립 발레학교 교장선생이 한국을 방문해 강 수진이 발레하 는 모습을 보게 된다. 그러고는 강 수진 학생의 부모에게 "10만 명 발 레리나 중에 한 명 나올까 말까 해요. 수진 학생을 더 큰 세상에서 발레 를 배우도록 저를 믿고 유학을 보내 주세요"라고 확신에 찬 목소리로 유학을 권유했다. 이렇게 해서 세계 최고의 강 수진 발레리나가 탄생 하게 되었다.

찰나의 순간에 인간의 중대사가 결정된다. 어떤 사람과의 우연한, 순간적인 만남도 한 사람의 인생을 바꾼다. 가수 이 선희 씨와 발레리 나 강 수진 감독의 인생처럼 말이다. 번개처럼 스치는 깨우침이 성자 를 만들고 명작을 낳는다.

아이젠하워
성공법칙

'성공'이란 영어단어, SUCCESS(S + U + C + C + E + S + S)를 파자해서 그 의미를 풀어 보았다. 성공하려면 먼저 이야기(Story)가 있어야 하고, 목표에 대한 이해(Understanding)가 필요하다. 자신감(Confidence)은 기본이며 소통(Communication)과 열정(Enthusiasm)을 바탕으로 웃음(Smile)과 봉사(Service)가 뒤따라야 한다. 이래야만 성공에 도달할 수 있게 된다는 것이 내 생각이다.

일이란 '문제를 해결하는 것'이다. 일은 4글자로 '문제해결'이다. 미국의 아이젠하워 대통령의 성공방법은 무작정 일을 하는 게 아니다. 그는 A(긴급하면서도 중요한 일), B(중요하지만 긴급하지 않은 일), C(긴급하지만 중요하지 않은 일)와 D(중요하지도 않고 긴급하지도 않은 일)로 일을 4가지로 분류한다.

맨 처음엔 '긴급하면서도 중요한' A부터 일을 처리한다. 그다음엔 긴급하긴 하지만 중요하지는 않은 C를 '직접' 처리하지 않고 타인에게 위임해 처리한다. 중요하지도 않고 긴급하지 않은 일인 D는 쓰레기통에 버린다. 문제는 B다. 지금 당장은 긴급하지 않지만 매우 중요한 일이다. 이 일은 시간이 지나면 결국 긴급한 일(A)로 변한다.

그래서 아이젠하워는 B란 일을 처리하는 데 많은 시간을 쏟았다. B는 당장은 긴급하지 않기 때문에 여유롭게 처리할 수 있다. 그러면 좀처럼 긴급하면서도 중요한 A는 자주 발생하지 않는다.

이게 바로 남들과 똑같이 일하면서도 남들보다 쉽게 성공할 수 있는 아이젠하워 대통령이 독자 개발한 '일하는 성공법칙'이다.

6·25 한국전쟁 중에 인천상륙작전으로 적군을 물리치고 대한민국을 구해낸 미국의 맥아더 원수와 아이젠하워 미국 34대 대통령, 이 둘 중에서 누가 더 위대한 인물일까?

이와 관련해서 미국의 한 여성 기자가 맥아더, 아이젠하워와 오찬을 겸한 개별 인터뷰를 한 후에 느낀 소감을 밝혔다. "맥아더 원수와 대화할 적엔 '맥아더가 위대한 인물'이라고 느꼈다. 그러나 아이젠하워와 대화할 적엔 아이젠하워가 '내가 위대한 사람'임을 느끼게 해주었다." 누가 더 훌륭한 인재임을 쉽게 느낄 수 있으리라.

날마다 코오롱스포렉스(분당)에서 새벽운동을 마치고 목욕탕에서 발가벗고 반갑게 인사를 나누는 보훈병원 지 문표 의학박사가 내게 보내온 맥아더 원수와 관련한 이야기이다.

"가까운 사이일수록 예의를 지켜야 한다는 말이 새삼 가슴 깊이 다가옵니다. 대화할 때 경청이 중요하고 상대방의 입장이 되는 역지사지 정신이 절실함을 피부로 느낍니다. 이화여대 대학병원 의사(인턴) 취업 면접고사에서 있었던 맥아더 장군 이야기입니다. 당시 면접관(진료부장)이 제게 '의사생활을 처음 시작하는 의사로서 무엇이 제일 중요한가?'라고 물었습니다. 저는 '맥아더 장군은 작전에 실패한 장교는 용서할 수 있어도 경계에 실패한 장교는 용서할 수 없다고 한다. 의사로서 제일 중요한 것은 환자를 자주 살펴보고 병세를 잘 파악하는 것이 제일 중요합니다'라고 했더니 면접관이 저를 칭찬하며 즉석에서 흔쾌히 '합격!'이라고 했습니다."

요즘 아웃소싱 업계에 급격하게 변화의 바람이 출렁이고 있다. 이럴 적에 'Think'와 'Change'란 영어단어를 곰곰이 들여다본다. Think(생각하다)의 i자를 a자로 바꾸니 Thank(감사하다)가 되고 Change(변화)의 g자를 c자로 바꾸니 Chance(기회)로 변한다. 아무리 힘들고 어려워도 일할 수 있는 기회에 감사하며 최선을 다하자. 삶과 비즈니스는 사인커브(Sine-Curve)와 같다.

상승곡선을 타다 내려갈 때가 있으며 하향곡선을 타고 추락하다가 다시 올라설 수 있다. 비즈니스 환경은 좋은 여건만 존재하지 않는다. 최악의 상황이 닥치더라도 이에 능동적으로 대처해야 한다. 기업경영의 성공은 전략과 전술에 달려 있다. 전략은 '어떤 길로 갈 것인가?'이며 전술은 '어떤 교통편으로 나아갈 것인가?'이다. "시련은 있어도 실패는 없다"는 故 정 주영 회장의 가르침을 명심하자. 아이젠하워의 성공법칙을 현장에서 열심히 일하는 우리 회사 간부들과 중견사원들, 신입사원들에게 알려주어야겠다.

두 가지
저울

　　"어떻게 사는 게 바르게 사는 것일까요?" 주변인들에게 물어 보면 "글쎄요, 그게…"라며 우물쭈물한다. 그렇다면 어떻게 사는 게 바르게 사는 길인가?

　　바르다는 뜻의 '바를 정(正)' 자는 '한 일(一)+머물 지(止)' 자의 합성어다. 길을 가다가 (잠시) 머물러 서서 지금 내가 가는 이 길이 올바로 가는 길인지를 점검해 보고 제 갈 길이 아니라면 바른 길로 방향을 수정하는 것이 바를 정 자의 정의라고 생각한다. 자신의 부족함이나 잘못을 바로잡는 것이다.

　　"천하에는 두 가지 큰 저울이 있다. 하나는 옳고 그름에 대한 저울(一是非之衡)이며, 다른 하나는 이롭고 해로움에 대한 저울(一利害之衡)이다." 다산 정 약용이 유배지인 강진에서 경기도 광주(팔당)에 있는 아들에게 보낸 '학연에게 답하노라(答淵兒)'는 편지에 있는 글이다.

이 2가지 저울에서 4가지 큰 등급이 나온다(生出四大級).
'옳음을 지켜서 이로움을 얻는 것(守是而獲利者太上也)'이 첫째 등급,
'옳음을 지키다 해로움을 입는 것(守是而取害也)'이 둘째 등급이다.
'그름을 따라서 이로움을 얻는 것(趨非而獲利也)'이 셋째 등급이며,
넷째 등급은 '그름을 따르다 해로움을 입는 것(趨非而取害也)'이다.

퇴계 이 황은 '공경할 경(敬)' 자를 그 어떤 것보다 중요하게 생각하고 늘 가슴속에 새기면서 인생의 준칙으로 삼았다. 그뿐만 아니라 다산은 공직자로서 가장 가슴속에 새기며 살아야 할 것은 '두려워 할 외(畏), 섬길 외(畏), 목숨 바칠 외(畏)'라고 했다. 상외과과(常畏寡過)란 '두려워하라! 그래야만 과오를 적게 할 것'이란 다산의 참 가르침이다.

내가 지금 옳은 길을 가고 있는지를 두려워하며(외의: 畏義)
내 행동이 법에 저촉되는 것은 아닌지 두려워하며(외법: 畏法)
내가 공직을 수행함에 백성들의 마음에 어긋나지는 않는지를 두려워해야 한다(외민심: 畏民心).

"상존외(常存畏) 무혹자사(無或恣肆) 사가이과과의(斯可以寡過矣)"
항상 두려워하는 마음을 품고 공직에 임한다면 어떤 경우에도 오만방자함이 없을 것이다. 이것이 공직자로서 과오를 적게 하는 방법이다.

다산은 목민관이 부임하여 관직을 마칠 때까지 12개 분야에 걸쳐 지켜야 할 6가지 행동강령을 적고 있다. 그중에서 '율기율조(律己六條)'는 목민관이 지녀야 할 마음의 자세다. 요즘 공직자들이 지녀야 할 마음가짐도 예나 지금이나 다를 바 없다. 그 6가지 행동강령이다.

첫째, '칙궁(飭躬)'으로 청아장중(清雅莊重)한 몸가짐이다.

스스로의 몸가짐을 삼가고 자세를 바르게 갖고 언제나 깨끗하고 장중한 몸가짐으로 백성을 대하는 것이다. 외면의 언동과 내면의 정신이 일치해야 한다. 주요 기업의 인사책임자(CPO)와 최고경영자(CEO)들은 사무 복장에 신경 씀은 물론, 붉은색이나 흰색 양말은 신지 않고 검은색 양말을 주로 신는다. 튀지 않기 위해서다.

둘째는 '청심(清心)'으로 탁류 속의 맑은 빛깔처럼 청렴해야 한다. 청렴함이 공직자의 책무이며 모든 선과 덕의 근원이다. 정직과 겸손으로 거짓말을 절대로 해선 안된다.

셋째, '제가(齊家)'로 법도의 울타리를 단단히 하여 집안을 잘 다스리는 것이다. 사생활은 공생활과 직결되니 공직자에게 청탁하거나 뇌물을 줄 방법이 없어야만 가도(家道)가 바로 선다.

넷째는 '병객(病客)'이다. 만날 손님과 만나지 말아야 할 사람을 엄격하게 구분해야 한다. 법조계의 고위 공직자인 K후배는 나와 한 번도 식사를 한 적이 없다. 퇴임한 후에 그가 맛있는 밥 한 끼 사겠단다.

다섯째, '절용(節用)'이다. 백성의 피와 땀으로 나라에 바친 세금(稅金)을 절약해야 한다. 공금(公金)을 개인재산(私財)처럼 아끼고 절약하면 훌륭한 공직자가 될 것이다.

여섯째는 선심의 덕을 즐겨 베풀라는 '낙시(樂施)'다.

"단정한 몸과 깨끗한 마음가짐, 집안의 법도, 사사로운 손님은 물리치고 (세금을) 절약해서 쓰며 (국민에게) 은혜를 베풀자"란 다산의 혜안과 가르침에 저절로 고개 숙여진다.

과거에 쌓인 폐단을 청산하자는 국가적인 적폐청산(積弊淸算)을 잘 마무리하자. 이제부터는 밝은 미래를 꿈꾸며 앞으로 나아가는 일도 병행하면 좋겠다.

그리고 다산이 얘기한 '옳고 그름에 대한 저울(一是非之衡)'과 '이롭고 해로움에 대한 저울(一利害之衡)'에 때때로 오르자. 우리 자신을 달아 보자.

족함을 알면
부족하지 않도다

        남송의 지우(智愚) 선승의 법어를
기록한 《허당록(虛堂錄)》에 '축록자불견산(逐鹿者不見山)'이 나온다.
이는 사슴을 쫓는 자는 산을 보지 못한다는 뜻이다. 눈앞의 작은 일에
치우치다가 다른 중요한 것을 놓치게 됨을 이르는 말이다.

    '확금자불견인(攫金者不見人)'이란 돈을 움켜쥐면 사람을 보지 않
는다는 뜻으로 물욕에 눈이 멀면 의리나 염치를 모르게 된다는 뜻이
다. 제나라 열어구가 쓴 《열자(列子)》 설부편에 나오는 글이다. 어느
도둑이 새벽에 일어나 금방의 금을 훔쳤는데 시장 관리인이 붙잡은 후
에 "왜 남의 금을 훔쳤느냐"고 물었더니 "금을 가지고 갈 때엔 사람은
보이지 않고 금만 보였다"고 대답을 했다. 《사람이 답이다》란 책을 펴
낸 이 형우 Midas-IT 사장이 자주 쓰는 금언이다.

    이와는 반대로 욕심이나 돈만을 갈구하지 않고 맡은 일을 즐기는
이들의 이야기다. 미국 항공우주국을 방문한 미국의 존슨 대통령은 콧

노래를 부르며 길거리를 깨끗하게 청소하는 미화원을 발견하고는 다가가서 "당신은 무슨 좋은 일이 있어서 이토록 즐겁게 거리 청소를 하느냐?"고 물었다. 그러자 미화원은 이렇게 답했다. "우주여행을 떠나는 우주항공 조종사들이 이 길을 통해서 우주선을 타러 가는데 길거리가 깨끗하게 청소되어 있으면 조종사들의 기분이 좋아져서 성공적인 우주여행이 될 것 같아 이 길을 깨끗이 청소합니다. 성공적인 우주여행에 나도 보탬이 된다는 생각이 들어 보람을 느끼며 기분이 좋아져서 나도 모르게 콧노래를 흥얼거렸습니다." 존슨 대통령은 그 미화원의 두 손을 잡으면서 "진정 위대한 일을 하고 계십니다. 내가 주창한 위대한 사회운동을 실천하고 계십니다"라며 감사했다. 그러고 보니 트럼프 대통령의 '위대한 미국(Great America)'이란 구호처럼 미국인은 위대한(Great)이란 단어를 좋아하고 즐겨 쓰는가 보다.

약간의 빵과 포도주를 먹고 나면 일에 파묻혀 몇 시간밖에 잠을 자지 않는다는 15세기 이탈리아의 천재 예술가 미켈란젤로가 부잣집의 정원사로 일했다. 잠시도 쉬지 않고 잔디를 깎고 사다리를 타고 구슬땀을 흘리며 정원수 다듬는 모습을 본 집주인이 "이렇게 열심히 일하는 이유가 무엇입니까?"라고 물었더니 미켈란젤로가 "잔디와 정원수 손질을 하면 보기가 좋은데 이 얼마나 보람찬 일입니까? 그러다 보니 시간 가는 줄 모르고 즐겁게 일합니다"라고 이마의 땀을 손으로 닦으며 대답했다.

대만의 중정(中正) 장개석이 20세기 초에 일본 고베에서 유학할 때의 비화다. 일본인 교장이 "중국인들은 목욕도 잘 하지 않고 화장실도 더럽게 쓴다"는 말을 입에 달고 다녔다. 그로부터 얼마 지나지 않아 아무도 모르게 화장실을 깨끗하게 청소하는 학생이 있다는 소문이 돌았다. 이를 안 일본인 교장이 화장실 청소하는 학생이 누구인지 알기 위해 어느 날 밤잠을 자지 않고 숨어서 지켜보던 중 화장실을 청소하는 학생을 발견하고 다가갔다.

"학생은 누구인가? 왜 한밤중이나 새벽에 화장실을 청소하는가?" 라고 물었다.

"예, 저는 중국 유학생 장개석입니다. 교장선생님께서 중국인 학생들이 화장실을 더럽게 쓴다고 말씀하셔서 그런 말을 듣는 게 부끄럽고 그렇지 않음을 보여 주기 위해 화장실 청소를 해왔습니다."

얼마 전 영국에서 열린 LPGA투어 Ricoh Womans British Open에서 우승한 김 인경 골프선수가 "마음을 비우고 즐기면서 쳤는데 우승하게 되었다"는 우승소감을 전해 들었다.

그렇다. 욕심 부리지 말고 염치를 알고 도리를 지키며 사는 것. 그렇게 사는 것이 정답이다.

쟁우와
외우

　　　　　　　　　　　　성인 남자가 인생을 살아가려면
5가지를 갖추어야 한다. 첫째는 건강이며, 둘째는 안해이고, 셋째는
돈, 넷째는 일, 다섯 번째는 벗이 있어야 한다.

　　푸른 하늘을 나는 독수리의 무기는 발톱이며 깊은 산속의 호랑이
의 무기는 이빨이다. 힘들고 어려울 때 독수리 발톱과 호랑이 이빨처
럼 자기에게 바른 말로 충고를 해주고 도와줄 수 있는 친구가 '조아(爪
牙)'다. 공자는 이를 '쟁우(諍友 · 爭友)'라고 했으며 적어도 쟁우가 한
명은 있어야 한다고 말했다. 옛말에 황제는 7명의 쟁신이 있어야 하며
제후가 되려면 5명의 쟁신, 대부는 3명의 쟁신이 있어야 한다고 했다.
아버지 노릇을 제대로 하려면 바른 말과 글로 격의 없이 학문에 관해
서 토론하고 언쟁할 수 있는 쟁자를 두어야 한다.

　　우리는 친구를 4가지 종류로 구분한다.

첫째는 꽃(花)과 같은 친구다.

꽃이 피어서 예쁠 때는 그 아름다움에 찬사를 아끼지 않는다. 그러나 꽃이 지고 나면 돌아보는 사람이 없듯이 자기 좋을 때만 찾아오는 친구는 바로 꽃 같은 친구다. 그 한 예로 평소엔 연락 한번 없다가 갑자기 전화를 걸어 와서는 자기 아들, 딸 결혼한다며 초대장을 보내려고 하니 주소를 알려 달라는 친구다.

둘째는 저울(衡)과 같은 친구다.

저울은 무게 중심에 따라 이쪽, 저쪽으로 기운다. 이와 같이 자신에게 이익이 있는지 없는지를 따져서 이익이 큰 쪽으로만 움직이는 친구가 바로 저울과 같은 친구다.

셋째는 산(山)과 같은 친구다.

산이란 온갖 새와 짐승의 안식처이며 멀리서 보거나 가까이 다가가도 늘 그 자리에서 반겨준다. 그처럼 생각만 해도 편안하고 마음 든든한 친구가 바로 산과 같은 친구다. 고구려 동천왕 때 중국 위나라의 관구검이 침입했을 때 결사대를 조직해서 남옥저로 피신하는 왕을 도운 일등공신 밀우(密友)란 장군이 있었다. 한평생을 떨어지지 않고 '절구와 절구공이'처럼 붙어 다니는 친구를 밀우(密友)라고 부르는 게 밀우 장군과 연관이 있을 법하다.

넷째는 땅(大地)과 같은 친구다.

땅은 뭇생명의 싹을 틔워 주고 곡식을 길러내며 누구에게나 조건 없이 기쁜 마음으로 은혜를 베푸는 생명의 근원이다. 한결같은 마음으로 친구의 잘못함을 바른 말로 충고해 주며 변함없이 함께 살아가는 친구가 바로 땅과 같은 친구다.

한평생을 막역한 사이로 지내며 어찌 보면 두렵기도 하고 마음속 깊은 곳으로부터 존경심이 우러나오는 최고의 친구를 우리는 '외우(畏友)'라고 한다. 그리고 산과 같고 땅과 같은 친구가 진정한 조아(爪牙)이고 쟁우(諍友)라고도 한다.

내 어릴 적에 어머니께서 귀가 따갑도록 들려 주던 친구에 대한 이야기다.

옛날에 친구를 좋아해서 가산을 탕진한 아들에게 돼지 한 마리를 삶아 지게에 실어 놓고 아버지가 말했다. "아들아, 네가 살인을 저질렀는데 시체를 숨겨 달라고 해보거라." 아들은 부탁을 들어줄 만한 친한 친구를 찾아 길을 나섰다. 그러나 다섯 명의 친구 집을 찾았건만 모두가 손사래를 치며 대문을 쾅 하고 닫아 버렸다.

그냥 돌아온 아들의 지게를 받아 진 아버지가 그의 친구 집 대문을 두드리니 친구가 버선발로 뛰쳐나와서 자초지종을 듣고는 "얼른 집 안으로 숨게나. 그리고 저 시체는 날이 밝으면 쥐도 새도 모르게 처리할 테니 이제 마음을 놓게나" 하는 것이었다. 집 안으로 들어간 아버지는 그제서야 친구에게 자초지종 이야기를 했다. "저 지게엔 삶아온 통돼지 한 마리가 있으니 이를 안주 삼아서 곡차나 한잔하세. 오늘 내 자식에게 친구에 관해서 제대로 교육시켜 준 자네에게 감사하네." 그의 아들이 부끄러워서 얼굴을 들지 못했다는 줄거리다. 위험을 무릅쓰면서까지 나를 도와줄 친구가 내게도 있는지, 그리고 나는 기꺼이 그런 친구가 되어줄 수 있는지 나 자신에게 물어 본다.

위기십결과
위기오득

2016년 3월 서울에서 열린 '구글 딥마인드 챌린지 매치'에서 바둑 인공지능(AI) 알파고가 세계 최강이라는 이 세돌 9단을 4승 1패로 꺾었다. 이 세돌 9단은 제4국에서 신의 78수로 난공불락이던 알파고에게 1승을 따냈다. 이는 인간 직관성에 대한 희망과 비전을 주었다. 최근에는 그 알파고가 새로운 인공지능 '알파고 제로'에게 패한 후 은퇴했다.

사람들은 지적 운동(Mind Sports)이란 바둑에 열광하고 심취한다. 우리나라 바둑 인구가 1,000만 명이다. 그렇다면 바둑은 언제 생겨났을까? 바둑에 관한 문헌 자료에 따르면 요나라 임금이 어리석은 아들을 가르치기 위해 만들었다는 게 정설이다. 바둑판과 돌을 이용한 계산기였다는 다른 주장도 있다.

바둑판의 중심을 천원(天元)이라 하고 361개의 교차점이 음력의 날짜 수와 비슷해서 바둑은 역학이나 천문학의 도구였다는 주장도 있다. 가로 세로가 19줄인 지금의 바둑판과 달리 작은 크기의 17줄 바둑판이 티벳에서 발견된 적이 있다. 서양 장기인 체스는 인도가 발상지임도 밝힌다.

《삼국지》에 나오는 유비가 세운 촉나라 장수인 관우가 싸움터에서 어깨에 화살을 맞고 화타에게서 치료 수술을 받으면서도 마량과 바둑을 두었다는 전설이 있다. 그리고 중국 송나라 휘종 때의 《망우청락집(忘憂淸樂集)》엔 오나라를 건국한 손 권의 형, 손 책이 여 범과 둔 가장 오래된 기보가 실려 있다.

체스를 정복한 컴퓨터나 최고 경지에 이른 고수들도 바둑의 깊이를 가늠하지 못할 정도로 바둑 수의 변화는 무궁무진하다. 실제로 가로 세로 19줄 반상에서의 바둑의 수는 무한대에 이른다.

바둑은 우리 삶의 축소판이며 예측할 수 없는 수와 다양성을 내포하고 있다. 선조들은 오랜 세월을 바둑을 두어 왔으며, 문화적·지적 유산과 함께 '바둑의 교훈과 어록'이 지금까지 전해 온다. 화산의 동쪽 산정상의 하기정에서 신선들이 바둑 두는 모습을 나무꾼, 왕 질이 구경하느라고 도끼자루 썩는 줄 몰랐다는 전설 속의 난가도도 전해 온다.

바둑의 위대한 가르침과 삶 속에서의 유익한 점을 선조들은 '위기십결(圍棋十訣)'과 '위기오득(圍棋五得)'이라 한다.

당나라 현종 때 바둑 최고수에게 기대조(棋待詔)란 벼슬을 헌정했는데, 왕 적신이란 기대조가 바둑이 주는 10가지 가르침인 위기십결을 지었다. 그 10가지 내용이다.

〈1訣〉부득탐승(不得貪勝) '승리에 집착하지 말라.'

바둑은 항시 평정심을 가지고 최선의 한 수를 추구하라. 이기려는 마음이 지나치면 욕심이 생긴다. 마음이 흔들리면 통찰의 순간은 오지 않는다. 억지로 이기려는 욕심은 물이 흘러가는 자연의 순리를 거스르기 쉽다. 평상심의 유지가 승리의 비결이다. 이 창호 9단은 그의 자서전 제목을 '부득탐승'으로 정했다.

〈2訣〉입계의완(入界宜緩) '상대 진영을 완만하게 들어가라.'

상대의 진영에 침입하거나 사감하려면 깊이 들어가지 말라. 상대 세력이 강한 곳에서는 겸허한 자세를 취하라. 새로운 분야에 진입할 때 마땅히 완만한 자세를 취하라는 기업인에게 주는 교훈이다.

〈3訣〉공피고아(攻彼顧我) '상대를 공격하기 전에 나를 먼저 살펴라.'

적을 공격할 때엔 먼저 나의 결점 유무와 능력 여부를 살펴라. 스스로 뒤돌아보고 상대로부터 반격당할 여지가 있는지를 꼼꼼하게 따져라. 상대를 몰아치듯 공격을 할 때에는 감정이 앞서기 쉬우나 냉철하고 비판적으로 자신을 살펴라.

〈4訣〉기자쟁선(棄子爭先) '희생을 감수하더라도 선수를 잡아라.'

돌 몇 점을 희생하더라도 선수를 잡는 게 더 중요하다. 선수란 주도권을 잡기 위해 먼저 착점할 수 있는 권리를 말한다. 기자쟁선의 전략은 '버림돌 작전'이다. 하수는 돌을 아끼고 상수는 돌을 버린다는 말이 있다. 전략적으로 희생타를 써서 이익을 보라. 소임을 다한 돌은 그 숫자가 많더라도 가치가 적으며 상대를 차단하고 있거나 대세의 요처는 단 한 점이라도 그 가치가 큰 것이니 전체를 내다보는 안목을 가져라.

〈5訣〉 사소취대(捨小就大) '작은 것은 버리고 큰 것을 취하라.'
눈앞의 작은 이득을 탐내지 말고 대세를 넓게 보며 움직여라. 바둑을 두다 보면 쉽지 않은 것이 사소취대이다. 작은 이익은 잘 보이지만 큰 이익은 멀리 보인다. 미래를 냉철하게 보며 작은 이익을 과감히 포기하기는 어렵다. '소탐대실'의 동의어이다.

〈6訣〉 봉위수기(逢危須棄) '위험을 만나면 모름지기 버릴 줄 알라.'
위험에 처하면 벗어나기 위해 탈출해야 한다.
바둑을 두다가 양 곤마가 되어 쫓기게 될 경우가 있고 미생이 여러 개 뜰 때도 있다. 이 미생을 도저히 살릴 가능성이 없거나, 혹은 살더라도 작게 살 수밖에 없거나 삶의 대가를 크게 지불해야 할 때에는 과감히 버려라. 중대한 결단의 시기는 빠를수록 이롭다.

〈7訣〉신물경속(愼勿輕速) '신중하라. 경솔하거나 서두르지 말라.'

바둑을 경솔하게 빨리 두지 말라. 한 수, 한 수를 신중하게 생각하며 두라. 감각이 좋은 사람은 착수를 결정할 때 고민을 하지 않는 속기파이다. 그러나 지나치게 빠른 착점은 수읽기를 덜할 수밖에 없어 착각과 실수가 뒤따른다.

〈8訣〉동수상응(動須相應) '마땅히 서로 호응하도록 움직여라.'

바둑돌 하나, 하나가 서로 유기적인 관계를 형성하므로 착점을 결정하기 전에 자기편 돌의 능률을 생각하며 상대편의 움직임까지 고려해야 한다. 행마를 할 때에는 모름지기 기착점들이 서로 연관되게 호응을 하면서 이끌어 가라. 착수된 돌들도 상황에 따라 역할이 시시각각으로 변한다. 바둑은 살아 움직이는 유기체이다.

〈9訣〉피강자보(彼强自保) '적이 강하면 나부터 지켜라.'

주위의 적이 강한 경우에는 우선 내 돌을 먼저 보살펴야 한다. 상대의 집이 커 보인다고 해서 마구잡이로 뛰어들거나 내 돌의 약점이 많은 곳에서 무모한 싸움을 벌이는 것은 패배의 지름길이다.

〈10訣〉세고취화(勢孤取和) '세력이 고립되면 조화를 취하라.'

상대 세력 속에 고립될 경우에는 신속히 안정의 길을 찾고, 화평을 구하라. 최후의 승리를 위해 순간의 굴욕을 감수하라.

바둑을 두면 5가지 좋은 점을 얻는데, 이를 위기오득(圍棋五得)이라 한다.

〈1得〉 득호우(得好友) '바둑을 통해서 좋은 벗을 얻는다.'
바둑을 두려고 마주 앉으면 이미 좋은 친구다. 또한 서로를 배려하며 바둑을 두는 모습은 참으로 아름답다. 공명정대하게 승패를 다투는 바둑은 승부를 통해 우정을 다지며 벗을 만드는 장점이 있다.

〈2得〉 득심오(得心悟) '오묘한 삶의 이치를 깨우친다.'
바둑은 승패를 다투면서도 조화를 이루며 그 과정 속에서 예술과 사유가 발생하니 대국 중에 저절로 오묘한 삶의 이치를 터득한다.

〈3得〉 득인화(得人和) '사람들과 화합할 수 있다.'
바둑으로 사람들과 교분을 나누니 저절로 인화를 얻을 수 있다. 바둑판 앞에서는 나이도, 성별도, 직업도 그 어떤 차별이 없이 동등하게 흑과 백으로 마주 앉는다. 바둑을 세계 평화의 도구라고 한다.

〈4得〉 득교훈(得敎訓) '인생의 교훈을 얻을 수 있다.'
바둑은 인생의 축소판이다. 인생은 과거로 되돌릴 수 없지만 바둑은 복기할 수 있어서 반성할 수가 있다. 바둑은 좀 더 알차고 풍성한 삶의 기회를 준다.

〈5得〉 득천수(得天壽) '바둑을 두면 천수(天壽)를 누릴 수 있다.'
위의 1~4得 다음에 따라오는 것은 '천수를 누리는 것'이다.
역사상 최초의 바둑책인《기지(碁旨)》를 쓴 반고의 말이다.

"우주 대자연의 음양원리를 원용한 바둑은 상대성을 추구하는 놀이다. 이를 즐기며 체득하는 동안, 인간은 우주 원리에 순응하는 법을 알게 되고 그로써 수명을 늘려 장수할 수 있게 될 것이다."

언제, 어디서나 생존경쟁 사회에서 살아남으려면 바둑의 '위기십결'과 '위기오득'을 알아야 한다. 바둑이 인간에게 주는 인생 교훈이다.

분당 코오롱스포렉스에서 날마다 함께 운동하며 친해진 '바둑계의 신사'라고 불리는 백 성호 프로기사(9단)가 최근에 나에게 바둑 한 수를 지도해 주었다. 그러면서 위기십결과 위기오득을 모르는 나에게 알기 쉽게 설명해 주었다. 그리고《2016 대한민국 바둑백서》를 선물해 주었는데 이를 바탕으로 감히 바둑 이야기를 적어 보았다.

오페라와
뮤지컬

　　　　　　　　　　　　　　　　오페라는 16세기 말
이탈리아 음악극이 발전해서 유럽인들의 사랑을 받은, 고전음악을 바
탕으로 한 종합 무대예술이다. 뮤지컬은 이야기 줄거리와 음악적 요소
가 균형적으로 조합된 오페라의 한 형식으로 19세기에 미국, 영국을
중심으로 노래와 무용, 연극이 대중문화와 융합해서 발전했다.

　다시 말해 오페라는 음악 중심의 극이며, 뮤지컬은 연극 중심의 현
대적 음악극이다.

　사람들은 오페라 가수, 뮤지컬 배우라고 부르지만 '오페라 배우'라
고 부르지는 않는다. 오페라는 처음부터 끝까지 가수가 부르는 노래
를 작곡한다. 이처럼 연극의 대사를 말하듯이 노래하는 형식의 창법이
'레치타티보(Recitativo)'다. 예를 들면 "너는~♬ 먹었니?~, ♬아직 안
먹었어?~♪" 등과 같이 묻거나 화답하는 모든 대사가 음악으로 이루
어진다.

반면에 뮤지컬 대사는 연극적인 요소를 부각시킨다. 따라서 뮤지컬은 극중 대사를 전달하기 위해 마이크를 사용하지만, 16세기에는 마이크가 없었기 때문에 오페라는 가수가 육성으로 노래한다. 따라서 오페라 가수는 극중의 대사를 음폭이 크고 풍부한 성량으로 클래식하게 노래한다.

오페라와 뮤지컬은 가사와 대사에 녹아든 시, 문학예술과 무대에 펼쳐지는 의상과 화장, 무대배경, 조명과 소품 등의 미술예술이 당시 시대상을 반영한 생활철학을 담고 있는 종합예술이다.

1948년 1월 16일부터 닷새 동안 서울 시공관에서 이탈리아 가극 작곡가 주세페 베르디가 작곡한 〈라 트라비아타〉란 오페라가 초연되었다. 2018년 올해는 라트라비아타가 초연된 지 70주년을 맞는다. 라(La)는 여성을 나타내는 정관사이며 영어의 The에 해당한다. 트라비아타(Traviata)는 길을 잘못 든 방황하는 여자란 뜻이다.

지난 5월 25일부터 27일까지 ㈜글로리아 오페라단(단장 양수화)은 서울 세종문화회관 대극장에서 〈라 트라비아타〉 초연 70주년을 기념하는 공연의 막을 올렸다. 대학 동문 절친인 이 충희 ㈜에트로 회장의 특별초대를 받아 안해와 함께 세종문화회관 대극장에서 숨을 죽이고 오페라를 감상했다. 아니 빠져들었다는 표현이 더 맞을 것이다. 사실 난 이때까지 오페라와 뮤지컬의 특성과 차이점을 잘 알지 못했다. 미리 제대로 알고 보았더라면 좀 더 이해하기 쉬웠을 것이란 아쉬움이 들었다. 이날의 감동이 계기가 되어 오페라에 대해 관심을 갖게 되었고 뮤지컬 지식도 쌓게 되었다.

〈라 트라비아타〉는 1850년 프랑스 파리가 배경인 알렉산드르 뒤마 피스 원작의 〈동백꽃 아가씨〉의 연극을 본 후 주세페 베르디가 감동을 받아 작곡한 것이다. 1853년 베네치아 라 페니체 극장에서 초연된 〈라 트라비아타〉의 여자 주인공, 비올레타가 동백꽃을 좋아해서 춘희(椿姬)라고 했단다. 오페라 〈라 트라비아타〉는 파리 화류계를 주름잡는 여인인 비올레타가 프랑스 귀족인 청년, 알프레도와 사랑에 빠진 후 이별과 죽음을 그린 작품이다. 예전 신파극 줄거리와 흡사하다는 생각이 들었다.

이 공연을 위해 이탈리아에서 서울로 날아온 소프라노 미하엘라 마르쿠가 여자 주인공인 비올레타 역을, 테너 파프리지오 페지노가 남자 주인공인 알프레도 역할을 맡아 열연했다. 작은 소품까지도 이탈리아에서 공수되었다. 비올레타와 알프레도의 사랑을 가로막는 알프레도의 아버지, 제르몽은 대중에게 친근한 콧수염의 사나이 바리톤 김동규가 맡아 노래했다.

〈라 트라비아타〉의 서막이 오르면 집시들의 선정적인 춤 속에 비올레타 살롱에서의 〈축배의 노래〉가 관객들을 들뜨게 한다. "내가 죽어도 영원히 당신을 사랑할 거예요", "시간이 얼마 남지 않았어요. 창문을 열어 빛을 들어오게 해줘요", "오! 기뻐라, 당신을 따라가겠어요", "꿈만 같던 지난날, 내 얼굴의 장밋빛, 하느님 용서해 주세요"라고 폐결핵으로 죽어 가는 비올레타의 소프라노 노랫소리가 대극장의 천장에서 떨린다. "누구라도 우리를 떼어 놓지 못해요", "당신은 나의 빛과 소망이요"라는 테너 알프레도의 노랫소리가 사람들 가슴에 울림을 준다.

뮤지컬 공연은 음향시설이 양호한 도시의 유명 극장 등에서 이루어지며, 마이크를 쓰지 않는 오페라 공연은 음폭이 넓은 클래식 음악소리가 공연장에 골고루 잘 어울려 울려퍼지는 세종문화회관 대극장이나 서초동 예술의전당 오페라하우스 등에서 펼쳐진다.

세종문화회관 문화지도자 과정(1기)에서 함께 공부한 연극배우 박정자 선생이 출연한 뮤지컬 〈빌리 엘리어트〉가 영등포 신림동의 디 큐브 아트센터에서 얼마 전 막이 올랐다. 영국 탄광촌 어린이들의 꿈과 희망을 키워 주는 줄거리를 담고 있다.

앞으로는 오페라나 뮤지컬의 이야기 줄거리를 미리 충분히 공부한 후 안해와 손잡고 공연장을 찾아야겠다는 생각과 다짐을 해본다.

사람이 밥만 먹고 살 수는 없다. 숨을 쉬는 공기도 필요한데 문학과 음악, 춤과 미술 등의 문화예술은 사람에게 꼭 필요한 산소와 같다. 오페라와 뮤지컬 공연은 문화예술을 사랑하는 모든 사람들의 삶의 질을 높여 주는 마중물이며 디딤돌이다. 기업문화(CI: Corporate Identity)도 문화예술이 그 바탕이다. 요즘 유행하는 '워라밸(Work & Life Balance)'도 마찬가지다. 예술지수(AQ: Artistic Quotient)를 높여야 한다.

이름 속에
답이 있다

유럽은 중세에서 근대에 이르기까지 지배 구조상 확고한 왕국이 없었다. 우리 한반도의 고구려, 백제, 신라처럼 확고한 위상을 가진 왕국의 권력구조가 아니었다. 중세 유럽은 국가의 위상보다는 지역, 지방의 이름에 불과했다. 그렇기에 공통된 문화를 지니고 심지어 이름의 어원도 비슷하다. 예를 들어 '존(John)'은 영국과 미국에만 있는 것이 아니다. 프랑스에서는 '장'이라 하고 독일에서는 '요한', 동유럽에서는 '얀', 스페인에서는 '후안', 포르투갈에서는 '주앙', 이탈리아에서는 '조반니'이다.

영어의 '윌리엄(William)'은 독일에선 '빌헬름', 프랑스에서는 '기욤', 이탈리아에서는 '굴리예모', 스페인은 '기예르모'다. 영어의 '헨리(Henry)'는 프랑스에서는 '앙리', 독일은 '하인리히', 스페인과 포르투갈에서는 '엔리케'이다. 영어의 '피터(Peter)'는 프랑스에서 '피에르', 스페인에서는 '페트로', 러시아에서는 '표트르'이다. 예수의 수제자인 베드로와 같은 사람이니 근원을 올라가면 성서가 원천이다.

또 하나의 뿌리는 로마제국의 공용어인 라틴어다. 그러니 중세 왕족들의 이름은 '존, 헨리, 찰스, 윌리엄, 루이스, 에드워드, 리처드, 프레데릭' 등이 지역마다 조금씩 변형되었다.

이것은 메디치 가문이나 에트로 가문 등 모두 퍼스트 네임이다. 패밀리 네임은 할아버지, 아버지 등 조상의 직업이나 출신지명에서 유래되었다. '가드너(Gardener)'는 정원사이며 '테일러(Taylor)'는 양복을 만드는 양복공, '스미스(Smith)'는 대장장이, '바버(Barber)'는 이발사이며 '베이커(Baker)'는 빵 굽는 사람, '라이너(Rainer)'는 기우제를 지내는 사람이다.

영어 '찰스(Charles)'는 프랑스의 '샤를'이다. 독일은 '카를', 스페인에서는 '카를로스'다. '위대한 프랑스'를 중심으로 유럽 민족주의를 부흥하기 위해 주체적으로 활동했던 프랑스의 군인이자 前 대통령인 '샤를 드 골'은 '프랑스 사람 찰스'란 뜻이다. 영화배우 존 웨인의 '웨인(Wane)'은 '수레바퀴와 마차를 만드는 사람'이란 뜻이다.

한마디로 인명(人名)만 잘 파악해도 유럽사를 이해하기가 쉽다. 예전에 중학교, 고등학교 세계사 시간에 선생님이 이런 이름 속 의미를 기본적으로 미리 알려주고 세계사 공부를 했으면 참 좋았을 거라는 아쉬움이 남는다.

이름을 얘기하자니 기억나는 사람이 있다. 세계적인 명품 핸드백과 지갑 제조업체인 ㈜시몬느 박 은관 회장이다. '시몬느(Simone)'란 회사 이름은 박 회장의 안해 이름이다. 절제된 아름다움과 정교한 디테일의 명품 가방 '공구일사(0914)'는 그가 연세대학교 캠퍼스에서 안해를 재회한 날인 9월 14일을 뜻한다. 박 은관 회장의 무한한 '안해 사랑'이 부러울 뿐이다.

박 은관 회장이 어렵고 척박한 기업 환경을 극복하고 불굴의 정신으로 세계 명품 가방 시장에 우뚝 선 동기는 이탈리아, 프랑스, 스페인 사람들은 세계적인 명품 가방을 만드는데 '우리는 왜 못 만드는가'란 오기 때문이었다. 'Why not us?(우리는 왜 아닌가?)'는 그가 세계 명품 가방 업계에 뛰어든 한 계기가 되었다.

미국 대통령의 골프백을 만들었으며, 우리나라에서 명품 골프백을 세계 시장에 수출한 '재이손(Jason)산업'이란 회사가 있다. 지난 1월 24일 조선일보 사설 아래에 "이재용 회장을 석방하라!"는 광고를 내기도 한 재이손(Jason)산업의 이 영수 회장은 자신의 성인 '이(李)' 자와 안해의 성인 '손(孫)' 자의 앞에다 '재물 재(財)' 자를 붙여 '재이손(財李孫, Jason)산업'이라고 회사 이름을 정했다.

예전에 기업의 인재선발 기준 관련해서 그와 만나 의견을 나눈 적이 있다. 그는 성실하고 적극적인 성격의 기업인이다. 불의에 맞서 싸우는 그는 주요한 사안이 있을 때마다 정의구현을 위해 신문에 자신의 소신을 담은 광고를 내곤 한다.

1901년에 의약품 도매회사 직원인 존 에프 퀴니는 사카린 만드는 회사를 세웠다. 그 후 세계적인 미국의 종자기업으로 성장한

㈜몬산토(Monsanto)는 GMO(유전자변형식품) 사업을 펼치다가 환경단체들로부터 '나쁜 기업'으로 낙인찍혔다.

이런저런 이유로 최근 창업 107년 만에 독일 제약기업인 바이엘에 팔렸다. 몬산토(Monsanto) 역시 창업자인 퀴니의 안해 이름이다.

이름에 얽힌 재미있는 이야기가 참 많다. 그중에서 몇 가지 예를 든다. 음식명을 살짝 바꾸어 큰 돈을 번 이야기다. 2016년도 대학수능시험 즈음하여 '본죽'은 떨어지지 않는 죽이란 뜻의 '불낙(不落)죽'을 2만 그릇이나 불티나게 팔았다고 한다. 원래 이름은 '매운 낙지 죽'이란다. 그리고 중국의 대학 졸업반 학생들은 신촌의 이화여자대학교 정문에서 졸업사진을 찍는 게 유행이다. 이유는 이화(梨花)가 '돈을 번다'는 '리파(利發)'와 중국어 발음이 동일하기 때문이란다.

회사와 자동차, 그리고 골프장 이름에 관한 재미난 이야기다.

LG그룹은 주력기업인 '락희(樂喜, Lucky)'와 '금성(金星, Gold Star)사'의 첫 글자를 조합해서 만든 이름이다. 평소 새를 좋아해서 여의도 밤섬의 새들을 트윈빌딩에서 망원경으로 탐조하길 즐기던 하늘나라의 구 본무 회장이 주창해서 만든 부르기 쉽고 기업하기 좋은 그룹명이다. SK그룹의 원래 사명은 '선경그룹'이다. 그런데 해외 사람들이 '썽크영(Sunk+Young)'이라고 자칫 잘못 발음하면 젊음(Young)이 가라앉는다(Sunk)는 뜻으로 오인할 수 있어서 부득이하게 SK그룹이라고 바꾸었다는 이야기다. 비슷한 사례로 '대영(Daiyoung)자전거'란 회사는 '젊어서 죽는다'는 '다이영(Die Young)'이란 발음 때문에 시장에서 사라졌다는 우스갯말이 회자되기도 했다.

기아자동차 '카니발(Carnival)'은 미국에서 식인종(Cannibal)처럼 들려서 그 이름을 '세도나(Sedona)'로 바꿨다. 대형승용차 '케이나인(K9)' 발음이 개(犬)란 뜻의 '케이나인(Canine)'과 같다는 이유로 'K900'으로 자동차 이름을 바꾸어 판매하고 있다.

두산그룹은 춘천CC를 라데나CC로 개명했다. 호수(Lake)의 La, 정원(Garden)의 De, 자연(Nature)의 Na를 조합해서 라데나(Ladena)란 신조어를 만들었다. 코오롱그룹의 우정Hills CC는 '물가에서 풀을 뜯는 소'란 우정(牛汀) 이동찬 명예회장의 아호를 땄다. 故 김 종필 前 국무총리가 좋아했다는 용인 은화삼CC는 '푸른 꽃과 숲'이란 뜻으로 원래는 김 석원 쌍용그룹 前 회장이 이 골프장 이름을 불교용어인 은화삼(蒑華三)에서 따왔다는 이야기가 있다.

지구상에서 제일 높은 산 에베레스트로 이름에 얽힌 이야기를 마무리한다. 인도를 수탈한 영국 동인도회사와 영국 군부의 제청에 의해 인도에 주둔하는 영국군 측량국은 실측에 의해 에베레스트산의 실제 높이가 8,848m임을 밝혀냈다. 그런데 당시 측량국의 총책임자인 영국 관리인 앤드류 와는 세계 최고봉의 명산 이름을 놓고 3가지 문제에 직면한다. 첫째는 이 산의 이름이 너무 많아서 혼란스럽고, 둘째는 어느 하나를 택할 경우 주변 국가의 큰 반발이 예상되며, 셋째는 만인이 부르기에 발음하기가 까다롭고 어렵다는 것이다. 그가 고민하던 끝에 묘책을 찾아냈다.

인도 땅을 측량하는 데 공이 큰 영국인 책임자 조지 에베레스트 대령의 이름을 붙이기로 마음먹고 그에게 동의를 구했다. 그러나 그는 세계 최고봉의 명산 이름에 자기 이름을 붙이기에는 어불성설이라며 거절했다. 앤드류 와라고 자신의 이름을 붙일 법도 하건만 그는 부하 이름을 딴 '에베레스트산'이란 이름을 관철시킨다. 이래서 세계 최고봉의 명산 이름이 에베레스트가 되었다.

에베레스트산의 원래 이름은 티벳어로는 초모랑마(Qomolangma), 림부어는 차잠룽마(Chajamlungma), 벵갈어는 데오둥가(Deodungha)이다.

이름의 소중함 때문에 성명학이 탄생했듯이 사람들 입에 오르내리는 인간과 사물의 이름 속에서 우리는 그 답을 찾을 수 있다.

수유 6덕과
골프 7덕

물의 6가지 덕목을 '수유 6덕(水有 6德)'이라 한다.

1. 바위도 뚫는 물방울의 '끈기'
2. 흐르고 흘러 바다를 이루는 '큰 뜻'
3. 어떤 그릇에나 담기는 '융통성'
4. 구정물도 받아 주는 '포용성'
5. 막히면 돌아가는 '지혜'
6. 높은 곳에서 낮은 곳으로 흐르는 '겸손'

한마디로 물은 만물을 이롭게 하며 다투지 아니한다. 그뿐만 아니라 물의 흐름을 보면 '5가지 ~림'으로 나타낼 수 있다. 나는 이를 '수유 5림(水有 5림)'이라고 명명(命名)해 본다.

1. 물은 사람을 가까이 다가오도록 이끄는 '이끌림'이 있다.

2. 거대한 폭포나 큰물을 보면 외경심의 '떨림'이 있다.

3. 두 눈을 감고 물소리를 들으면 마음속에 '울림'이 있다.

4. 장마 후 강이나 계곡의 물 흐름엔 세찬 '몸부림'이 있다.

5. 물은 낮은 곳으로 흐르며 대자연과 인간은 '어울림'이 있다.

물과 마찬가지로 7가지 덕목을 갖추어야 하는 운동이 있다. 한번 빠지면 끊을 수 없다는 골프는 남을 골탕 먹이지 않고 나 자신의 양심과 싸워야 하는 운동이다. 골프의 덕목 7가지는 '강용예지신덕애(强勇禮智信德愛)'다.

1. 강(强) - 애당초 공은 똑바로, 멀리 쳐라.

모든 골퍼는 잘 치는 사람과 함께 운동하길 좋아한다. 장기와 바둑도 고수와 두고 싶은 것이 인지상정인데 골프처럼 입장료가 비싸면 주저하지 않을 수 없다. 그러니 동반자를 위해서라도 기본적으로 골프 실력은 갖춰야 한다. 평생 100타도 깨지 못하면서 잘 치는 친구들이 자기와 동반하길 바란다면 어리석은 바보다.

2. 용(勇) - 시원하고 용감하게 공을 쳐라.

좋은 분위기를 연출하려면 일단 시원하게 볼을 치는 게 좋다. 코스 공략을 안전하게 또박또박 치면 동반자들이 싫어한다. 샷이나 퍼팅을 할 때마다 지루하게 많은 연습 스윙을 하면 동반자들의 재미는 반감되고 맥이 빠지며 또한 슬로 플레이가 되어 누를 끼치게 된다. 거침없이 샷을 날리는 골퍼를 동반자들은 좋아한다.

3. 예(禮) - 매너와 에티켓을 철저하게 지켜라.

매너는 상대를 배려하는 '정신적인 면'을 가리키며, 에티켓은 상식의 틀 안에서 '행동적인 면'을 말한다. 골프장에는 라운드 1시간 전에 도착하는 것이 기본 예의다. 헐레벌떡 도착하면 본인의 라운드는 물론 동반자들에게도 나쁜 영향을 미친다. 도우미인 캐디를 인격적으로 대우하고 캐디피를 꼭 봉투에 넣어 주라. 겸손, 정직, 배려, 열정, 감사하는 언행은 철칙이다. 라운드 후 고마운 분들에게 감사 문자메시지를 잊지 말라.

4. 지(智) - 알고 지혜롭게 행동하라.

최소한의 룰과 원활한 진행을 위한 규칙은 알아야 한다. 또한 동반자들과의 적절한 게임 방법이나 핸디캡 적용에 대한 상식도 갖추라. 이따금 골프장에서 동반자들끼리 룰 적용을 놓고 다투는 모습은 곤란하다. OB나 워터 해저드, 각종 장애물에 관한 규칙을 제대로 알고 공을 치면 진행도 원활하고 재미가 배가된다.

5. 신(信) - 잘 쳐서 신뢰감을 얻어라.

숱하게 멀리건을 받으며 싱글 스코어를 냈다고 뽐내는 이를 보면

쓴웃음이 난다. 예우해서 준 컨시드를 사양하는 동반자의 스포츠 정신은 빛난다. 2002년 영국 브리티시 오픈에서 보여준 양심적인 플레이로 최 경주 선수는 정직한 선수라는 이미지를 세계인에게 심어 주었다. 아마추어로서 친목 골프를 아무리 잘 친다 해도 이른바 알까기, 발로 차기, 볼 건드리기 등 비신사적인 행동을 한다면 골퍼 자질이 없다. 자기 자신의 양심을 속이면 나쁜 사람이며 동반자들의 신뢰를 잃게 된다.

6. 덕(德) - 나에게 인색하고 남에게 관대하라.

골프는 심판이 없는 경기다. 핸디캡 적용, 멀리건, 숏퍼트 컨시드 등과 관련해서 주느니 못 주느니 옥신각신하는 모습은 금물이다. 훌륭한 골프 친구들의 공통점은 '내가 조금 손해 보자, 나에게 인색하고 남에게 관대하자'란 덕목을 갖추었다. 인생살이도 마찬가지다. 이렇게 하면 인기 있는 동반자로서 골프 초대를 자주 받는다.

7. 애(愛) - 사랑의 색안경을 쓰고 운동하라.

오래전에 매너 나쁜 골퍼와 라운드 후에 그와는 다시 볼을 치지 않겠다고 했다가 선배로부터 따끔한 충고를 들었다. '모든 사람과 더불어 화평하게 지내라'는 성경 말씀처럼 누구와도 더불어 화평하게 볼을 치라는 것이다. 그 후 이분과 마지막 라운드가 될 수 있다는 마음으로 유종의 미를 거두기 위해 사랑으로 대하자는 생각을 하게 되었다. 아무리 고약한 동반자도 사랑이란 색안경을 쓰고 보면 좋은 점이 눈에 보인다.

사랑과 칭찬은 고래도 춤추게 하며 골퍼들의 타수도 줄여 준다. 사랑은 모든 죄와 허물을 덮어 준다. 따라서 7가지 골프 덕목을 두 글자로 요약하면 바로 '사랑'이다. 사랑은 상대방에게 '관심, 이해, 책임, 감사, 대가를 바라지 않고 주는 5가지'라는 독일의 정신분석학자인 에릭 프롬의 말에 귀 기울이자.

물의 6가지 덕목을 갖추고 담담한 마음가짐으로 골프 7가지 덕목을 실천하면서 잔디밭에서 햇빛을 받으며 친구들과 라운드를 즐기는 일. 굳이 긴 대화 하지 않아도 서로 통하리라.

캠퍼스와
하이힐

"모든 길은 로마로 통한다."

"로마는 하루아침에 이루어지지 않았다."

삼척동자도 아는 말, 로마의 옛 영화와 위력이 가늠된다. 현재 세계인이 쓰고 있는 달력은 로마의 초대황제 아우구스투스가 만든 것이라고 전한다. 1년 12개월 중 8월에 로마황제 자신의 이름을 붙여 '오거스트(August)'라고 했다. 그 밖에도 로마인의 발자취는 유럽의 여러 나라는 물론 동서양의 가교인 터키, 이스탄불을 넘어서 우리가 쓰고 있는 말에도 그 영향을 끼쳤다.

로마인들은 숲으로 뒤덮이지 않은 평야지대를 '캠퍼스(Campus)'라고 불렀다. 그들은 탁 트인 평지를 보면서 두 가지 특징을 생각했는데, 첫째는 '농사짓기에 좋은 곳'이며 둘째는 '적과의 전투에 유리한 지형'이다. 현재 우리가 대학교 정원이나 부지를 캠퍼스라고 부르는 것도 군대가 막사를 짓고 진을 친 야영지, 진영이란 뜻의 캠퍼스에서 유래했다.

로마의 장군들은 숲에서 적군에게 기습당하는 것을 가장 두려워했다. 그래서 전쟁터에 나가면 탁 트인 평야 지대인 캠퍼스에 진영(Camp)을 차리고 전투태세를 갖추었다. 따라서 텐트를 치고 잠을 자는 캠핑(Camping)의 어원은 캠프(Camp)에서 유래한 것이다. 선거 출마자들의 선거대책본부를 '캠프(Camp)'라고 부르는 것도 마찬가지다.

로마 군대가 일단 움직이기 시작하면 전쟁에 유리한 지형, 평지인 캠퍼스로 나가 적군과 싸웠다. 전투가 벌어질 경우에 전투장비의 전개와 광활한 평야 지대에서 사방을 경계할 수 있는 시야 확보에 유리했기 때문이다.

그러나 로마 군대는 기병대를 조직하고 말을 타고 싸우는 데 뛰어나지 못했다. 말을 탔을 때 두 발로 디디게 되어 있는 제구인 안장에 달아서 말의 양쪽 옆구리로 늘어뜨려 발걸이로 쓰는 등자 다는 것을 몰랐기 때문이다. 그러니 말을 타고 천하를 내달린 몽골 군대와는 상대적인 비교가 된다. 로마 군인들이 전차를 타고 싸우거나 전차 경주를 하는 이유도 말에 등자 없어서 빠른 속도로 달릴 수 없기 때문이다. 로마 영화를 보면 등자 없이 말 타는 모습을 볼 수 있다.

로마군대가 전투작전을 펼치는 것을 캠페인(Campaign)이라고 말하며 승리로 쟁취한 사람을 챔피언(Champion)이라 한다.

2000년 전의 로마 군인들은 소금으로 월급을 받았다. 지금도 직장인이 매월 받는 급여란 영어단어인 '샐러리(Salary)'의 어원은 로마 군인들이 받던 소금(Salt)에서 유래했다. 로마 시민들은 대체로 집 밖에서 생활했다. 거리에는 약국, 빵집, 가게, 음식점, 이발소, 세탁소까지 잘 갖추어져 있었다.

로마 시민들은 1년 365일 중 공휴일이 120일이었다. 공휴일이면 콜로세움에서 열리는 검투사의 경기를 보러 가곤 했다. 체육경기와 서커스, 연극을 주로 보았는데, 이런 오락거리 모두가 공짜였다. 그리고 로마 사람들은 남녀 모두가 튜닉이라 불리는 옷을 즐겨 입었다. 소매가 없는 헐렁한 옷인데 길이가 무릎 근처까지 내려왔다. 그뿐만 아니라 로마인들은 목욕하길 무척 좋아했으며 목욕은 중요한 일상생활 중 하나였다. 로마에는 856곳의 대중목욕탕이 있었다. 목욕탕은 로마인들의 세신하는 장소이자 친교의 장이며 휴게실, 간이음식점 등으로 쓰였다.

2000년 전인 서기 65~75년경 영국 땅을 정복하고 로마인들은 원주민 켈트족의 성지던 바스(Bath)라는 도시에 로마식 온천탕(Roman Bath)과 사원을 건립했다. '목욕'이란 뜻의 'Bath'가 바로 도시 이름에서 유래했음을 알 수 있다. 지금도 영국에서 유일하게 자연 온천수(섭씨 46도)가 솟아나지만 대중목욕탕으로 쓰이지 않는 관광명소다. 노천탕, 냉탕, 온탕, 도서관, 예배당이 있었으며 상류층만 이용하던 바스 온천탕에 갔을 때 손가락을 담가 보았는데 "앗, 뜨거워!" 하며 황급히 뺀 적이 있다.

로마인들의 화장실 문화는 현재 기준으로 보면 낙제점이다. 여럿

이서 촘촘하게 구멍을 뚫어 놓은 좌변기에 앉아서 앞 사람, 옆 사람과 얼굴을 마주 보고 이야기하며 용변을 보았단다. 이러한 풍습은 중국 땅에서 30년 전까지도 실제로 있었다.

1989년 6월, 한국경총자총협회 경제시찰단원으로 북경의 중국기업가협회를 방문했을 때 고대 로마인처럼 용변을 보아야 할 상황에 처한 적이 있다. 천안문 광장을 둘러보던 중에 갑자기 배가 아파 공중화장실을 찾았다. 어두컴컴한 화장실에 두 눈만 껌벅이는 인민복 차림의 중국인들이 바지를 내리고 옆으로 앞으로 쭈욱 앉아 있는 모습에 당황스러워 밖으로 뛰쳐나올 수밖에 없었다. 결국 인근의 호텔 화장실에서 볼일을 해결해야만 했다.

로마의 길거리엔 더러운 오물이 널려 있어 똥을 피하기 위해 굽 높은 하이힐을 신었다는 믿기지 않는 이야기가 있다. 또 다른 주장은 16세기 베네치아 여인들이 길거리의 오물을 피해 다니기 위해 신었다는 '초핀(Chopin)'이 하이힐의 시초라고도 한다.

키가 작은 루이 14세는 태양왕이란 신분을 과시하려고 하이힐을 즐겨 신었으며 루이 15세의 애첩인 퐁파두르도 애용했단다. 수천 켤레의 하이힐을 소장했던 루이 14세는 자신의 각선미에 도취한 나르시시스트였다. 그리고 여성용 하이힐보다 남성용 하이힐이 훨씬 더 화려했다. 길거리의 오물을 피해 다니기 위해 옛 사람들이 하이힐을 신었다는 것은 분명한 사실인 것 같다.

닭 벗과
달걀노른자

포클랜드섬은 아르헨티나 해안에서 동남쪽 500km, 영국 본토로부터는 무려 1만2,832km나 떨어져 있는 작은 섬이다. 아르헨티나가 영국령인 포클랜드섬을 침공하자 영국과 아르헨티나 간의 포클랜드 전쟁이 일어났다. 이날은 바로 1982년 4월 2일이다. 이때 미국이 중재에 나섰는데, 영국의 마가렛 대처 수상이 당시 미국 알렉산더 헤이그 국무장관에게 이렇게 나무랐다.

"우리에게 타협을 하라는데 미국이라면 타협하겠느냐? 하와이가 일본으로부터 공격당했을 때 당신네 미국은 어떻게 했느냐? 도쿄 일본군 장군에게 타협하자고 말했느냐?" 전쟁보다는 타협을 종용했던 미국 국무장관은 대처 수상에게 말 한마디 못 하고 꿀 먹은 벙어리 신세가 되었다.

포클랜드 전쟁이 발발하자 엘리자베스 여왕의 차남이며 왕위계승 서열 2위인 앤드루 왕자도 전투헬기 조종사로 앞장서 참전했다. 이러한 '노블리스 오블리제(Noblesse Oblige)' 정신의 실행으로 영국 국민의 전폭적인 지지를 이끌어 냈다. 이는 포클랜드 전쟁을 승리로 이끈 요인이 되었다. 또한 제1, 제2차 세계대전 중에 영국의 이튼칼리지 스쿨 출신 정치·경제 지도자의 자식들이 포클랜드 전쟁에 앞다투어 참전해서 2,000여 명이 전사했다.

6·25전쟁 때에도 미군 장성의 아들 142명이 한국전쟁에 참전해 35명이 목숨을 잃거나 부상을 입었다. 당시 밴플리트 미8군 사령관의 아들은 야간폭격 임무 수행 중에 전사했다. 아이젠하워 미국 대통령 아들도 육군 소령으로 참전한 바 있다. 중국 모택동 아들도 한국전쟁에 참전해 죽었다.

이러한 사회지도층의 도덕적 의무를 프랑스어로 노블리스 오블리제라고 한다. 귀족의 신분, 고결, 기품, 위엄이란 뜻의 노블리스는 닭 볏을 의미한다. 오블리제는 달걀노른자란 뜻이다. 즉, 노블리스 오블리제는 닭이 자기 볏을 자랑하지 않고, 알을 낳을 사명이 있다는 것을 실증적으로 말해 준다. 이를 알기 쉽게 3가지로 표현한다.

첫째, 노블리스 오블리제는 대가를 바라지 않는 기부를 말한다.

둘째, 노블리스 오블리제는 부유한 사람들이 부유하지 못한 사람들을 돕기 위해 사용하는 도덕적인 의무다.

셋째, 재벌들은 그들의 불공정하고 불법적인 사업 관행을 중단하고 노블리스 오블리제, 즉 도덕적 청렴에 바탕을 둔 새로운 기업문화를 만들어야 한다.

신문기자 출신인 미국의 소설가, 어니스트 해밍웨이는 제1차 세계대전에 참전하기 위해 자신의 나이를 속이면서까지 모병관에게 "군대에 보내 달라"며 통사정하며 매달린 적이 있다. 그는 행동파 지성인이었다. 결국 운전병으로 전쟁에 참전했으며 그 후 스페인 내란 때에도 구급차 운전병으로 참전하기도 했다. 또 제2차 세계대전 때에는 나이 어린 병사들과 파리 근교의 최전선에까지 참전해서 미국의 최고 무공훈장을 받았다. 소년병으로 참전한 제1차 세계대전의 기억을 되살려 《해는 또다시 떠오른다》와 《무기여 잘 있거라》를, 스페인 내란에 참전한 경험을 바탕으로 《누구를 위하여 좋은 울리나》란 유명한 소설을 집필하기도 했다. 해밍웨이가 1954년에 노벨상을 받은 《노인과 바다》는 제2차 세계대전 참전 경험을 밑바탕 삼아 스페인의 역사도시 론다에서 집필한 것이다. 《누구를 위하여 좋은 울리나》도 이 시기에 쓰였다.

어떤 위험을 겪지 않고도 부와 명예를 얼마든지 누리고 살 수 있었던 해밍웨이다. 해밍웨이가 전장에서 전투 중 박격포탄을 맞거나 차량사고를 당하는 등 237군데의 크고 작은 전흔을 몸에 안고 산 그의 삶은 노블리스 오블리제의 실증적 증거다.

미국의 사업가 척 피니는 1931년 아일랜드 이민 노동자 가정에서 태어나 넉넉지 않은 어린 시절을 보냈으며 온갖 고난을 극복하고 사업에 성공했다. 그는 6·25 한국전쟁에 참전한 용사이기도 하다. 그는 세계 최대 규모의 공항면세점인 DFS 공동창업자로 억만장자이지만 지독한 구두쇠로 유명하다. 값싼 전자시계를 차고 다니며 비행기는 이코

노미석을 고집한다.

개인 자동차도 없으며 집은 임대아파트에 산다. 늘 허름한 식당에서 끼니를 해결한다. 부유하고 냉철하고, 돈만 아는 억만장자 소리를 들으며 승승장구하던 척 피니에게도 위기가 찾아왔다. 회계조사를 받던 중 수십억 달러의 거금이 다른 회사 이름으로 지속해서 지출되고 있다며 미국의 한 경제지에서 척 피니를 비난하고 나선 것이다.

비자금일까? 횡령일까? 미국인들은 예의주시했다. 허나 뜻밖의 사실이 밝혀졌다. 척 피니가 몰래 지출한 어마어마한 거금은 어려운 이웃들을 위한 기부금이었다.

"자랑하지 마라. 받은 이의 부담을 덜어 주고 싶다면 절대 자랑하지 마라"는 어머니의 가르침에 따라서 척 피니가 자기 재산의 99%인 9조5,000억 원을 어려운 이웃을 위해 남몰래 기부한 것이다.

다른 부자들의 기부도 적극적으로 권유하는 척 피니는 빌 게이츠가 존경하고 따르는 롤 모델이다. 돈을 많이 가진 사람의 돈 다발보다 가난한 사람이 기부하는 동전이 더 가치가 있고 아름답다고 한다. 부자는 자신이 가진 것 중 아주 작은 일부를 나눌 뿐이지만 가난한 사람은 자신의 모든 것을 내놓기 때문이다.

"척 피니는 나의 영웅이고, 빌 게이츠의 영웅이다. 그는 모두의 영웅이어야 한다"고 막대한 금액을 자선단체에 기부한 워런 버핏 회장이 말했다.

"부유한 죽음은 불명예스럽다"는 척 피니의 말처럼 한국 사회도 진정한 '노블리스 오블리제'를 실행하는 사람들이 점차 늘어나고 있다.

내가 공군으로 월남전에 참전했을 때 있었던 노블리스 오블리제의 실화다. 1970년 서 종철 육군 참모총장, 국방부장관이 월남전선을 시찰할 때 그의 아들도 월남전에 참전해, 백마부대 참호에서 부자간 상봉한 일이 있다. 그때 서 일병이 서 종철 장군의 아들인지 아무도 몰랐으며 뒤늦게 이런 사실이 알려지자 월남전 참전용사들의 사기는 충천했다.

영국이나 미국 지도자들의 사례처럼 대한민국 지도자의 아들들이 전선에서 다치거나 전사했다는 이야기는 찾아보기 힘들다.

브라보,
브라바, 브라비, 브라베

'브라보(Bravo)'는 오페라 공연 중 관객들이 성악가나 연주자에게 보내는 최고의 이탈리아어 찬사이자 경어다. 그런데 공연장에서 브라보 외에 '브라바', '브라비', '브라베'를 외치는 이도 있다.

브라바(Brava)는 브라보의 여성형, 브라비(Bravi)는 브라보의 복수형이다. 이탈리아어에서 마리오처럼 남성명사는 대부분 '오'로 끝나고 여성명사는 마리아처럼 '아'로 끝난다.

남성 독창의 경우에는 '브라보'를 외치며, 여성 독창인 경우에는 대다수 기립해서 '브라바'를 박수치며 연호한다. 남성 합창은 브라보의 복수형인 '브라비', 여성 합창은 브라바의 복수형인 '브라베'를 외친다. 남녀 혼성도 '브라비'를 기립박수로 외친다.

이탈리아에서 음악공부를 하고 국내에서 맹활약하고 있는 성악가이자 팝페라 가수인 주세페 김이 개인적 의견임을 전제로 다음과 같이 설명해 준다.

"브라보, 브라바, 브라비, 브라베는 이탈리아어 문법적으로는 맞는 말이다. 이탈리아어 문법까지 따르며 공연자를 성별과 단수·복수로 구분하여 쓴다면 완벽하다고 할 수 있다. '브라보, 바, 비, 베'를 구분하는 논리는 정확한 비교는 아니나 우리가 판소리에서 추임새를 잘한다, 잘하네, 잘했어, 잘하시네, 잘하신다, 잘하셨어요 등 공연자의 장유유서를 구분해서 세계인들에게 추임새를 교육시키는 것과 다르지 않다. 판소리에서 그냥 '얼쑤~ 잘한다~!'로 통용되듯이 이탈리아인들만 구별할 줄 아는 브라보의 성별과 단수·복수 구분을 현재 세계인들이 따르고 있지 않는다고 본다. 음악이론에도 안 나오는 브라보의 성별과 단수·복수를 우리나라에서만 유독 오페라 공연 관람의 필수적인 예의로 간주하는 분위기는 아마도 아카데믹한 성악가들이 이탈리아 단어의 성별을 소개하다가 나온 설명이라고 본다. 음악의 종주국인 이탈리아를 존중하여 세계가 공용어로 브라보를 쓴다는 정도가 적절하다. 이탈리아 사람들에게도 성별과 단수·복수 구분이 복잡하기 때문에 공연자에게 "브라보~!"만 외쳐도 괜찮다. 정말로 한국인들이 '브라보, 브라바, 브라비, 브라베'를 구별해서 공연자에게 박수를 치며 외쳐 준다면 우리 한국인의 품격이 올라갈 것은 틀림없다."

해마다 뉴욕 브로드웨이에서는 100여 편의 문화예술 공연이 열린다. 이에 비해 세계에서 가장 많은 300여 편의 연극, 뮤지컬, 오페라가 공연되는 나라는 대한민국 서울 땅이다. 서울 대학로에는 빌딩마다 지하실을 개조한 300여 개의 소극장이 자리 잡고 성황리에 공연 중이며, 문화의 거리라는 홍대 앞과 신촌을 넘어 강남 신사동과 청담동에도 소극장이 우후죽순으로 들어서고 있다. 유럽과 남미 등 세계 각국에 한류의 물결이 일어나면서 기업의 협찬 요청이나 정부 지원이 거의 줄었고, 기승을 부리던 '공짜 표'도 꼬리를 감추었다고 한다. 문화예술 공연 즐기기가 생활화된 대다수 관객들은 자기가 좋아하는 공연 티켓을 자비로 구매한 유료관객이란다.

그뿐만 아니라 이탈리아, 독일 등 세계 각국의 유명한 음악 콩쿠르에서 한국인들이 1, 2, 3위를 매번 싹쓸이해 버리는 바람에 외국 현지 주최 측에서는 음악 콩쿠르 한국인 신청자 수를 제한하고 있는 게 사실이다.

연예·문화 관련 사업이 괄목할 만큼 성장하면서 "러시아 예술가들은 한국 때문에 먹고산다"는 뒷이야기도 들린 때가 있다. 한국의 대중음악인 K팝도 유튜브, 트위터, 페이스북을 통해 세계를 향해서 밀물처럼 번져 나가고 있다.

영국 런던의 트라팔가 광장 옆 주영 한국문화원에서의 〈런던 K-Pop의 밤〉 행사와 파리 루브르박물관 앞에서 열린 〈한국 가수들의 파리 공연〉 티켓이 삽시간에 매진되었으며, 공연 연장을 요구하는 파리 시민들의 시위가 있었다고 한다. 여기서 그치지 않고 아세아, 유럽, 남북미, 중동, 아프리카 등으로 K팝이 들불처럼 번졌다. 요즘엔 방탄

소년단(BTS)이 빌보드 1위를 차지하며 화제가 되었다.

어디 그뿐이랴! 수백 명의 CEO들이 꼭두새벽부터 호텔 세미나장에 모여서 열심히 공부하는 〈최고경영자 조찬세미나〉 문화도 외국에서는 보기 힘든 우리 대한민국의 자랑거리이다. 이는 지식사회를 넘어서 탈(脫)지식사회에 들어선 지금, 지구상에서 우리 대한민국이 창조산업의 메카임을 확실하게 입증하는 셈이다.

문화는 생각을 지배하고, 생각은 행동을 지배하며 행동은 우리의 삶을 지배한다. 따라서 문화란 천하의 큰 생명력이다. 상생의 시대를 넘어 세계인과 함께 창조산업을 바탕으로 성장하며 더불어 성공하는 '상성의 시대'를 열어 가자.

조선 8도
백성들의 성품

조선시대 왕실에서의 이야기다. 어느 날 태조 이 성계가 신하인 정 도전에게 조선 8도 백성들의 성품을 도별로 어떻게 다른지를 물어 보았다. 이에 4자평으로 아래와 같이 대답했다.

첫째, 경기도 백성은 '경중미인(鏡中美人)'이다. 이는 거울에 비친 미인이라는 뜻이다. 체면을 중시하고 중용과 화합 그리고 무골호인처럼 점잖다.

둘째, 충청도 백성은 '청풍명월(淸風明月)'이다. 맑은 바람, 밝은 달빛처럼 시원한 성격으로 무욕, 양보, 유유자적하다.

셋째, 전라도 백성은 '풍전세류(風前細柳)'다. 바람 앞의 가느다란 버드나무처럼 자연의 이치에 순응하며 선량, 화평, 풍요, 처세에 능하다.

넷째, 경상도 백성은 '송죽대절(松竹大節)'이다. 소나무, 대나무 같은 절개가 있으며 의리, 충성, 야망, 독선, 일편단심, 대의명분을 중시한다.

다섯째, 강원도 백성은 '암하노불(巖下老佛)'이다. 바위 아래 늙은 부처다. 초연하며 무욕, 양보, 관용심이 높다.

여섯째, 황해도 백성은 '춘파투석(春波投石)'이다. 봄 물결(잔잔한 호수)에 돌을 던짐에 비유한다. 감동, 감화, 수동적이다. 평화롭고 남의 말을 잘 신뢰한다.

일곱째, 평안도 백성은 '맹호출림(猛虎出林)'이다. 사나운 호랑이가 숲에서 걸어 나오는 격이다. 생활력이 강하며 사나움, 위풍당당, 고독, 독불장군처럼 행동한다.

여덟째, 함경도 백성은 '이전투구(泥田鬪狗)'와 '석전경우(石田耕牛)'다. 진흙탕에서 싸우는 개처럼 명분이 서지 않는 일로 사납게 싸우며 비열하다. 돌밭을 가는 소처럼 척박한 환경을 인내와 우직함으로 어려움을 잘 극복한다. 백절불굴의 정신이 드높다.

그런데 함경도인에 대해서 정 도전이 '이전투구'라는 평가를 내놓자 함경도 영흥 출신인 태조 이 성계는 크게 진노했다. 이에 당황한 정 도전은 '이전투구'를 '석전경우'라고 얼른 고쳐서 태조 이 성계의 화를 가라앉혔다고 한다.

정 도전은 이 성계가 함경도 도지휘사로 재임할 적에 처음 만났다.

이 성계의 인품이 정 도전의 꿈을 실현해줄 것으로 확신하며 이 성계 군영 앞 소나무 아래에서 "아득한 세월에 한 그루 소나무, 푸른 산 몇 만 겹 속에 자랐구나. 잘 있다가 다른 해에 만나볼 수 있을까? 인간을 굽어보며 묵은 자취를 남겼구나"라는 시를 남기기도 했다.

그 후 정 도전은 조선 개국에 공이 큰 태조의 첫째 부인 신의황후 소생의 자식들을 배제하고 둘째 부인 신덕황후 소생인 이 방석을 세자 로 책봉했다. 이에 불만을 품은 태조의 다섯 번째 아들인 이 방원이 '왕 자의 난'을 일으켜 정 도전을 제거함으로써 결국 생을 마감한다.

미국 캘리포니아주 넓이만 한 작은 땅, 조선 반도를 8곳으로 나누 어 지방색을 가린다는 것은 사리에 맞지 않는다. '귀에 걸면 귀걸이, 코 에 걸면 코걸이'라는 이현령비현령(耳懸鈴鼻懸鈴) 식으로 정 도전의 개인 생각일 뿐이라고 치부하기 바란다. 지금 이 순간부터 편 가르기 나 지방색이란 잔재를 우리들 뇌리에서 흔적을 남기지 말고 하얗게 지 워 버리면 좋겠다.

야호!

'야호'는 독일 알프스 지대에서 쓰이는 '요후(Johoo)'란 의성어가 어원이다. 야호는 사람이 산에서 길을 잃거나 위기에 처했을 경우에 자신의 위치를 알리는 구조요청 신호로 쓰였으며, 20세기에 우리나라로 들어와 등산객들 사이에 호연지기의 표상처럼 유행했다. 요즘에는 국내외를 막론하고 외치지 않는데, 이는 큰 소리로 인해서 야생동물들이 놀라거나 겁을 먹기 때문이다.

그런데 몽골어에도 '야호'가 있다. 몽골어의 '가다'는 '야(와)흐'이고 '갈까요?'는 '야호'이다. 몽골 군대는 전장에서 소리가 나는 화살인 명촉이나 나팔과 북을 통신수단으로 썼다. 사람들끼리는 외침으로 의사소통을 했다. 산꼭대기에서 다른 산의 병사들에게 이동하자는 신호로 "야호~"라고 외쳤다.

고려 병사들은 몽골 병사들의 야호 외침을 따라서 외치게 되었으며 수백 년 세월이 흐른 지금, 우리는 무슨 뜻인지도 잘 모르면서 야호를 외치고 있다. 야호란 외침이 알프스 지대에서 왔는지 몽골에서 왔는지는 각자의 판단에 맡긴다. 나는 '야호'가 들판이나 산에서 부르는 야호(野呼)에서 비롯되었다고 생각한다.

몽골어 애기가 나왔으니 우리 문화에 남아 있는 그들의 흔적을 찾아본다.

몽골어는 러시아 키릴문자를 차용해서 쓰는데 지금도 우리말에 적지않게 남아 활용되고 있다. 예를 들어 제주 오라골프장의 '오라'는 '가까이'란 몽골어에서 유래했으며, 아라골프장(현재 제주골프장)의 '아라'는 '멀리에'란 몽골어에서 왔다고 한다. 이는 고려시대 무신정권 등장 이후 100여 년간 계속된 고려사회의 질서를 무너뜨린 몽골 침략 탓이다. 이때 임금을 보호하는 친위대인 좌별초, 우별초, 신의군 등 삼별초의 항쟁이 거셌지만 종국엔 제주도에까지 밀렸다. 14세기까지 원나라의 부마국이 된 고려의 충렬왕, 충혜왕, 충정왕 이름에 '충성 충(忠)'자는 몽골족인 원나라에게 충성을 바치겠다는 의미가 담겨 있다.

그리고 몽골어, 몽골식 이름과 복장, 변발 등 몽골 문화와 풍습은 고려 상류사회에서 유행했다. 두루마기를 입는 거라든지 소주·만두 등 음식문화, 신부가 연지곤지를 찍고 머리에 족두리를 하는 것은 몽골에서 전래된 풍습이다. 800년 전 몽골 군대가 고려 군대와 연합해서 일본을 정벌하려 출정하는 데 주요 보급품인 물이 필요해서 합포(지금의 창원, 前 마산) 땅에 판 우물이 바로 몽고정(蒙古井)이다. 1905년 한국의 몽고식품이란 회사가 이 몽고정의 우물을 길어서 간장을 담아

'몽고간장'이란 상표를 붙였을 뿐이다. 몽골인의 식문화에 간장은 없다. 몽골인은 간장이 무언지도 모른다. 몽골 여행을 가서 현지에서 몽고간장을 찾으면 바보다.

제주도 조랑말은 '조로모리'란 몽골어에서 왔으며 사막의 낙타 걸음걸이도 조로모리 주법 같다고 한다. 유명 제약사의 '아로나민'이란 건강식품도 열(10)이란 '아로'와 여덟(8)이란 '나임'의 몽골어 합성어다. 이는 '18세 청춘을 되살려 준다'는 뜻이 숨어 있다.

'비가 온다. 오누나. 오는 비는 올지라도 한 닷새 왔으면 좋지'라는 소월의 〈왕십리〉란 시를 몽골인들은 이해를 못 한다. 몽골엔 '비가 온다'라는 표현이 없으며 '비가 들어간다'고 한다. 하늘에서 내린 비가 땅으로 들어가는 장면을 포착한 것이다. '비가 온다'는 문장에서 주인공은 '나'다. 나한테 오는 비다. 그러나 '비가 들어간다'는 문장의 주인공은 '하늘과 땅'이다. 우리에겐 천지인이지만 몽골인에겐 하늘과 땅 사이의 비, 천지우다.

'살어리 살어리랏다. 청산에 살어리랏다. 머루랑 다래랑 먹고 청산에 살어리랏다 얄리 얄리 얄라성 얄라리 얄라.' 우리나라 교과서에 실린 고려가요 〈청산별곡(靑山別曲)〉이다. 그런데 몽골어로 '이기다'는 뜻의 '얄라흐'의 어미의 활용을 대입해 보면 청유형은 '얄라＋위', 과거형은 '얄라＋승'이고 명령형은 '얄라＋레' 또는 '얄라'다. 따라서 〈청산별곡〉의 '얄리 얄리 얄라성 얄라리 얄라'의 정확한 몽골어 발음은 '얄뤼 얄뤼 얄라승 얄라레 얄라'이다. 이는 '이기자! 이기자! 이겼다! 이겨라! 이겨!'란 뜻을 가진 응원가 또는 군가의 한 대목을 빌려 쓴 것이다. 몽골 여인들이 남편과 아들을 전쟁터에 내보내고 술을 올리며 기도하던 주문이 바로 얄리 얄리 얄라셩 얄라리 얄라이다.

옛날 학창시절에 〈청산별곡〉을 배울 때 음률을 맞추기 위한 노랫말의 후렴이라고만 배운 얄리 얄리 얄라셩 얄라리 얄라의 원래 뜻을 이제 와서 알게 되어 천만다행이다.

몽골의 매와 관련이 있는 게 또 있다. "남원산성 올라가 이화문전 바라보니 수진이 날진이 해동청 보라매"는 판소리를 부르기 전에 목을 풀기 위한 단가인 남도민요의 〈둥가타령〉의 한 대목이다. 여기에서 '수진이'는 사냥에 쓰이는 길들인 매, '날진이'는 길들이지 않은 매이고 '해동청'은 송골매, '보라매'는 털갈이를 하지 않은 1년 이하의 어린 매를 말한다. 보랏빛을 띠어 '보라매'이며 청색으로 보이기도 해서 '청매'라고도 부른다. 몽골어에도 '수친, 나친, 퀴친, 보로'란 비슷한 단어가 있다. 송골매는 몽골어로 '숑호르'이다. 자세히 보면 〈둥가타령〉 노랫말도 몽골어와 연관이 있음을 알 수 있다.

몽골제국을 세운 칭기즈칸의 후예라는 함양 여(呂)씨 문중에서는 해마다 칭기즈칸을 위한 시제를 올린다는 이야기가 들린다. 그뿐만 아니라 지금도 신생아들의 엉덩이에서 몽고반점을 종종 찾아볼 수 있는데 몽골 혈통이란 철인이 찍힌 것 같다는 생각이 든다.

몽골과 몽골인들이 우리에게 끼친 영향력은 이루 말할 수 없다. 특

히 우리 국문학에 미친 영향력에 관해서 좀 더 연구할 필요와 가치가
있다.

성인 남자의
생활수칙
16가지

　　안해의 고어(古語)는 '집안의 태양'이란 의미의 '안해'다. 집안에 구름이 끼거나 눈, 비가 오면 햇빛을 볼 수 없어 암흑일 뿐이다. 반면에 남자는 밭에 나가서 열심히 일하라는 천명을 타고 났다. 밭 전(田) + 힘 력(力)이 어우러져 사내 남(男) 글자가 되었다.

　　남자로서의 삶이 그래서 고달프고 힘든 모양이다. 그렇다면 남자로서 어떻게 살아야 할까? 이 물음에 답이 되는 성인 남자의 사는 법을 가르쳐 주는 '16가지 수칙'이란 것이 있는데 그 한 구절, 한 구절이 금과옥조다.

　　수칙 1: '왕년에 나는…'이라는 말은 절대로 하지를 마라. 검증할 수 없는 지나간 이야기, 듣는 사람만 역겹고 피곤하다.
　　수칙 2: 젊은 여성과의 로맨스를 헛되게 꿈꾸지 마라. 그런 로맨스는 현실에 없다.

수칙 3: 자식을 서로 비교하지 마라. 자식도 아버지를 비교한다.

수칙 4: 등산 갈 때 예쁜 여자와 만날 헛된 꿈을 꾸지 마라. 십중팔
구 탈나기 십상이다.

수칙 5: 동네에서 슬리퍼를 끌고 다니지 마라. 천박하게 보인다.

수칙 6: 전원주택을 꿈꾸지 마라. 나이 들수록 큰 병원이 가까운 도
시에 살아야 한다. 함부로 전원주택 지었다가 나중에 안 팔
려 애물단지가 된다.

수칙 7: 함부로 창업을 생각하지 마라. 치킨집, 편의점이 동네 골목
마다 차고 넘친다. 차라리 재취업에 힘쓰라. 아니면 사회봉
사나 취미활동을 하라.

수칙 8: 혼자 산에 가지 마라. 산은 오르기보다 내려오는 게 더 힘
들다. 갑자기 사고를 당하면 꼼짝없이 죽는다.

수칙 9: 거실에서 소파와 한 몸이 되지 마라. 소파에 눕기 시작하면
(몸 + 마음)이 한없이 늘어진다.

수칙10: 추울 때엔 꼭 내복을 입어라. 자신의 건강을 자신할 때가
아니다.

수칙11: 옛날 일을 너무 회상하지 마라. 아직도 남은 날이 창창하다.

수칙12: 늘어진 러닝셔츠를 입지 마라. 가뜩이나 늘어진 근육이 추
하게 드러난다. 상의는 점퍼보다는 재킷을 입어라. 헐렁한
큰 옷을 입지 마라. 빌려 입은 것처럼 없어 보인다. 추리닝

이나 등산복 바지를 입고 아무 곳이나 가지 마라.

수칙13: 고위직에 있는 누구를 잘 안다는 인맥자랑을 하지 마라. 부 질없는 허튼 짓이다. 좋은 자리 있다가 퇴직하면 개털이다.

수칙14: 술자리에서 만취하지 마라. 술 취한 개가 된다. 오죽하면 '술 먹은 개'라고 하겠는가?

수칙15: 쓸데없는 일에 간섭하거나 책임지려 하지 마라. 능력도 없 으면서 큰소리치다 호되게 당한다.

수칙16: 애완견과 친구하지 마라. 개는 어디까지나 개다. 사람은 사 람과 소통해야 한다. 사람은 사람답게 살아야 한다. 특히 성인 남자는 사나이답게 살아야 한다.

1763년에 조선통신사 조 엄을 수행하고 일본에 다녀오고, 1784년 에 홍해군수가 되어 목민관으로 선정을 베푼 조선후기의 성 대중이란 학자가《청성잡기(靑城雜記)》를 펴냈다.

이 내용에 나오는, 나아갈 때 남의 도움을 받지 않는 '진불자인(進 不藉人)'과 물러날 때 남을 탓하지 않는 '퇴불우인(退不尤人)'이란 가 르침을 명심하자. 그만둔 회사나 직장 주변을 맴도는 사람들을 보면 그 얼굴이 어둡고 우울해 보인다. 왜 그리 살까? 과거에 얽매이지 말고 새로운 일에 과감히 도전해서 목표를 이루어 내는 게 갈 길이다.

삼강오륜과
삼관오림

          유교의 도덕사상에서 기본이 되는 3가지 강령과 5가지 인륜을 삼강오륜(三綱五倫)이라 말한다. 몇천 년 전 동굴벽화에도 '요즘 아이들은 버릇이 없다'란 기록이 있는데 요즘 시대에도 '삼강오륜은 땅에 떨어진 지 오래다'라고 한탄한다.

    군위신강(君爲臣綱), 부위자강(父爲子綱), 부위부강(夫爲婦綱)은 임금과 신하, 어버이와 자식, 남편과 안해 사이에 마땅히 지켜야 할 도리가 삼강(三綱)이다. 오륜(五倫)은 《맹자》에 나오는 부자유친(父子有親), 군신유의(君臣有義), 부부유별(夫婦有別), 장유유서(長幼有序), 붕우유신(朋友有信)의 5가지를 말한다.

    아버지와 아들 사이에는 지켜야 할 도리와 친애가 있으며, 임금과 신하의 도리는 의리에 있다. 부부 사이에는 서로 침범치 못할 인륜의 구별이 있다. 한마디로 다름이 있다는 말이다. 어른과 어린이 사이에는 차례와 질서가 있어야 하며 벗의 도리는 상대방의 말을 믿는 신뢰가 따른다.

중국 전한시대 유학자 동 중서가 공맹의 교리에 입각한 '삼강오상설(三綱五常說)'을 논한 데서 삼강오륜이 유래되었다. 오랫동안 한국, 중국 등에서 사회의 기본 윤리로 존중되어 왔으며 지금도 우리 생활에 깊이 뿌리 박힌 윤리도덕관이다.

최근 삼강오륜과 어감이 비슷한 '삼관오림'이란 신용어가 등장했다. 한국관광공사 이 참 前 사장이 복잡다기한 현대인의 생활상을 개선하고 관광산업 발전을 위해서 제안한 내용이다. 볼 관(觀) + 빛 광(光)으로 이루어진 관광(觀光)이란 한마디로 '빛을 보는 것'이다. 대자연과 인공물에 비추인 빛을 통해서 볼(見)거리, 놀(遊)거리, 먹을(食)거리, 즐길(樂)거리를 창출해 내는 게 관광이다. 빛에 따라 변화하는 모양새를 '관심(關心)'을 갖고 면밀하게 '관찰(觀察)'하면 나 자신과 사람이나 사물과의 '관계(關係)'를 개선할 수 있다. 따라서 관심, 관찰, 관계를 '삼관(三關)'이라고 한다.

그리고 '오림'이란 대자연과 인체는 화(火), 목(木), 금(金), 수(水), 토(土) 5가지 원소로 이루어졌다는 오행이론에 따른 것으로, 차가운 겨울, 따뜻한 불처럼 사람을 불 앞으로 이끄는 '이끌림', 바람이 불어오면 사르르 떨리는 나뭇잎처럼 '떨림', 쇠를 녹여 만든 우웅 하고 울리는 종소리처럼 '울림', 계곡을 수많은 바위와 부딪히며 흘러내리며 울부짖는 물의 '몸부림', 그리고 어떤 물질과도 조화롭게 잘 맞는 흙의 성질인 '어울림'의 5가지를 뜻한다.

가정이나 회사 그리고 국가 경영도 삼관오림에 바탕을 두어야 한다. 모든 산업은 스마트하게 바뀐다. 지금보다 속도가 더 빠른 초고속 5G시대를 맞는다. 모든 기기들이 센서로 연결되는 4차 산업시대는 인간관계를 단절시킬 수도 있다. 인간소외 시대를 극복하기 위해서는 삼관오림을 소홀히 해서는 곤란하다.

이럴 때 안동시 도산면 가송길 청량산 아래의 농암 이 현보 선생의 농암종택(聾巖宗宅, www.nongam.com) 긍구당(肯構堂)에서 빗소리, 바람소리를 벗 삼아 하룻밤을 지새워 보면 어떨까?

2017년 8월, 안동 낙동강 가에 있는 농암 선생이 태어나고 운명하신 농암종택 긍구당에서 친구 기호, 건호, 기욱과 더불어 오림을 만끽했다. 전통의 기품과 운치와 멋이 깃든 고택에서 종손(이 성원 한문학 박사)과 종부(이 정원, 경주 양동마을이 친정임)가 깔끔하고 정성껏 차려준 종가의 아침 밥상을 받았을 때 전해진 이끌림, 떨림, 울림, 몸부림, 어울림은 지금껏 벅찬 감동으로 남아 있다.

지공도사

소설 《개미》를 쓴 프랑스 소설가 베르나르 베르베르의 《웃음》이란 책에 나오는 구절이다. 사람으로 태어나 나이가 들어 가며 늘어 놓는 자랑거리다.

- 2세 때는 똥오줌 가리는 게 자랑거리이다.
- 3세 때는 치아가 나는 게 자랑거리이며
- 12세 때는 친구들 있다는 게 자랑거리이고
- 18세 때는 자동차 운전할 수 있다는 게 자랑거리이다.
- 20세 때는 사랑할 수 있다는 게 자랑거리이며
- 35세 때는 돈이 많은 게 자랑거리이다.
- 50세 이후는 위의 자랑거리 순서가 거꾸로 바뀐다.
- 50세 때는 돈이 많은 게 자랑거리이다.
- 60세 때는 사랑할 수 있다는 게 자랑거리이며
- 70세 때는 자동차 운전할 수 있다는 게 자랑거리이고

- 75세 때는 친구들이 있다는 게 자랑거리이다.
- 80세 때는 치아가 남아 있는 게 자랑거리이며
- 85세 때는 똥오줌을 가릴 수 있는 게 자랑거리다.

결국 인생이란 너 나 할 것 없이 똥오줌 가리는 것을 배워서 자랑스러워하다 사는 날 동안 똥오줌을 제 손으로 가리는 걸로 마감한다. 어찌 보면 세상을 살아가는 게 그리 자랑스러운 게 아니니 욕심을 마냥 부리며 살 필요가 없다는 내용이다. 사람의 나이에 관해서 참으로 많은 이야깃거리가 있다.

우리나라와 중국에서 나이를 나타내는 별칭에 많이 쓰이는 약관(弱冠: 20세), 입(立: 30세), 불혹(不惑: 40세), 지천명(知天命: 50세), 이순(耳順: 60세) 등은 공자의 《논어》에 나오는 말이다.

- 吾十有五而志于學(오십유오이지우학) 나는 열다섯 살에 학문에 뜻을 두었고
- 三十而立(삼십이립) 서른 살에 우뚝 섰으며
- 四十而不惑(사십이불혹) 마흔 살에 미혹됨이 없었고
- 五十而知天命(오십이지천명) 쉰 살엔 하늘의 명령인 천명(天命)을 알았고
- 六十而耳順(육십이이순) 예순 살에는 귀가 순해졌으며
- 七十而從心所慾, 不喩矩(칠십이종심소욕, 불유구) 일흔

살이 되어선 마음이 원하는 바를 따라도 법도에 어긋남이 없었다.

70세를 고희(古稀)라고 부르는 것은 두보의 〈곡강시(曲江詩)〉에 나오는 '인생칠십고래희(人生七十古來稀)'라는 글귀에서 유래한 말이다. 나이별 별칭(別稱)도 재미있는 의미를 담고 있다.

· 지학(志學·15세):《논어》에서 나온 말, 성동(成童)이라고도 함
· 약관(弱冠·20세):《논어》에서 나온 말
· 입년(立年·30세):《논어》에서 나온 말
· 이모년(二毛年·32세)
· 불혹(不惑·40세):《논어》에서 나온 말
· 지천명(知天命·50세):《논어》에서 나온 말
· 망육(望六·50~60세)
· 이순(耳順·60세):《논어》에서 나온 말, 육순(六旬)이라고도 함
· 회갑(回甲·61세): 환갑(還甲), 망칠(望七)도 같은 말이다. 축하할 때는 화갑(華甲 또는 花甲)이라고도 함
· 진갑(進甲·62세): 회갑의 다음 해
· 칠순(七旬·70세): 칠질(七秩)이라고도 함
· 망팔(望八·71세): 80세를 바라본다는 뜻
· 희수(喜壽·77세): 희수(稀壽)라고도 함

· 팔순(八旬 · 80세): 산수(傘壽) 또는 팔질(八秩)이라고도 함

· 망구(望九 · 81세): 아흔 살을 바라본다는 뜻. 망구순(望九旬)이라고도 함

· 미수(米壽 · 88세): 한문으로 두 개의 팔(八)자가 있음

· 구순(九旬 · 90세): 구질(九秩)이라고도 함

· 망백(望百 · 91세): 100세를 바라본다는 뜻

· 백수(白壽 · 99세): 100에서 1을 뺀 것이므로 99세를 나타냄

· 백수(百壽 · 100세): 기년(期年)이라고도 함

· 다수(茶壽 · 108세): 초두 변은 20을, 그 아래 글자는 88을 나타냄

· 황수(皇壽 · 111세): 백(白)은 99를, 왕(王)은 12를 나타냄

최근 나이에 관한 별칭이 새롭게 생겨난 게 있다. 만 65세 이상을 '지공'이라고 부르는 것이다. 지하철을 공짜로 탄다는 뜻이다. 한자로 지공(地空)이라고 하는데, 공자가 이를 알았다면 《논어》에 나오는 우주의 원리를 깨우친다는 의미로 '지공도사(知空道士)'라고 칭하지 않았을까?

오늘 하루, 아니 지금 이 순간은 하늘로부터 축복받은 것이다. 따라서 우리 모두는 최선을 다해 사랑하고 행복해질 의무를 진다. 살아있음에 감사하는 마음으로 지금 이 순간을 살아가자. 나이를 먹는다고 탓하지 말라. 나이는 먹는 게 아니다. 자기 자신의 삶이 포도주처럼 숙성되어 가는 것이다.

햄버거와
콜라

햄버거(Hamburger)는 세계인이 가장 많이 즐겨 애용하는 식품 중 하나다. "햄버거가 어디에서 유래되었느냐?"고 젊은이들에게 물어보면 "글쎄요, 옛 사람들이 햄과 고기류와 양파, 토마토, 야채 등을 빵에 얹어 먹다가 전해진 게 아니냐?"며 반문한다. 햄버거가 몽골에서 몽골인들에 의해 탄생했음을 이야기해 주면 "정말요? 그게 정말인가요?"라며 깜짝 놀란다.

장기간의 전쟁과 장거리 이동을 해야만 했던 몽골인은 생고기를 즐겨 먹었다. 12세기 초에 몽골의 영웅, 칭기즈칸의 탄생 후 몽골이 세계를 지배했을 때 '말안장 스테이크'가 유럽으로 전파되었다. 몽골인은 질긴 말고기를 먹을 때 생고기를 잘게 다져서 스테이크로 만드는 방법을 창안했다. 이 관습은 200여 년간 몽고의 지배하에 있던 러시아로 전해진 후 다시 독일로 전해져서 고기를 익혀 먹는 습관이 생겨났다. 당시 질긴 쇠고기를 먹어야 했던 독일인들은 고기를 잘게 다져 먹는 스테이크 식문화를 도입하여 고기를 구워 먹는 음식문화로 진화시켰다.

이는 독일 함부르크(Hamburg)에서 크게 유행했는데 함부르크 스테이크(Hamburg Steak)라고 불렀다. 19세기 중반 독일인 수백만 명이 미국으로 이민을 가면서 미합중국 대륙으로 전해진다. 함부르크 스테이크는 처음엔 '햄버크'라고 불리다 나중엔 햄버거(Hamburger)로 탄생한다.

세계적으로 유명한 맥도날드 햄버거나 롯데리아의 햄버거를 먹으려면 바늘 가는 데 실 가듯이 청량음료가 뒤따른다. 그중에서도 단연 콜라가 햄버거와 음식궁합이 잘 맞는다. 이밖에도 치킨, 피자 등 인스턴트식품엔 콜라가 필수 음료이다.

그럼 콜라(Cola)는 언제, 어떻게 생겨났을까?

콜라의 유래는 19세기로 거슬러 올라간다. 콜라는 1886년 미국 조지아주 애틀란타시에서 약국을 운영하던 존 펨버튼 박사가 소다에 갖가지 약재를 섞어 소화제 대신으로 판매한 것에서 유래한다. 코카콜라 본사를 왜 애틀란타시에 두는지 알 수 있다. 그때는 청량음료가 아닌 소화제 대용으로 판매되었으며, 7년 후인 1893년에 코카콜라(Coca Cola)란 상표를 갖게 되었다.

코카콜라는 인산염으로 인한 치아 부식과 카페인 중독 등으로 인해 위해성 논란도 있었지만 소화기 질환을 치료하는 시술에 사용되기도 했다.《대한내과학회》지에 따르면 위석으로 인해 복부 통증으로 고생하던 60대 환자에게 콜라(30mL)를 여러 차례 주입한 다음에 이를 내시경 올가미와 쇄석기 등으로 분쇄, 제거한 사례를 담은 논문이 발표되기도 했다.

콜라를 이용한 위석치료 사례는 다른 국내 논문에서도 찾아볼 수 있다. 콜라만 사용할 경우 결석을 완전 제거하는 데 2~13일까지 소요된다고 의료진은 밝혔다.

여성의 아름다운 바디라인을 연상시키는 코카콜라의 병은 어떻게 탄생했을까?

미국의 루드라는 젊은이가 코카콜라 병을 디자인했다. 그는 가정 형편이 어려워 중학교를 제대로 다니지 못하고 신문배달, 심부름꾼 등을 하다가 병 만드는 공장에서 일을 했다. 루드에게는 주디라는 여자친구가 있었다. 어느 날 그는 주디가 전해준 신문에서 새로운 음료인 코카콜라의 병 모양을 공모한다는 광고를 우연히 본다. 당선작가에게 600만 달러의 포상금을 주겠다는 신문광고였다.

하지만 콜라 병의 디자인에는 '병 모양이 예쁘고, 물에 젖어도 미끄러지지 않으며, 보기보다는 콜라의 양이 적게 들어가는 병이라야 한다'는 단서가 붙어 있었다. 루드는 회사를 사직하고 콜라 병의 디자인에만 전념했다. 어느 날 주디가 루드를 찾아왔을 때까지 그는 아무것도 한 게 없었다. 그런데 루드가 주디를 본 순간 번쩍이는 영감을 받았다. 그녀의 모습을 즉석에서 스케치하고 디자인 작업에 몰입했다.

몸에 타이트하게 착 달라붙는 주름치마를 입고 있는 주디를 보는 순간 루드는 콜라 병의 모양을 생각해냈다. 루드가 디자인한 코카콜라 병은 모양이 예쁜데다 물에 젖어도 미끄러지지가 않았으며 콜라의 양도 적게 들어갔다. 이렇게 탄생한 코카콜라 병은 지금도 그 모양을 유지하고 있다.

영국의 유명 브랜드 가치평가 전문기관인 인터브랜드그룹은 코카콜라의 브랜드 가치가 390억 달러(한화 31조 원)로 평가한다. 어디서 그런 엄청난 브랜드 가치가 창출되는 것일까?

코카콜라의 대문자 C가 여러 개 들어간, 필기체로 그려진 코카콜라 로고는 1886년 코카콜라를 처음 개발한 존 팸버튼 박사의 동업자인 프랭크 로빈슨이 디자인했다. 132년이 지나도 변함없다.

이 청량음료는 세계인에게 큰 인기를 얻었으며 코카콜라 회사는 거침없이 성장한다. 그러나 한때 코카콜라를 나쁘게 말하던 사람들은 콜라 성분에 인체에 해로운 물질을 섞어서 사람들을 중독으로 이끈다고 했다. 그때 코카콜라를 개발한 존 팸버튼은 코카나무 잎에서 코카인을, 콜라나무 잎에서 카페인을 추출해 처음 이 음료를 만들었다고 발표했다. 물론 중독성이 있는 코카인은 1902년에 사용이 중지됐다. 코카콜라의 함유성분을 밝히라는 미국 정부의 주장에 대해 코카콜라 측은 "99.5%가 설탕과 물로 이뤄졌기 때문에 나머지는 너무 미미해

밝힐 가치가 없다"고 주장하고 있다. 그러나 코카콜라의 제조 비법은 지금도 극소수만의 극비사항이다.

콜라를 마시는 외에 또 다른 활용법도 있다. 콜라를 담은 바가지에 아이언 골프채를 담가 놓고 하룻밤 지난 후 건져내면 반짝거린다. 광택제 역할을 한다. 그리고 미국의 교통사고 현장에서도 콜라가 사용된다. 핏자국을 지우는 데 아주 효과적이라고 한다.

우리 회사는 매월 초하루 아침에 임직원 모두 참석한 월례조회를 갖는다. 공식행사 후 명시를 낭송하고 그 달의 생일자들이 생일축하 케이크를 자른 후 햄버거와 콜라로 아침식사를 함께 한다. "햄버거와 콜라의 궁합이 너무 잘 맞는 것 같다"는 임직원들의 반응에 호기심이 발동해 햄버거와 콜라에 대해 파헤쳐 보았다.

궁궐을
거닐다

시인이자 문학기행 해설로
유명한 김 경식 국제PEN클럽 한국본부 사무총장의 문학적·역사적·
건축학적인 해설을 들으며 창덕궁, 덕수궁과 배재학당, 이화학당의 역
사가 있는 문학기행 현장을 찾았다.《이 병기 시인을 찾아서》란 그의
문학기행기는 중학교 1학년 국어교과서(지학사)에 게재되었으며 2만
권의 장서를 소장한 독서광이자 애서가이기도 하다.

1985년부터 33년간 역사적·문학적으로 해박한 지식과 명쾌한 인
문학 해설을 곁들인《사색의 향기 문학기행》은 참가한 문인·지성인들
에게 탄성과 함께 잔잔한 감동을 주고 있다.

창덕궁은 1405년(태종 5년) 이후 조선왕조 궁궐 중 가장 오랫동안
임금들이 거처하던 궁궐이며 한일합방 이후엔 놀이시설이 있는 유원
지로 창경원이라고 불리는 아픔도 겪었다. 비원으로 알려진 창덕궁 후
원은 아름답기로 유명한데 꽃피는 봄날, 비 오는 여름, 단풍의 가을, 눈

내리는 겨울 풍광이 아름답다. 세계 어느 나라에서도 찾아보기 힘든 자연 친화적인 궁궐로서 1997년 유네스코 세계유산으로 등재되었다.

해설을 하다 말고 김 총장이 참가자들에게 "전당합각(殿堂閤閣) 제헌루정(齋軒樓亭)이 무엇인지 아느냐?"고 물었다. 모두가 어안이 벙벙해하며 금시초문이란 반응이다.

전(殿)은 건물 가운데 가장 격이 높은 건물로 건물의 규모가 크고 품위 있는 치장을 갖추었다. 왕과 왕비 혹은 왕의 어머니와 할머니가 사용하는 건물이다. 그것도 일상적인 기거 활동 공간보다도 공적인 활동을 하는 건물이다. 세자나 영의정은 전의 주인이 될 수 없다. 공식행사를 하는 근정전, 왕이 집무를 보는 사정전, 왕의 침전인 강령전과 왕비의 공적활동이 이루어지는 교태전이 있다. 당(堂)은 전보다도 규모가 떨어지지는 않지만 격보다 한 단계 낮은 건물이다. 자선당, 함안당처럼 공적인 활동보다는 일상적인 활동 공간이다.

합(閤)과 각(閣)은 전이나 당의 부속 건물로서 흠경각처럼 전이나 당 부근에서 그것을 보위하는 기능을 한다.

제(齋)와 헌(軒)은 왕이나 왕비 같은 주요 인물도 쓸 수 있지만 그보다는 왕실 가족이나 궁궐에서 활동하는 사람들이 기거하는 활동 공간이다. 제는 숙식 등 일상적인 주거용으로 독서하거나 사색하는 공간이고, 헌은 대청마루가 발달되어 있는 집을 말한다. 루(樓)는 바닥이 지면보다 상대적으로 높은 마루로 지어진 집인데 경회루처럼 누마루

형태의 정자 모습을 하고 있다.

정(亭)은 보통 정자라 부른다. 연못가나 개울가, 또는 산속 경관이 좋은 곳에 있어 휴식이나 연회 공간으로 사용하는 작은 집으로 건축물 8품계의 맨 아래 단계이다.

따라서 전당합각(殿堂閤閣) 제헌루정(齋軒樓亭)은 대체로 큰 건물에서 작은 건물로, 그리고 건물의 품격이 높은 곳에서 낮은 곳으로의 8품계 순서이며 공식행사-일상주거용-휴식공간의 순서이다.

궁궐 내 호칭에도 각각의 뜻이 있다. 역사극을 보면 신하가 왕에게 '전하(殿下)' 또는 '폐하(陛下)'라고 외치는 장면이 나온다. 섬돌 아래에 선다고 해서 섬돌 폐(陛) + 아래 하(下) 자의 합성어다. 큰집 전(殿) 또는 궁궐 전(殿) + 아래 하(下)처럼 궁궐 아래에 선다고 해서 전하라는 말은 중국 황제를 제외한 황족 또는 제후국 군주에게 쓰이는 존칭이다.

조선의 왕들에겐 황제란 호칭을 쓸 수 없었다. 고종 34년(1897년)에 제정된 대한제국을 선포하고 그 연호를 광무(光武)로 쓰면서 중국과의 종속관계를 벗어난 후에야 비로소 황제라고 쓸 수 있었을 뿐이다.

섬돌 아래라는 뜻의 폐하는 좀 더 정확하게 말하면 궁궐에서 흔히 볼 수 있는 대전(大殿)으로 오르는 층계 아래를 가리킨다. 이 말은 어원을 따지자면 신하가 층계 아래에 서서 왕에게 "제가 여기에 서 있으니 제 말을 들어 주세요"라는 의미다. 선조 때의 문장가인 임 제는 "황제라고 칭하지도 못하는 소국에 태어나 죽는 것이 뭐 그리 슬픈 일인가?"라며 죽음에 이르렀다는 숨은 일화가 있다.

왕세자는 더 낮춰 저하(邸下)라고 했다. 각하(閣下)는 대신, 즉 장관급을 부르던 호칭이었고, 합하(閤下)는 정일품 벼슬아치를 높여 부르던 호칭이다. 대표적으로 조선말기 흥선대원군을 대원위 합하라 불렀다는 기록이 있다. 요즘은 대통령이라고 부르지만 최근까지 대통령 앞에서 장관들이 각하라며 머리를 조아렸는데 이 호칭도 알고 보면 문설주 각(閣) + 아래 하(下)란 뜻이다. 각이란 글자를 (높은 분의) 다리(脚) 아래에 선다는 의미로 추정해서 쓰면 잘못이다.

당상관(堂上官)과 당하관(堂下官)이란 용어도 재미있다.

당상관이란 조선시대 관리 중에서 문신은 정3품 통정대부, 무신은 정3품 절충장군 이상의 품계를 가진 자를 말한다. 넓게는 명선대부 이상의 종친, 봉순대부 이상의 의빈을 포함한다. 조정에서 정사를 볼 때 대청(堂)에 올라가 의자에 앉을 수 있는 자격을 갖춘 자를 가리킨다. 한마디로 왕과 같은 자리에서 정치의 중대사를 논의하고 정치적 책임이 있는 관서의 장관을 맡을 자격을 지닌 품계에 오른 사람들을 가리킨다.

왕 앞에 나아가 시험을 치르고 왕에 의해 직접 성적이 매겨지는 전시를 포함하는 문과와 무과를 통과하여 진출한 문신과 무신만이 맡을 수 있었고, 원칙적으로 기술관이나 환관 등은 임명될 수 없었다. 조선시대 지배층 중에서 과거 시험에 응시할 수 있는 집단인 생원시, 진사

시, 문무과의 초시 등 과거 예비시험의 합격자 집단, 문무과를 통과하여 하위 관직에 오른 사람들보다 한 단계 더 올라가 국가정책을 계획하고 집행하는 고급관료 집단이었다.

관직으로는 정1품이 맡는 의정부의 삼정승, 종1품에서 정2품이 맡는 육조의 판서와 의정부의 좌참찬·우참찬, 한성부 판윤, 팔도관찰사, 종2품에서 정3품이 맡는 사헌부 대사헌과 사간원 대사간 및 홍문관의 대제학과 부제학, 성균관 대사성, 각도의 관찰사와 병사·수사, 승정원의 승지 등을 포함했다.

조선의 정치구조는 문신 중심이어서, 무반에는 절충장군보다 상위의 품계가 없었고 무신이 2품 이상으로 승진하려면 문반의 품계를 받아야 했다. 양반 관료를 천거하는 인사권, 소속 관원의 근무성적을 평가하며 군대의 지휘에 이르기까지 큰 권한을 지녔다.

근무 일수에 관계없이 공덕과 능력에 따라 품계를 올려 받거나 현직에 얽매이지 않고 관직에 임명될 수 있었다. 가까운 관계에 있는 자를 같은 관서에 임명하지 않는 상피제도 적용받지 않았다. 입는 옷이나 이용하는 가마 등에서도 그 밑의 당하관들과 구별되는 특권을 누렸다. 1439년(세종 21년)엔 그 수가 100여 명으로 늘었으며, 그 뒤 서북정벌로 승진자가 많아져 더욱 급격히 늘었다. 19세기에 들어 실록의 인사기록에 등장하는 당상관은 740여 명에 이른다.

전당합각에 제헌루정을 알고 궐내 계급 호칭까지 알고 나니 궁궐

이 더 친근하게 다가온다. 다가오는 주말엔 고궁을 찾아서 가족들에게
도 설명해 주어야겠다.

죽일면장
이야기

상상한다는 건 '실재하지 않는 것을 생각해 보다'란 뜻인데 실제 코끼리에서 유래되었다. '상상(想像)하다'의 상상은 생각할 상(想)과 코끼리 상(象)이 결합된 단어다. 즉, 코끼리를 생각하는 것이 '상상하다'다. 고대 중국의 황하 유역인 허난성(河南省)에는 코끼리가 많이 서식했다고 한다. 그런데 이 지역의 기온이 낮아지면서 코끼리들은 따뜻한 남쪽으로 점차 이동했다. 그 후 허난 지역 사람들은 코끼리 뼈의 흔적을 보고 코끼리가 어떻게 생겼는지, 얼마나 컸는지를 생각했다고 한다. 이에 상상은 허난 지방의 중국인들이 코끼리를 생각하며 나왔다는 게 그 유래이다.

'캐논(Cannon)'이란 카메라 상표도 유명하다. 사람들은 이 상표가 '대포(Cannon)'에서 따온 말로 짐작한다. '관음(觀音: 관세음보살의 약칭)'에서 유래되었다는 사실은 잘 모른다. 캐논은 히브리어로 '정확성'과 '규칙'을 뜻하는 말이다. 그래서 진짜 좋은 카메라임을 연상하는 사

람들이 많다. 실제로 관음을 일본어로 읽으면 '칸농(かんのん)', 영어로 표기하면 'Cannon'이 된다. 관음(관세음보살)은 불교에서 소리를 듣고 눈으로 모든 것을 보아 중생의 고통을 알아주는 보살이다. 대중적 이미지가 좋은 보살을 가리킨다. 그뿐만 아니라 캐논 하면 미국의 유명 관광지인 그랜드캐니언(Grand-Canyon)의 프랑스어 표기법과도 같다. 아름답고 깊은 협곡의 이미지를 갖춘 카메라렌즈의 초점이기도 하니 안성맞춤의 이름이 아닐 수 없다.

'정로환'은 배탈, 물갈이, 설사병 등에 잘 듣는 약의 보통명사다. 일본 제국주의가 한창 팽창하던 1903년 만주 지역에 파병된 일본군의 설사병을 막으려고 제조된 일종의 지사제다. 일본 육군 군의학교 도츠가가 교관이 만든 것으로 러시아와의 전쟁에서 승리한 뒤 '정복하다'는 뜻의 정(征) 자와 '러시아'라는 뜻의 로(露) 자, '환약'의 환(丸) 자를 붙여 정로환(征露丸)이 되었다.

러일전쟁과 제2차 세계대전 직후에 일본은 국제적 신의를 염두해 정복할 정(征) 자를 바를 정(正) 자로 고쳐 쓰도록 일본의 모든 제약회사에 명령했다, 하지만 일본 의약품 회사만은 여전히 정로환(征露丸)을 고집하고 있다. 우리나라의 자체 기술로 개발된 D제약의 정로환(正露丸)도 그 약이다. 역사를 왜곡하고 독도를 호시탐탐 노리는 나쁜 일본을 정복하기 위해서 우리는 정로환(正露丸)이란 이름을 정일환(征日丸)으로 바꾸면 어떨까? 하는 생각을 해본다.

'신토불이(身土不二)'란 1989년 우루과이라운드 협상 타결 이후에 한 호선 농협중앙회장이 일본에서 들여와 퍼뜨린 말이다. 1990년에는 가수 배 일호가 부른 〈신토불이〉란 노래로 유명해졌다. 당시 서대문 농협중앙회 건물 외벽에 '신토불이'란 대형 현수막을 보고, 경총 노사 대책부장으로 일하던 나는 '노사불이(勞使不二)'란 신조어를 만들어 노사현장에 전파한 바 있다.

우리나라 표준국어대사전에 신토불이는 '몸과 땅은 둘이 아니고 하나라는 뜻으로 자기가 사는 땅에서 산출한 농산물이라야 체질에 잘 맞음을 이르는 말'이라고 기술하고 있다. 사실 이 말은 1907년 이시즈카 일본 육군의 약제감이 식양회를 만들면서 처음 사용한 말이란다.

13세기 중국 원나라 때 보도법사가 펴낸 《노산연종보감(蘆山蓮宗寶鑑)》에서 '몸과 흙은 본래 두 가지 모습이 아니다'란 뜻의 신토본래무이상(身土本來無二像)이란 글귀를 기초로 삼아 농협은 민중서림의 《엣센스 국어사전》 1,375쪽에 신토불이를 올렸다고 한다.

신토불이(身土不二)란 한자를 고집하지 말고 우리말로 '우리 몸엔 우리 땅에서 난 것' 또는 '우리 몸엔 우리 땅 농산물'이라고 쓰면 어린 이들도 쉽게 이해할 것이다. 우리말의 70% 정도가 중국의 한자에서 영향을 받은 게 사실이지만 굳이 한자를 써야만 할까?

우리나라 지명에 관해서도 재미난 이야기가 많지만 그중에서도 '죽일면장', '죽일면' 사람들의 일화는 참으로 독특하다.

중부고속도로와 영동고속도로의 호법분기점을 지나 안성시 일죽 나들목(IC)을 지날 때엔 100년 전 죽일면장 이야기가 떠오른다. 지금의 안성시 일죽면은 옛날에는 죽일면이었다.

조선 태종 13년(1413년), 안성군은 충청도에서 경기도로 편입되었다. 훗날 안성시로 승격했으며 공도읍, 보개면, 금광면, 서운면, 미양면, 대덕면, 양성면, 원곡면, 고삼면과 일죽면, 삼죽면, 죽산면 등으로 이루어졌다.

조선시대에 죽산군 북일면의 6개 동리를 관할해 오던 일죽면을 1910년 한일합방 후 1914년 3월 1일, 조선총독부령(제111호)에 의거 북일면, 북이면, 남일면, 남이면과 제초면의 극동리, 능동리와 음죽군 서면의 조목동 일부 등 5개면을 군면병합하여 일제는 안성군 죽일면에 편입한다. 조선을 지명찬탈한 사례 중 하나다.

그런데 죽일면이란 지명이 참으로 어이없고 기가 찰 노릇이다. 안성군 면장회의 때마다 "죽일면장 이야기하라", "죽일면 사람들은 어떤가?"라는 이야기가 나올 때마다 '살 면장'이라면 몰라도 '죽일' 자가 들어가니 죽일면장과 죽일면 사람들은 그 얼마나 분통이 터졌을까?

3·1독립운동이 일어나기 2년 전인 1917년에 지명개명을 위한 행정소송에서 승소한 죽일면장, 죽이면장, 죽삼면장은 고민 끝에 그해 6월 1일자로 죽일면을 일죽면으로, 죽이면을 이죽면으로, 죽삼면을 삼죽면으로 이름을 앞뒤 맞바꾸어 버렸다. 100년 전에 실제 있었던 이야기다.

인명, 지명이나 상품명과 일상생활 용어의 작명은 우리 모두에게 쉽지 않고 어렵지만 중차대한 일이다.

NIKE & KFC

니케(Nike)는 그리스 신화에 나오는 승리와 영광을 상징하는 '승리의 여신'이다. 니케를 미국식으로 발음하면 바로 '나이키'다. 미국의 유명한 스포츠용품 회사 나이키(NIKE)는 니케에서 그 이름을 따 왔다. 부메랑 모양의 나이키 로고는 니케 여신의 날개를 뜻한다.

나이키의 탄생은 이러하다. 1957년 육상선수인 필 나이트와 육상 코치인 빌 바우어만은 오리건대학교 캠퍼스에서 만났다. 1963년 이들은 수입한 타이거 슈즈 200켤레를 트럭에 싣고 다니며 팔았는데 500달러씩 출자해서 타이거 슈즈 1,300켤레를 수입한 것이다. 그때 매출액이 8,000달러, 이익금이 250달러였다. 그러던 중에 바우어만은 안해가 주방에서 와플 굽는 광경을 물끄러미 바라보다 '와플제조기에 액체고무를 부어서 스파이크를 만들면 어떨까?'라는 기발한 아이디어를 얻는다. 이를 연구하여 신기술을 개발한 신발 밑창은 운동화의 새로운 역사를 쓴다.

또한 나이트의 학창시절 친구인 제프 존슨은 1971년 어느 날, 니케에 관한 꿈을 꾸고 나이키란 회사이름을 작명한다. 부메랑이 날아가는 듯 날렵한 나이키의 심벌마크 스위시(Swoosh)는 포틀랜드 주립대학의 디자인학과 여학생에게 35달러를 주고 부탁해서 탄생한 것이다. 니케의 날개이자 승리의 상징인 V를 부드럽게 휘어 놓은 붉은색의 심벌은 열정적인 스포츠 정신과 승리의 의지를 뜻한다. 현재 나이키는 세계적인 스포츠 브랜드로 성장했다.

또 다른 세계적인 기업의 뒷이야기다.

홀어머니를 도와 집안일을 챙기던 한 소년이 가난과 의붓아버지의 폭행에 못 이겨서 12세에 가출하여 갖은 고생을 하다 직접 조리하는 닭고기 요리 식당을 운영한다. 그는 65세 때 어려움으로 식당 문을 닫는다. 그 후 나라에서 준 사회보장기금 105달러를 들고 '닭요리만큼은 내가 최고다!'란 자긍심만으로 재활의 길을 떠난다. 중고 승용차에 조리기구를 싣고 미국 전역을 떠돌며 닭고기 조리법을 팔러 다녔다. 3년 동안 1,008곳의 식당을 찾았으나 모두 거절당하고 1,009번째로 찾은 식당에서 치킨 한 조각에 4센트의 로열티를 받는 조건으로 판매계약에 성공한다. "멋진 아이디어를 가진 사람은 많지만 이를 행동으로 옮기는 사람은 드물다. 나는 실패를 통해 경험을 얻었으며 더 잘할 수 있는 방법을 찾으려고 힘썼다"는 그는 KFC치킨 사업을 대성공 시킨다.

KFC 매장 입구마다 흰 양복에 지팡이를 팔목에 걸치고 서 있는 안경 낀 노신사가 바로 그 주인공인 커넬 샌더스이다. 원래 프라이드치킨은 미국 남부 농장지대에서 일하던 흑인 노예의 애환이 담긴 소울 푸드(Soul Food)다. 남부식의 정통 닭요리법은 닭을 오븐에 굽는 로스트 치킨이다. 백인 농장주들은 오븐에 닭을 굽기 전에 살이 많은 닭의 몸통과 다리를 제외한 날개나 발, 목은 그냥 버렸다. 살코기도 별로 없고 발라 먹기도 힘들었기 때문이다. 흑인 노예들은 백인 농장주들이 버린 닭의 발이나 목을 주워서 숙소로 가져왔지만 오븐이 없어서 로스트 치킨을 만들 수 없었다. 오븐이 있다고 해도 굽는 조리법은 시간이 너무 많이 걸리는데다 이들 부위를 굽고 나면 육즙이 빠져나가 별로 먹을 게 없어 흑인들은 기름에 튀기는 닭요리법을 새롭게 개발해낸 것이다.

날개나 목 같은 값싼 부위를 기름에 튀겨 내면 잡냄새가 없어지고 연해져 뼈째 맛있게 먹을 수 있음도 알게 되었다. 튀김 닭은 고열량 음식이라 하루 종일 고된 육체노동을 하던 흑인 노예들에게 좋은 영양 공급원이 되었다.

미국 남부 켄터키주에서 닭튀김을 팔던 커넬 샌더스는 1952년 유타주 솔트레이크시티로 건너가 KFC(Kentucky Fried Chicken)이라는 상호를 내걸고 점포를 냈다. 그 후 세계 118개국에 1만9,000개(미국 4,500개, 중국 4,500개, 기타 1만 개)의 KFC 프랜차이즈 점포를 열었다. 2013년 매출이 230억 달러에 이르렀다. 흑인 노예들의 소울푸드가 세계인의 사랑받는 음식으로 자리매김한 것이다.

앞으로 우리 한식 중에도 세계인의 사랑을 받는 음식이 태어날 것이다. 아프리카에 가서 매운탕을 끓여 파는 식당, 중국 북경에서 한국의 전통 순두부를 만들어 파는 한국인들이 있다. C식품회사에서 만든 햇반이나 비빔밥, 비비고 등이 세계인의 이목과 관심을 끌고 있는데 우리 청소년들도 이런 독특한 사업에 과감히 도전하기 바란다. 예전에 잠시 나왔다가 사라진 '두발로(Dubalo)'란 한국적 구두상표가 문득 생각이 난다.

한국 사람,
일본 사람,
중국 사람

　　　　　　　　　어느 날 A교수는 서울에서
제자인 대학생들과 회식을 했다. 자리가 파한 후 학생들은 A교수가 카
드로 계산하는 걸 지켜보았다. 우리나라에선 상사나 선배, 그리고 교
수가 부하직원, 후배, 제자들에게 식대를 부담하는 게 오랜 관행이다.
그러나 언제부턴가 우리나라에서도 학생들이나 직장동료들이 회식할
때 비용을 나눠 내는 더치페이가 일반화되어 가는 추세다.

　A교수가 일본 동경에서 일본 대학생들과 회식한 후 한국에서처럼
혼자 계산하려는데 학생들이 총 비용의 50%를 n분의 1로 나누어 부담
하는 거였다. 물론 나머지 50%는 A교수가 부담했다. 이게 일본의 관행
이라고 한다.

　A교수가 독일에서 독일 대학생들과 어울려 맥주집에서 회식을 하
는데, 학생들이 첫 잔은 큰 맥주잔에 맥주를 가득 채워 건배한 후 첫잔
을 비우고 나서 두 번째 잔부터는 작은 맥주잔으로 맥주를 마신다는

거였다. 왜 그랬을까? 독일에서는 만남의 첫 술잔 값은 교수가 내고 나머지는 학생들이 더치페이하는 게 관행이기 때문이다.

대학 간에 교환학생 파견과 대학교 졸업생 대표들의 상호방문 등 원만한 협력관계를 유지해 오고 있는 고려대학교와 일본의 와세다대학교 사이에 있었던 이야기다. 고려대학교 동문들이 와세다대학교를 친선방문했다. 군모 같은 모자를 쓰고 군복 같은 복장에 다리에 각반을 차고 군화를 신은 와세다대학교 학생들이 대학의 기를 들고 환영 행사장에 입장하는데 "우~" 하고 큰 소리를 지르면서 입장하는 모습이 제국주의 잔재인 일본군의 환상을 보는 것 같아 섬뜩할 정도의 공포감과 전율을 느꼈다는 고려대학교 방문단 일행의 전언이다.

일본의 와세다대학교 대표들이 우리나라 고려대학교를 방문했을 때의 부드럽고 온화한 환영 분위기와는 전혀 비교할 수 없을 만큼 분위기가 달랐다고 한다.

이 이야기는 우리 한국인에게 무엇을 시사할까?

나는 그 얘기를 들으면서 어릴 적에 초등학교 교실 뒷벽에 붙어 있던 '뿌리 뽑자 공산당! 물리치자, 일본 야욕!'이라 쓰인 포스터가 두 눈에 선하게 떠올랐다.

각국의 문화 차이를 느낄 수 있는 또 다른 이야기다.

우리나라 서울대학교와 일본의 동경대학교 그리고 중국의 북경대학교 사이에 국립대학교 정보교환과 협력기관을 설치하자는 공동 합의가 이루어졌는데, 그 본부를 어느 곳에 둘지를 놓고서 격론이 일었다. 동경대학교에서는 중국 북경대학교에 본부 두는 것을 반대했으며 북경대학교 측에서는 일본 동경대학교에 본부 두는 것을 강력하게 반대했다. 따라서 서울대학교에 3개 대학교의 협력본부를 자연스럽게 설치하게 되었다. 그런데 본부 운영예산을 양측에서 각각 100% 전액을 부담하겠다고 해서 그 대안으로 동경대학과 북경대학에서 예산의 절반씩을 내고 있고, 서울대학교의 부담액은 아주 미미하다고 한다.

그뿐만 아니라 우리나라 연세대학교와 일본의 게이오대학교 그리고 상해의 복단대학교 등 3개국 유명 사립대학 사이의 협력기관도 마찬가지로 연세대학교 내에 설치해서 운영하고 있다. 중국과 일본의 자존심 싸움에 덕을 보게 된 셈이다.

어느 토론회에서 한·중·일 사이에 한국인의 생존전략을 어디에서, 어떻게 찾아야 할지를 놓고 여러 학자들이 난상토론을 벌였다. 일본인과 중국인 둘이서만 있으면 서로 멀뚱멀뚱 먼 산만 바라보고 딴전만 피우며 대화라곤 없는데, 우리 한국인이 함께 있으면 한국인을 통해서 자연스럽게 대화가 이루어지는 거였다. 중국인과 일본인 사이에서 우리 한국인은 대화와 소통의 창구 역할과 중간자의 중요한 역할을 잘 할 수 있음이 입증된 것이다.

이런 점에서 우리는 중국인, 일본인들과 함께 성장하고 더불어 성공하는 상성전략을 마련해야 한다는 어느 학자의 주장에 나도 충분히 공감한다. '일본은 점이고 중국인은 면인데, 우리 한국은 점과 면을 연결하는 선'이라는 문화적 표현이 있다. 지정학적으로 북경, 서울, 동경을 한 줄로 이어서 '베세토(BESETO)'란 용어도 생겨났는데 조물주의 큰 뜻을 이제야 좀 알 것만 같다.

어려울 때일수록 통하는 (해결)방법이 있다는 궁즉통(窮卽通)을 위해서 우리 모두 대화와 소통을 이어 주는 선에서 그 해결책을 함께 찾아보면 어떨까?

상인들의
경영철학

오스트리아 재무장관과
비다만 은행장으로 일하고 미국에 귀화한 조셉 슘페터 하버드대학 교
수는 '기업인의 경영철학'을 5가지로 요약했다.

- 첫째, 경영의 목적은 이윤 추구와 성취의 희열에 있다. 경영은
  인류의 미래를 창조하는 예술, 사상, 철학이다.
- 둘째, 경영은 학문적 지식이 아닌 실천을 위한 지혜이다. 여기에는
  결단, 개척, 모험 등이 필요하다.
- 셋째, 경영은 끊임없는 혁신의 과정이다. 어제보다 나은 오늘,
  오늘보다 나은 내일을 위해 영원한 창조적 파괴를 해야 한다.
- 넷째, 경영은 조직력이다. 리더는 조직 앞에서 절대, 무한, 불멸의
  책임을 져야 한다.
- 다섯째, 경영은 자본과 기술이 아니라 인적자산을 가장 소중히

여겨야 한다. 명령, 지시, 복종, 관리, 감독 등 행정용어가 아닌 대화, 설득, 신뢰, 참여, 성취 등의 말을 쓸 때 '휴머니즘 혁명' 반열에 오르게 된다.

다음은 '송방(松房)·송상(松商)'이라 불리는 우리나라 개성상인들의 장사 철학이다.

· 첫째, 무리하지 않는 내실경영을 하라. 절대 역류하지 말라.
· 둘째, 자린고비 경영을 하라. 사무실 집기가 좋다고 돈을 잘 버는 게 아니다.
· 셋째, 물건을 아끼는 짠돌이가 되라. 휴지를 비싸게 살 필요는 없다.
· 넷째, 사회 환원에는 큰 손이 되라. 값 비싼 땅을 사회에 쾌척하라.
· 다섯째, 기본에 충실하라. 인사하는 법부터 배워라. 날씨가 추울 땐 군불을 때라.
· 여섯째, 한 우물을 파라. 잘 할 수 있도록 선택과 집중을 하라.
· 일곱째, 과감히 혁신하라. 환경변화에 따라 변신하라.
· 여덟째, 무차입 경영을 하라. 빚을 지지 마라.
· 아홉째, 적극적으로 투자하라. 가능하면 공격경영, 확장경영을 하라.
· 열 번째, 후계자를 다른 회사 현장에서 열심히 배우게 하라.

중국 역사상 10대 상방 중 하나인 휘주상인(徽州商人)들은 성리학의 창시자인 주희의 후학이란 자긍심이 높으며 성리학의 이념을 신봉했다. 근면과 절약으로 믿음을 소중히 했으며 고객을 속이는 일은 하지를 않았다.

기근이 들면 휘상들은 곡식창고를 열고는 우리나라의 경주 최부자나 구례 운조루(雲鳥樓)의 류 이주(柳爾胄)란 부자처럼 빈민을 돕는 일을 적극적으로 펼쳤다. 중국 황제도 휘상의 부를 부러워했다고 한다. 경제적 이익보다는 사람을 중시하며 개인의 사소한 이익보다 사회의 큰 이익을 우선시하는 유가(儒家)의 윤리가 휘상(徽商)의 장사철학이다.

일본 오사카(大阪) 상인들의 장사에 관한 철학이다.

· 첫째, 장사를 하더라도 욕심을 부리지 않는다.
· 둘째, 부귀하더라도 절대로 우쭐대지 않는다.
· 셋째, 베풀더라도 공치사를 하지 않는다.
· 넷째, 장사가 잘 되더라도 방심하지 않는다.
· 다섯째, 상대가 가난하더라도 깔보지 않는다.
· 여섯째, 한가하더라도 놀러 다니지 않는다.
· 일곱째, 한 푼을 벌기 위해서 천 리를 간다.

미국 록펠러가(家)의 경영철학은 다음과 같다.

· 첫째, 부를 얻고 싶다면 새로운 길을 선택하라.
· 둘째, 타인이 이미 개척해 놓은 길을 노리며 어슬렁거리지 말라.
· 셋째, 타인과는 달라야만 더 큰 부를 얻을 수 있다.

한·중·일·미 상인들의 장사에 관한 기본철학은, 장사란 고객을 겸손하며 정직하게 제대로 섬기는 일이다. 고객을 즐겁고 기쁘고 편하게 (즐기편) 하는 일이다. 이 세상엔 공짜가 없으며 돈은 버는 게 아니라 (좋은 일을 하면) 따라오는 것이다. 또한 고객과 함께 성장하고 성공하는 '상성(相成)의 정신'이 필요충분조건이다.

최근 우리나라 기업인들이 죄인처럼 움츠리고 있는데 이들이 가슴을 활짝 펴고 신바람나게 다시 일할 수 있는 날이 빨리 왔으면 좋겠다. 사람이 자산인 대한민국의 살길은 기업과 자영업자 그리고 기업인들에게 장사를 잘할 수 있도록 힘과 용기를 모아 성원을 보내는 게 급선무이다. 대한민국이란 경제열차를 쏜살같이 달리게 하자.

공불용침
사통거마

사람을 제대로 받들고 섬긴다는 뜻의 인사(人事)는 한자로 사람 인(人) + 섬길 사(事)로 되어 있다. 인사관리가 바로 서야만 가정과 기업, 그리고 국가의 조직이 저절로 바로 선다.

나는 인사人(事)는 천사(天事)라고 생각한다. 고인이 된 한 지도자는 사람에 관한 일은 만(萬) 가지 일처럼 복잡다기하다는 의미의 인사(人事)는 만사(萬事)라고 했는데, 이는 섬길 사(事) 자를 잊고 일 사(事) 자만을 염두에 둔 때문이다. 직원 뽑을 때 단순히 일처리만 하는 사람으로 여기지 말고 한 사람의 운명이 인연이 되어 내게 또는 우리 회사에 온다고 받아들이자.

공부 잘하고 유명 대학을 졸업하고 집안 배경이 좋은 스펙만 선호하며 이를 중요시하는 인사관리는 꼭 화(禍)를 부르게 되어 있다. 의심나면 쓰지 말고, 한번 쓴 사람은 절대로 의심하지 말라는 뜻의 '의인불용 (疑人不用)', '용인불의(用人不疑)'란 인사철학을 실행해 나가자.

공적(公的)으로는 바늘만큼도 빈틈이 없어야 하며 개인적으론 마음속엔 수레가 지나다닐 정도로 넓어야 한다는 '공불용침(公不容針) 사통거마(私通車馬)'란 글귀를 자기 목숨처럼 지키던 문 형남 前 노동부 차관이 그리워진다.

공직에 나가려는 사람은 외면보다는 그 사람 됨됨이를 우선시해서 선발해야 한다. 육법전서를 달달 외워서 행정고시, 사법고시에 합격해서 공직에 진출한 이가 어떤 상황에 주어진 문제를 상식적, 효율적, 과학적, 생산적, 효율적으로 사리에 맞게 공무를 수행할 수 있을지 의구심이 난다.

조선시대에는 어디에 중점을 두어 관리를 뽑았는지 과거시험 문제를 통해 알아보자. 어쩌면 오늘 우리 현실에 이렇게 잘 부합되는지 놀라울 뿐이다. 역사는 주기적으로 반복되며 순환되는 것인가?

제1문 지금 가장 시급한 나랏일은 무엇인가? (광해군)

제2문 술의 폐해를 논하라. (중종)

제3문 나라를 망치지 않으려면 왕이 어찌해야 하는가? (명종)

제4문 섣달 그믐 밤의 서글픔, 그 까닭은 무엇인가? (광해군)

제5문 그대가 공자라면 어떻게 정치를 하겠는가? (중종)

제6문 지금 이 나라가 처한 위기를 구제하려면? (광해군)

제7문 징벌이냐? 화친이냐? (선조)

제8문 6부의 관리를 어떻게 개혁해야 하는가? (명종)

제9문 외교관은 어떤 자질을 갖추어야 하는가? (중종)

제10문 교육이 가야 할 길은 무엇인가? (명종)

제11문 인재(人財)를 어떻게 구할 것인가? (세종)

제12문 처음부터 끝까지 잘 하는 정치란? (중종)

제13문 법의 폐단을 고치는 방법은 무엇인가? (세종)

최고지도자를 꿈꾸는 사람은 섬길 사(事) 자를 기반으로 '사람 섬기기를 하늘 섬기듯이 하라'는 의미를 담은 인사(人事)는 천사(天事)임을 잊지 말자.

두려워할 외(畏), 존경할 외(畏), 목숨바칠 외(畏) 자에 백성 민(民) 자를 조합한 외민(畏民)사상을 뇌리에 새기자.

설도와
빈센트 반 고흐

꽃잎 떨어져 바람인가 했더니 세월이더라.

차창바람 서늘해 가을인가 했더니 그리움이더라.

그리움 이 녀석 와락 껴안았더니 눈물이더라.

세월 안고 그리움의 눈물 흘렸더니 아~ 빛났던 사랑이더라.

인터넷상에 떠도는 이름 없는 시인의 짧은 시 한 편이 가슴을 저며 온다. 그렇게도 무덥고 지루한 여름이 가고 새벽녘엔 가을바람이 서늘하다. 가을이 오면 우리 가슴속에 동심초가 되살아난다.

꽃잎은 하염없이 바람에 지고,

만날 날은 아득타, 기약이 없네.

무어라 맘과 맘은 맺지 못하고,

한갓되이 풀잎만 맺으려는고,

한갓되이 풀잎만 맺으려는고

　당나라 여류시인 설도(薛濤)가 마흔한 살 때 연하남 원진 시인을
사무치게 그리워한 시 〈춘망사(春望詞)〉를 김 소월의 스승인 김 억 시
인이 번역하고 김 성태가 작곡한 우리 한국인의 애창가곡이다. 1,200
년 전의 〈춘망사〉를 김 억 시인이 창조적으로 번역한 노랫말의 진수를
맛볼 수 있다. 〈춘망사〉의 원전(原典)을 보자.

花開不同賞　꽃이 피어도 같이 즐길 이 없고

花落不同悲　꽃이 져도 함께 슬퍼할 이 없네.

欲問相思處　묻고 싶어라. 그리운 님 계신 곳

花開花落時　꽃 피고 꽃 지는 시절에

攬草結同心　풀 뜯어 마음을 하나로 묶는 매듭을 지어

將以遺知音　임에게 보내려 마음먹다가

春愁正斷絶　사무친 그리움 잦아들 때에

春鳥復哀吟　봄새들이 다시 구슬피 우네.

風花日將老　꽃잎은 바람에 나날이 시들어 가고

佳期猶渺渺　만날 기약 아직 아득하기만 한데

不結同心人　마음을 함께한 님과는 맺어지지 못한 채

空結同心草　공연히 풀매듭만 짓고 있네요.

那堪花滿枝　어찌하나, 가지가지 피어난 저 꽃

翻作兩相思　괴로워라, 서로 서로 그리움 되어
玉箸垂朝鏡　아침 거울에 눈물이 떨어지는데
春風知不知　봄바람은 이 마음을 아는지 모르는지.

　가을이 되면 밤하늘의 별에 관한 노래와 시가 가슴에 와닿는다. 대부분이 외로움을 담고 있다. 외롭지 않다면 군이 밤하늘 별을 헤아릴 이유가 없을 게다.

　외딴방에서 그 누구보다 외로웠던 빈센트 반 고흐는 목숨을 끊기 2년 전에 북두칠성이 뚜렷하게 보이는 〈론강의 별이 빛나는 밤〉을 그렸다. 1889년엔 정신병원에서 〈별이 빛나는 밤〉을 또 그렸다. 별이 소용돌이치는 그림을 말이다. 그런데 고흐는 하늘의 별을 그린 게 아니고 불타오르는 영혼의 불꽃을 그렸을 것이다.
　그는 동생인 테오 반 고흐에게 이렇게 묻는다.
　"별이 반짝이는 밤하늘은 늘 나를 꿈꾸게 한다. 그럴 땐 묻곤 하지. 프랑스 지도 상의 점에 가듯 왜 창공에서 빛나는 저 별에겐 갈 수는 없는 것일까?"

　1980년대 어느 라디오 방송에서 〈별이 빛나는 밤에〉란 프로그램의 타이틀곡으로 흘러나온 돈 맥클레인이 작사·작곡한 〈빈센트(Vincent)〉란 노랫말이 깊어 가는 가을밤에 우리들 마음을 살포시 적신다.

Starry, Starry night

별이 빛나는 밤에

Flaming flowers that brightly blaze

눈부시게 빛나는 저 이글거리는 불꽃들과

Swirling clouds in violet haze

보랏빛 안개 속에 소용돌이치는 구름이

Reflect in Vincent's eyes of China blue

빈센트의 청잣빛 푸른 눈망울이 어른거려요

〈중략〉

Now I understand

이제 난 알아요

What you tried to say to me

당신이 무슨 말을 하려 했는지

And how you suffered for your sanity

얼마나 정신적으로 힘들었는지

And how you tried to set them free

얼마나 애써 사람들을 해방시키려 했는지

They would not listen

사람들은 들으려 하지 않았어요

They did not know how

어떻게 들어야 하는 건지도 몰랐어요

Perhaps they'll listen now

아마 그들도 지금 듣고 있을 거예요

돈 맥클레인이 직접 만들어서 빈센트 반 고흐에게 바쳤다는 명곡, 〈빈센트〉 선율이 올가을 밤하늘에도 흐른다. 이 노래를 듣노라면 고흐는 자신을 불태워 우리를 비추는 저 하늘의 별과 같다고 느껴진다. 천문학에선 스스로 빛을 발하는 발광체만을 별이라고 하지만 고흐란 별은 오늘밤에도 저 하늘에서 빛을 비추는 듯싶다. 까만 밤하늘에 빛나는 저 별들은 윤 동주 시인이 쓴 명시 그 자체이며 빈센트 반 고흐의 한 편의 명화다.

고희찬가

하늘도 알고 땅도 아는가 보다. 나, Daegila의 70회 생일날인 고희를 말이다. 매미 울음이 올 들어 첫 고성을 알린다. 탄천가 새벽 숲길엔 꿩들이 "꾸륵꾸꾸~" 생일축가를 불러 준다. 까치들은 "까까까가~, 찌찌찌지~" 시낭송을 하며 내 주변을 축하 비행한다. 어디에선가 물살에 떠내려와 붙박이 자리로 정착한 버드나무는 날 보더니 빙그레 웃는다.

시냇물은 졸졸졸 귓바퀴를 맴돈다. 클로버 꽃이 바람에 날리며 살랑살랑 춤춘다. 물 한가운데 작은 바위 위에서 웅크리고 밤을 지샌 왜가리가 꼼짝 않고 졸고 있다. 백로 한 마리가 하얀 두 날개를 퍼덕인다. 어미 들오리와 그 새끼들도 줄을 서서 축하 퍼레이드를 벌인다. 다리 아래 잉어들은 내 손뼉소리에 우 하며 몰려온다. 붉은색의 자연산 비단잉어도 날 보더니 덩달아 반갑다고 입을 벌쭉인다. 대자연의 고마운 내 친구들이다. 혀로 '딱딱딱닥' 소리를 내면서 '짝짝짝' 박수를 치니 떠날 줄을 모르고 날 위한 생일축가를 불러 준다. 여주인의 목줄에 끌려 핵헥거리며 예쁜 강아지가 새벽 산책을 한다. 금계국, 옥스아이 데이지, 눈과불주머니 꽃이 잠에 취해서 눈을 비비더니 날 보고 배시 시 해맑게 웃는다

16개월이 된 장손자 준이가 할아버지 고희에 때맞추어 첫 걸음마를 뗀다. 그러면서 날 보더니 활짝 웃는다. 참 예쁘다. 코끝이 찡하고 가슴이 뭉클하며 두 눈에 행복한 눈물이 난다. 유치원생인 큰손자 현우는 할아버지를 그렸다며 손 그림과 요즘 배운 한글로 '할아버지 생일 축하드려요!'라고 삐뚤빼뚤 쓴 편지를 고사리 손으로 내민다. 그러면서 두 팔을 벌리더니 "할아버지 사랑해요!"라면서 내 품에 와락 안긴다.

일본 탄광에 징용 갔다가 병을 얻어 돌아온 아버지를 내가 태어난지 아홉 달 만에 잃고 38세 홀어머니의 막내로, 찢어지게 가난해서 어느 부잣집의 머슴살이로 일생을 보낼 뻔한 적이 있다. 충청도 보은 땅 시골 촌놈이 1963년 서울 영등포로 올라와서 어렵게 공부하고 삼양그룹, 대한항공, 한진해운, 한국경영자총협회, 매일경제 인력개발원과 2013년 11월에 창업한 ㈜동양EMS에 이르기까지 45년간 직장생활을 해오고 있다.

1969년 12월부터 1971년 1월까지 월남전장에서 백마·맹호 전투작전을 지원하는 공군 G-3AIR로 참전했으며, 1997년부터 2014년까지 18년간 국방대학원 초빙교수로 육·해·공·해병대 장군과 제독

1,000개의 ☆들을 만나서 그들이 전역 후 어떻게 살아가야 할지를 함께 토론하며 희망과 용기를 주었다.

난 아버지 얼굴을 모른다. 아빠 엄마와 손잡고 걸어가는 어린아이를 우두커니 지켜볼 때엔 마냥 부럽기만 하다. 그래서 나는 두 아들과 두 며느리와 두 손자와 안해에게 더욱 더 관심과 정성을 기울인다. 사람들은 나를 보고 인사전문가라고 한다.

수필가, 시낭송가, 국제펜클럽 이사라며 좋은 글을 쓰고 명시 낭송을 계속하라고 권하지만 솔직히 말해서 내 내면을 들여다보면 아는 게 없고 무식하고 무지할 뿐이다. 그런데 내 주변의 참 좋은 사람들은 내게 격려박수를 보내 준다. 내심 수줍고 미안하며 부끄럽기 그지없다. 나는 능력이 부족하고 용기도 없는 그냥 못난이일 뿐인데 말이다. 나는 사이비 문인이다.

그렇지만 ㈜동양EMS의 4,000여 명 임직원들은 나를 보면 "전 사장님!"이라고 부르고 따르면서 "즐기편"과 "우분투"를 외친다. 우리나라 주요 그룹사에선 우리 회사와 Daegila를 믿고서 중차대한 일감을 맡겨 준다. 고마운 외부 고객과 내부 고객인 우리 회사 가족들에게 사람 섬기기를 하늘 섬기듯 하며 사장답게 말하고 행동할 것임을 굳게 다짐해 본다. 하늘의 뜻이다.

이런 게 다 내가 하고 싶어서 하는 건 아니다.

이 모든 게 하늘의 뜻이며 조상님 은덕이다.

내 주변의 좋은 사람들의 도움 없이는 불가능하다. 가족 사랑과 부처님의 후광을 듬뿍 받으며 살아간다. 지금부터는 좀 더 열심히 공부하고, 회사 발전을 위한 일에 좀 더 힘쓰련다. 나보다 더 행복한 사람이 과연 있을까? 두 손을 모으고 파란 하늘을 본다. 가슴이 뭉클해진다. 괜스레 코끝이 찡하다. 두 눈에 눈물이 핑 돈다.

'내려갈 때 보았네, 올라갈 때 못 본 그 꽃!' 고 은 시인의 명시 〈그 꽃〉이다. 손자 손녀를 보고 느낀 감정을 15글자 명시로 풀어 냈으리라. 그 꽃이란 바로 손자 손녀가 아니겠는가?

탄천의 산책길에서 지난 삶을 돌아보며 현재와 앞으로의 Daegila 여생을 그려 본다. 미세먼지가 걷힌 하늘이 파랗다. 해맑고 티 한 점이 없다. 저 파란 하늘을 내 삶의 캔버스로 삼아서 다산 선생이 말씀하신 열복과 청복을 마음껏 펼쳐 보리라.

우리 회사 임직원을 위하여, 대한민국 융성을 위하여,

그리고 사랑하는 우리 가족을 위하여

Donating-Mode와 Loving-Mode의 삶에 충실하련다.

뚝배기 된장 맛이 나는, 소금과 빛과 같은 멋으로 사람 냄새 물씬 풍기며 이웃, 고객과 가족에게 정직, 겸손, 열정으로 열심히 살아가는 그런 경영자로 말이다.

골프의
미로

　　　　　　　　　　　　　　　　　　탁구 세계 챔피언인
안 재형, 자오즈민 부부의 아들인 안 병훈 선수가 2015년 BMW 유러
피언 골프선수권을 차지한 후, 2016년엔 송 영한 선수가 아시안 골프
대회에서 세계 골프랭킹 1위인 미국 마크 스피츠를 꺾고 챔피언에 오
르더니, 이 수민 선수가 중국 선전에서 열린 유럽 골프대회에서 우승
컵을 거머쥐었다.

　　2016년 5월 8일엔 20세의 어린 왕자 왕 정훈 선수가 아프리카 모
로코에서 열린 하싼2 트로피 유럽골프대회 연장전에서 스페인 선수를
누르고 역전 우승했다. 이어서 5월 15일에는 아프리카 모리셔스에서
열린 AFRASIAN 유럽·아시아·아프리카 골프선수권대회에서 시디커
라만 선수를 꺾고 2주 연속해서 챔피언에 등극했다. 한국인의 위풍당
당한 기상을 뽐내며 세계인을 놀라게 했다.

　　2017년 들어서도 제5의 메이저대회라는 플레이어스 챔피언십에

서 무명의 김 시우 선수가 세계 최고라는 선수들을 모두 제치고 당당하게 우승컵을 들어 올렸다. 미국의 PGA선수권대회에선 최 경주, 양 용은, 노 승열, 김 민휘 등 남자선수들과 여자골프대회인 LPGA에서 박 세리 선수의 KIDS인 박 인비, 박 성현, 전 인지, 김 세영 등과 리디아 고, 이 민지 해외 동포 선수들이 맹활약하고 있다.

LPGA대회에 134번이나 출전해서 번번이 쓰라린 좌절을 맛보던 신 지은 선수는 2016년에 135번째인 텍사스 숫아웃 LPGA골프대회에서 생애 처음으로 챔피언에 올랐다. 한마디로 '134전 135기를 이루었다. 그동안 마음고생이 얼마나 컸겠는가?

이는 우리가 말하는 7전 8기나 40여 년 전에 홍 수환 권투선수가 카라스키야 선수에게 네 번을 다운당하고도 다섯 번째 일어나서 화끈한 KO승을 거둔 4전 5기보다 더 값진 승리다. 신 지은 선수의 우승소식을 접하니 '빗방울이 돌에 구멍을 낸다', '고진감래'란 말이 실감난다.

그렇다면 골프는 어디에서 생겨났으며, 왜 세계인들이 열광하고 골프에 담겨진 희로애락을 표출하는가?

600여 년 전, 스코틀랜드 세인트 앤드류 올드 코스(St. Andrews Old Course) 인근의 목동들이 양몰이를 하던 중 심심해서 나무 작대기로 돌맹이를 치다가 생겨났다는 골프는 '잔디밭에서, 산소를 들이마시며, 햇빛을 듬뿍 받으면서 친구와 함께 두 발로 걷는다'는 의미를 담는다. 사람의 인체와 성(Sex)과도 관련이 있다. 그린 위의 구멍(Hole)은 여성을, 깃발이 달린 핀(Pin)은 남성을 상징하며 직경 108mm의 홀은 인간의 108가지 번뇌를 담아낸단다.

머리에서 공을 쳐서 눈에 집어넣는 것을 미들홀(Middle-Hole · 파
4), 눈에서 코로, 코에서 입으로 공을 치는 것을 숏홀(Short-Hole · 파3),
그리고 입에서 쳐서 생식기에 넣는 것을 롱홀(Long-Hole · 파5)로 이름
붙였다. 남성과 여성의 인체에 각각 9개의 구멍이기 때문에 18홀(전반
9홀, 후반 9홀)을 라운드한다. 영국 왕립골프협회는 전 · 후반 9홀씩을
2개의 숏홀, 2개의 롱홀, 나머지 5개 홀은 미들홀로 구성, 배치하여 18
홀을 1라운딩으로 하고 기본 타수를 72타(전반 36타, 후반 36타)로 정
했다.

기준 타수보다 3타 적게 치면 알바트로스(Albatross), 2타 적게 치
면 이글(Eagle), 1타 적게 치면 버디(Birdie)란 골프용어는 자유롭게 하
늘을 나는 새에서 따왔다. 기준 타수 3타를 1타 만에 넣는 것을 홀인원
(Hole in One)이라 한다.

지금 이 순간, 세계 각국의 골프장(2015년 3월 13일 기준) 수는 얼마
나 될까? 놀라지 마시라! 지구상의 골프장 수는 자그마치 3만4,011곳이
며 미국은 1만5,372곳, 우리나라는 549곳인데 그 수는 계속해서 늘어만
간다.

축구, 배구, 탁구, 테니스, 럭비, 야구 등 대다수 구기종목은 상대방
을 속이거나 골탕을 먹여야만 경기에서 승리할 수 있다 그러나 골프란
운동은 자기 양심과의 싸움이다. 남성들이 많이 즐기는 골프는 신사의

운동임이 틀림없으나 LPGA 골프대회를 휩쓸고 있는 한국의 유명 여성 골퍼들을 볼 때 숙녀의 운동임이 확실하다. 골프란 운동은 끊임없이 연습하지 않으면 실력이 늘지 않으며 쉽게 얕잡아 보면 코를 크게 다치는 구기종목 운동이다. 골프에 관한 재미난 유머와 숨겨진 일화가 많은데 그중 한 이야기다.

"그토록 다짐을 하건만 사랑은 알 수 없어요. 사랑으로 눈먼 가슴은 진실 하나에 울지요. (중략) 끝도 시작도 없이 아득한 사랑의 미로여"라고 최 진희란 여가수가 부른 〈사랑의 미로〉를 윤 기웅 외환은행 前 부산지점장이 〈골프의 미로〉로 개사한 노랫말 속에 골퍼의 복잡하고 애잔한 심경이 절묘하게 녹아 있다.

1. 그토록 연습을 했건만 골프는 알 수 없어요.
　　　드라이버 잘 쳐 놓고서 피칭 하나에 울지요.(후렴)
2. 흐르는 헤저드는 없어도 벙커는 알 수 없어요.
　　　두려움에 떨리는 것은 배판에 O.B이지요.(후렴)
3. 때로는 버디도 하지만 양파는 알 수 없어요.
　　　돈 내기에 멍든 가슴은 숏펏 하나에 울지요.(후렴)
4. 아무리 발버둥 쳐봐도 맘대로 샷은 안 되니
　　　연습부족 탓은 안 하고 핑계 대다 게임 끝나요.
(후렴) 그대 예쁜 캐디야 비웃지 말아다오.
　　　언제간 잘 칠 날이 있으리.

아~ 끝도 시작도 없는 아득한 골프의 미로여!

이 순간에도 세계 각국의 골프장에는 골퍼들이 골프의 매력에 빠져 울고 웃는다. 골프는 마력을 지닌 매력적인 운동임이 틀림없다.

검은 독수리들의
화려한 비행

        초창기에 전투기 한 대도 없이 창군한 대한민국 공군(ROKAF: Republic of Korea Air Force)이 60년 만에 세계 최대의 에어쇼대회에서 정상에 우뚝 섰다. ROKAF의 '검은 독수리(Black-Eagles)' 특수비행팀은 우리 독자기술로 만든 초음속 고등훈련기 T-50B(8機)를 몰고 2012년 런던올림픽에 맞추어 영국 런던의 하늘에서 펼쳐지는 〈세계에어쇼대회〉에 첫 출전해서 7명으로 구성된 심사위원의 만장일치로 세계 최고로 평가를 받아서 '세계에어쇼 대상'을 거머쥐었다.

    영국 공군 최대 에어쇼인 〈Waddington Airshow〉(2012년 6월 30일 ~7월 1일)에서는 '2012 최우수 에어쇼 상'을, 세계 최고의 군사 에어쇼인 〈RIAT Airshow〉(7월 7일~7월 8일)에서는 'The King Hussein MemorialSword'와 최고 인기상인 'The As the Crows Files Trophy'를 동시에 받는 큰 영광을 안았다.

성 일환 참모총장도 런던 현지로 날아와 검은 독수리 대원들과 어깨를 얼싸안고 감격의 눈물을 뚝뚝 흘렸다. 어디 그뿐이랴? 영국에 거주하는 수많은 교포들과 6·25전쟁에 참전한 연로한 퇴역 영국 군인들도 감동의 물결 속에 함께 눈시울을 붉혔다.

이 얼마나 장엄한 쾌거인가~!!!

참으로 장하도다.
유사 이래 여태까지는 꿈도 못 꾸고 감히 상상도 할 수 없는 즐겁고 기쁜 일이도다.

1970년도에 백마·맹호 부대 전투작전의 항공폭격지원 'G-3Air' 담당으로 월남전에 참전했던 나, 전 대길(공군병 176기)은 지금 이 순간 남다른 감동을 만끽하면서 나 스스로 ROKAF 출신이라는 게 마냥 자랑스럽고 행복하기만 하다. 이번 쾌거와 관련해서 지금까지 마음속 깊은 곳에 살아 숨쉬는 공군 에어쇼와 관련한 잘 알려지지 않았던 내가 겪은 숨은 이야기를 꺼내 볼까 한다.

1968년 6월, 공군에 입대해서 총무(70)특기를 받고 공군작전사령부 전투작전부(부장 전 형일 대령) 근무를 명 받고 경기도 송탄(일명 쑥고개)의 K-55에서 말단 졸병(이등병)으로 군 생활을 시작했다.

그런데 그해 8월 어느 날, 내 옆자리의 K문관이 수많은 지우개에다 면도칼로 비행기 凸모형을 일과 중에 조각하곤 했는데 감히 물어볼 수도 없어서 옆에서 그냥 언뜻언뜻 지켜보기만 했다.

그는 하얀 두루마리 종이를 쭉~ 펴 놓고는 그 위에 태극모형, 삼각형, 하트와 후프 등 20여 가지 모형을 설정해서는 여러 색상으로 스탬프를 찍듯이 지우개 비행기로 꾹 찍어 대길 반복했다. 다른 한편으로는 환등기(슬라이드)용 셀로판 용지 위에다 똑같은 방법으로 凸모형 지우개 비행기를 꾹 찍어 댔다.

'저게 과연 무엇일까?'라는 궁금증은 작전사령부 지휘관 회의에서 슬라이드를 비추면서 쉽게 풀렸다. "아하~ 이게 바로 국군의 날 기념 행사를 위한 비행편대의 대형과 비행순서를 정하는 공군 에어쇼 실행 계획이구나!"라고 말이다. 1968년 그해 국군의 날 에어쇼를 TV로 지켜보면서 凸모형 지우개 비행기들이 푸른 창공을 제비처럼 멋지게 날아다니는 꿈같은 환영을 체험했다.

1960년대 초반의 국군의 날에는 민족의 지도자 김 구 선생의 자제인 김 신 공군 장군이 비행기를 직접 몰고 한강대교 용산과 노량진의 교각과 교각 사이를 위험을 무릅쓰고 아슬아슬하게 통과한 적이 있었다.

흑석동에 있는 명수대와 한강 양쪽 강변에서 이 광경을 숨죽이며 지켜보던 인산인해의 국민들이 열광적인 환호와 우뢰와 같은 박수로 우리 공군을 마음껏 사랑해 주고 응원해 주던 모습이 눈에 선하다.

오늘, 우리 공군의 검은 독수리 팀이 세계 정상에 우뚝 섰다는 가슴

벅찬 소식을 접하곤 44년 전 이 땅에 실존했던 지우개 凸모형 비행기 에어쇼가 문득 뇌리에 살아났다. 한마디로 금석지감(今昔之感)이며 상전벽해(桑田碧海)이다.

1968년 말 겨울에 작전사령부 콘셋트 건물에 대형화재가 발생한 적이 있었다. 전 장병이 비밀문서가 손상되지 않도록 차분하게 비상 반출했다. 그 와중에도 내가 작전사령관실에 있는 '작전사령부 기'를 화염을 뚫고 무사히 구해낼 수 있었던 지난 일이 생각난다.

검은 독수리 팀의 대대장 김 영화 대령(공사 41기)과 사랑하는 독수리들이여, 비상하라! 언제까지나 영원하라! 하늘의 축복 있으라!

"세계 최강 대한민국 공군

파이팅~///!"

한국인,
선다싱 이야기

　　　　　　　　　　　　　　　　눈보라가 매섭게 몰아치는 어느 날, 티벳에서 성자로 추앙받는 선다싱이 하산하는 길에 눈 속에서 쓰러져 죽어 가는 한 사람을 발견했다. 그는 "아직 죽지 않았으니 산 아래 마을까지 함께 업고 내려가자"고 동행자에게 제안을 했다. 그러자 그는 "우리도 힘들고 위험하다"며 뒤도 돌아보지 않고 떠나 버렸다. 선다싱은 쓰러진 이를 외면하지 못하고 그를 등에 들쳐 업고 산을 내려왔다. 산 아래 마을 동구 밖에 다다르니 눈길 바닥에 얼어 죽은 시체가 눈에 띄었다. 자세히 살펴보니 혼자서 먼저 산을 내려간 바로 그 사람이었다.

　　선다싱은 등에 업힌 사람과 신체적 마찰로 인해 체온 저하를 막을 수 있어 추운 줄도 모르고 함께 무사하게 하산할 수 있었다. 우리에게 상생과 상성의 가르침을 주는 고귀한 실화다.

　　"마음의 문을 여는 손잡이는 안쪽에만 달려 있다"고 게오르크 헤겔은 말했다. 마음 안쪽에만 달려 있는 손잡이를 열고 사랑을 베푼 좋은 사람들이 많다. 그중에서 선다싱과는 달리 세상에 잘 알려지지 않은 두 분이 눈에 띈다.

먼저 심장병을 앓는 4,242명의 어린이에게 심장병 수술을 시켜준 하늘나라에 사시는 함 태호 오뚜기 명예회장이다.

故 함 태호 오뚜기 명예회장

재균이란 소년은 태어난 지 일주일 만에 심장수술을 받아야 했다. 그러나 재균이 아빠는 뇌졸중으로 인해 일을 할 수가 없었고, 할아버지가 학원 셔틀버스 운전을 해서 겨우 입에 풀칠을 하는 처지였기에 수술비 1,000만 원을 마련하는 건 참으로 큰일이었다.

"산 사람은 살아야지, 재균이를 그냥 하늘나라로 보내자!"

어떤 도움의 손길도 없어 결국 수술을 포기하려던 그때 한 할아버지가 도움의 손길을 보내왔다. 덕분에 재균이는 다섯 번의 대수술 끝에 건강을 되찾을 수 있었다. 시간이 흘러서 열한 살이 된 재균이가 도움을 받은 할아버지를 찾았으나 어디에서도 그분의 인자한 모습은 볼 수가 없었다. 재균이가 찾은 날이 바로 함 태호 오뚜기 명예회장의 장례식이었기 때문이다.

생전에 무려 4,242명의 심장병 어린이들에게 새 생명을 선물한 주인공은 라면 등 식품 제조회사인 오뚜기그룹의 창업주, 故 함 태호 명예회장임을 세상에 밝힌다. 1992년부터 24년 동안 심장병 어린이 돕기를 실천했으며 도움받은 어린이들이 보내온 편지에 일일이 친필로 답장을 보내준 그의 무한사랑에 머리 숙인다. 선다싱보다 4,241명의 목숨을 더 구해준 훌륭한 기업가다.

"때론 물질을, 때론 시간을, 때론 진심 어린 마음을 이웃과 나누어 보라. 나의 진심이 누군가의 생명을 살리고, 인생을 바꿀 수가 있다."

함 태호 회장의 굳은 믿음이자 신념이다.

두 번째는 이티(E.T.) 할아버지 이야기다. '이티'는 '이미 타버린 사람'을 줄인 말이며 온몸이 주름져 있는 외계인처럼 생겨서 붙여진 별명이다. 그는 젊은 시절엔 잘생긴 외모에 똑똑하고 신념이 굳은 청년이었다.

천막 교회 한쪽 귀퉁이에서 새우잠을 자며 공부해서 서울시립대학교 수의학과에 들어갔다. 대학 졸업 후 덴마크와 인도에서 유학을 마치고 돌아온 그에게 거는 기대는 컸다. 그렇지만 어느 날, 그는 자동차가 불길에 휩싸이는 교통사고를 당해 온몸에 3도 화상을 입은 중환자가 되었다.

화상으로 귀의 형체는 알아볼 수 없었고, 손은 오리발처럼 붙어 버렸으며 얼굴은 일그러졌다. 눈 하나는 의안을 했으며 남은 한쪽 눈마저 실명 위기가 왔다. 형체를 분간할 수 없는 화상을 입은 아들에게 그의 아버지는 "아들아, 수고했다"며 눈물을 쏟았다. 그러나 그는 눈물샘이 타버려서 울고 싶어도 울 수 없었다. 그저 가슴으로 엉엉 통곡할 수밖에 없었다.

하지만 그는 모진 고통 속에서 좌절하지 않고 청십자 의료조합 일을 하며 소외된 이웃을 위한 '한벗회', '사랑의 장기 기증본부'에서 활발한 활동을 했다. 어린이들을 무척이나 좋아한 그는 경기도 가평에 '두밀리 자연학교'를 세워 도시 아이들에게도 대자연과 벗할 기회를 주었다. 이분이 바로 故 채 규철 선생이다.

"사고가 난 뒤 고통을 잊지 않았다면 지금처럼 살지 못했을 것이다. 화상 입은 나를 괴물처럼 바라보는 뭇사람들을 용서하지 않았다면 나는 지금처럼 살지 못했다. 삶에는 두 개의 F가 필요하다. Forget(잊어버려라)과 Forgive(용서해라)이다."

한평생 가난한 사람들을 위해 아낌없이 자신을 불태웠으며 만인으로부터 존경받고 사랑받는 채 규철 선생의 말씀이다.

"소나기 30분'이라는 속담이 있다. 소나기 먹구름 뒤에는 늘 변함없이 찬란한 태양이 있다. 우리는 늘 그런 믿음으로 살아야 한다."

그렇다. 값진 삶은 대가를 바라지 않고 그냥 주는 것이다. 나 자신이 우리 사회에 줄 수 있는 게 무엇인지 찾아보자. 한국인 선다싱, 함태호 오뚜기 명예회장과 채 규철 선생을 기린다. 명복을 빈다.

유 관순 열사를
추모하다

전국 방방곡곡에서 온 백성이 일제에 맞서 "대한독립만세!"를 외친 3·1운동이 일어난 지 100년이 되어 간다. 너무 오랜 세월이 흘러서일까? 나라사랑 정신과 마음이 옅어져서일까? 나라를 되찾으려던 그 간절한 염원을, 목숨을 건 거사의 의미를 우리는 잊은 채 3·1절을 쉬는 날, 빨간 날로 생각하는 젊은 세대들이 늘고 있다. 해마다 3·1절이면 기념식이 열린다. "기미년 3월 1일 정오. 터지자 밀물 같은 대한독립만세…" 이 노래를 들을 때면 나는 습관처럼 유 관순 열사가 떠오른다. 어린 소녀의 몸으로 일본에 저항하며 목숨을 걸고 독립운동을 펼치다 짧은 생을 마치신 분. 그분의 알려지지 않은 이야기가 궁금해 자료들을 찾아보았다.

1. 유 관순 열사는 뜨개질을 좋아하고 장난기가 많던 이화학당 소녀였다. 서대문 정동 이화여고 교정엔 유 관순 열사의 동상이 우

뚝 서있다.

2. 유 관순 열사의 키는 170cm에 달했다. 서대문형무소 기록에 따르면 5자 6치, 환산하면 169.7cm다. 당시 여학생들의 평균 신장 150cm에 비해 매우 컸다.

3. 이화학당 교장선생이 만류했지만 결사대를 조직하고 3·1 독립만세운동에 앞장을 서서 참가했다. 유 관순 열사는 이화학당 학생인 김 복순, 국 현숙, 서 명학, 김 희자 열사 등과 함께 결사대를 조직해서 싸웠다.

4. 고향 땅인 천안에서 대한독립만세운동으로 일본군의 총칼에 의해 눈앞에서 아버지, 어머니를 잃었다. 서울에서 3·1 독립만세운동에 참가한 후 천안으로 내려가 1919년 4월 1일, 천안 아우내 장터에서 3,000여 명이 참가한 대한독립만세운동을 펼쳤다. 유 관순 열사는 이곳에서 일본군에 의해 체포되었다.

5. 일제의 재판을 받던 중에 일본인 검사에게 의자를 내던졌다. "나는 조선 사람이다. 너희들은 우리 땅에 와서 우리 동포들을 수없이 죽이고 나의 아버지와 어머니를 죽였으니 죄를 지은 자들은 바로 너희들이다. 우리가 너희들에게 형벌을 줄 권리는 있어도 너희가 우리를 재판할 그 어떤 권리도 명분도 없다"고 공주재판소 법정에서 외쳤다. 일본인 검사가 "너희들 조선인이 무슨 독립이냐"고 하자 유 관순 열사는 일본인 검사에게 앉아 있던 의자를 내던졌다.

6. 옥중에서도 '대한독립 만세'를 외쳤다. 그때마다 일본인들에게 심한 고문과 구타를 당했다.

7. 유 관순 열사는 "나라에 바칠 목숨이 오직 하나밖에 없는 것만이 이 소녀의 유일한 슬픔이다"라는 유언을 남겼다. "내 손톱이 빠져 나가고, 내 귀와 코가 잘리고, 내 손과 다리가 부러져도 그 고통은 이길 수 있다. 나라를 잃어버린 그 고통만은 견딜 수가 없다. 나라에 바칠 목숨이 오직 하나밖에 없는 것이 이 소녀의 유일한 슬픔이다." 유 관순 열사는 1920년 9월 28일 오전 8시, 서대문형무소에서 짧은 생을 마쳤다.

나라 없는 아픔과 슬픔을 상상해 보자.

대한민국이란 나라에서 우리 말과 글을 쓰며 자유롭고 평화롭게 살아가는 지금, 행복하지 아니한가!

이 나라를 되찾고 지키기에 헌신한 유 관순 열사를 비롯한 독립운동가들과 참전용사들의 고마움을 항시 잊지 말아야 할 것이다.

대한민국 국민으로서 나라에 감사하자.

하늘에 감사하자.

의사와 열사

예부터 청명에는 사초(莎草), 한식에는 성묘(省墓), 망종(芒種)에는 제사를 지내는 풍습이 전해져 왔다. 고려 현종 5년 6월 6일에는 조정에서 전사한 장병들의 유골을 본가로 봉송해서 제사를 지내도록 했다. 농경사회에서는 보리가 익고 새롭게 모내기가 시작되는 망종을 가장 좋은 날로 여겼기 때문이다. 1956년 현충일을 제정할 당시 정부는 6월 6일을 현충일로 정했다.

1953년 휴전 성립 후 정부가 한국전쟁 당시 사망한 전사자를 추모하고 기념하려는 의도에서 1956년 4월 19일 대통령령 제1145호로 관공서의 공휴일에 관한 규정을 개정해, 6월 6일을 현충기념일로 지정하고 이를 공휴일로 정해 기념행사를 갖도록 했다는 주장도 있다. 그리고 정부는 국민의 안보의식을 고취시키기 위해 현충기념일과 6·25전쟁을 연계해서 순국선열과 전몰장병을 추모토록 하고자 6월을 호국보훈의 달로 정했다.

1970년 1월 9일 국립묘지령 제4510호로 연 1회 현충추념식을 거행하게 되었다. 현충기념일은 통상적으로 현충일로 불리다가 1975년 12월 관공서의 공휴일에 관한 규정이 개정되면서 공식적으로 현충일로 개칭되었고, 1982년 5월 15일 대통령령으로 공휴일로 정해졌다.

현충일의 추모 대상은 순국선열과 전몰장병이다. 초기에는 한국전쟁 전사자에 한정되었으나 1965년 3월 30일 대통령령 제2092호로 국군묘지가 국립묘지로 승격되면서부터 순국선열을 함께 추모하게 되었다. 이는 5·16 군사정변으로 집권한 군사정부가 일제의 잔영을 청산하지 못한 자유당과 민주당 정부의 무능을 공격하고 혁명의 당위성과 정통성을 확보하기 위해 국립묘지에 순국선열을 모시게 되었기 때문이다. 비록 1997년 4월 27일 국가기념일로 제정·공포된 순국선열의 날에 일제의 국권 침탈 전후로부터 1945년 8월 14일까지 국권을 회복하기 위해 헌신한 순국선열과 애국지사의 독립정신과 희생정신을 기리는 행사를 벌이고 있다.

현충일도 국가를 위해 목숨을 바친 애국자를 추모하는 날인 만큼 순국선열과 전몰장병을 추모하는 행사를 지속적으로 거행하고 있다. 현충일에는 호국영령들을 추모하는 의미에서 각 가정이나 기관에서는 반기를 게양하고 오전 10시에는 전 국민이 사이렌 소리와 함께 1분간 묵념을 올려 순국선열과 전몰장병의 명복을 빌며, 국립현충원, 국립묘지, 전쟁기념관, 독립기념관 등 위령을 모신 곳을 방문하여 헌화한다. 기념행사는 국가보훈처 주관으로 이루어지는데, 서울에서는 국립현충원에서 대통령 이하 정부요인들과 국민들이 참석하여 순국선열 및 호국영령에 대한 묵념, 헌화, 분향, 헌시 낭송 순으로 진행된다.

우리나라에는 열사와 의사, 애국지사, 순국선열, 호국영령, 독립유공자들이 적지 않다. 그러나 그 뜻과 의미를 제대로 이해하고 쓰는 이들이 그리 많지 않다.

독립유공자 예우에 관한 법률에 따르면 국권침탈에 반대하거나 독립운동을 위해 일제에 항거한 사실이 있는 자로서 그 공로로 건국훈·포장 또는 대통령 표창을 받은 이들은 애국지사이고, 일제에 항거하다가 순국하신 분은 순국선열이다. 애국지사와 순국선열을 독립유공자라고 한다. 이분들에게는 의전, 보상금, 의료보호, 국립묘지 안장, 정착금 지원 등의 예우를 한다. 독립유공자의 기준은 그 활동 시기가 국권침탈 시기인 1895년 전후부터 1945년 8월 14일까지로 규정하고 있다.

호국보훈의 달, 6월이다. 우리는 안 중근 의사, 윤 봉길 의사와 유관순 열사. 이 준 열사 이름을 잘 알고 있다. 그러나 막상 '의사(義士)'와 '열사(烈士)'의 차이점에 관해서 말하라면 말문이 막힌다.

이는 어림짐작으로 용어를 정의한 게 아니다. 《표준국어대사전》에서는 열사는 나라를 위하여 절의를 굳게 지키며 충성을 다하여 싸운 사람이다. 의사는 나라와 민족을 위하여 제 몸을 바쳐 일하려는 뜻을 가진 의로운 사람이라고 규정한다. 위 풀이를 볼 때 열사는 나라를 위하여 이해를 돌아보지 않고 절의를 지킨 사람이며, 의사는 의리와 지조를 굳게 지키면서 때로는 국가와 민족을 위해 목숨을 바칠 수도 있는 사람이라고 할 수 있지만 일목요연하게 구분하기 어렵다.

국가보훈처에서는 '열사'는 맨몸으로써 저항하여 자신의 지조를 나타내는 사람, '의사'는 무력으로써 항거하여 의롭게 죽은 사람이라고 정의한다. 열사와 의사의 개념에 대해 동아일보(1987년 8월 27일 '횡설수설') 기사에선, 열사와 의사를 어떻게 구분하느냐의 기준은 10여 년 전 원호처의 독립운동사편찬위원회에서 독립운동사 편찬을 앞두고 항일 선열들의 공적을 조사할 때 대충 정해졌는데, 직접 행동은 안 했어도 죽음으로 정신적인 저항의 위대성을 보인 분들은 '열사'라고 하고, 주로 무력으로 행동을 통해서 큰 공적을 세운 분들을 '의사'라고 하기로 했다는 것이다.

나라를 위해서 권총이나 폭탄, 칼 같은 무기를 들고 무력으로 항거하다 의롭게 죽은 사람은 '의사(義士)'이며, 맨 몸으로 의롭게 저항하다 죽은 사람은 '열사(烈士)'라고 규정하면 이해가 쉬웠을 것이다.

각종 행사에 참가하면서 나라를 위해 희생하신 분들의 숭고한 희생정신을 기리기 위한 추념식에서 '순국선열'과 '호국영령'이라는 용어를 쓰는데 무슨 차이가 있을까? 자발적으로 이민족에게 빼앗긴 나라를 되찾기 위해 독립투쟁을 벌이다 분사(憤死: 을사늑약 이후 원통

함에 자결)나 전사, 옥사, 병사한 분들을 '순국선열'이라 한다.

국가보훈처는 독립운동 참여자 300만 명 중 15만 명을 순국선열로 추산하고 있다. 일제의 국권침탈 전후로부터 1945년 8월 14일까지 국내외에서 독립운동 등으로 순국해 건국훈장이나 건국포장, 대통령 표창을 받은 사람들로 대한민국 건국에 지대한 공헌을 한 분들이 해당된다.

반면 '호국영령'은 목숨을 바쳐 나라를 지킨 명예로운 영혼이다. 즉 국가의 부름을 받고 전쟁터에서 적과 싸워 나라를 지키다 희생된 이들이란 뜻이다.

그렇다면 '애국'은 무엇일까? 지금의 애국은 자기가 처한 일터에서 국가와 국민을 위해 최선을 다해 일하는 것이다. 나 자신보다 국가와 국민을 먼저 생각하고 납세와 국방 등의 4대 의무를 다하는 일이 바로 애국이다. 나라를 빼앗기지도, 전쟁이 일어나지도 않아 의사나 열사, 순국선열은 될 수 없지만 나는 지금 애국하고 있는 국민인지 되돌아보자.

등용문과
소미연

　　　　　　　　　　　　　직장에서 승진을 하면
상사와 동료를 초대해서 자축연을 연다. 이것을 '꼬리를 불사른다'는
의미로 '소미연(燒尾宴)'이라 한다. 이 소미연은 등용문(登龍門)과 관
련이 있다.

　중국 황하 상류에는 급류가 흐르는 용문(龍門)이라는 곳이 있는데
수많은 잉어 떼가 황하를 거슬러 올라와 용문을 뛰어넘어 상류로 올라
가려고 쉼 없이 도전한다. 그러나 물살이 세고 높아서 거슬러 오르려
다 떠밀리고 또 거슬러 오르려다 떠밀리기를 수없이 반복할 뿐, 용문
을 쉽게 뛰어오르는 잉어는 거의 없다.

　그런데 어떤 잉어는 끊임없는 도전 끝에 거친 물살을 헤치고 어렵
게 용문에 오른다. 잉어가 용문을 통과하면 그 순간부터는 용으로 변
해서 하늘로 승천한다. '어려운 관문을 뚫고 출세하다'는 뜻의 등용문
'(登龍門)'이란 어원의 유래다. 잉어가 용문에 올라 용이 되어 하늘로

승천하려는 순간에 하늘은 비룡 꼬리에 천둥번개를 내리쳐 잉어의 꼬리를 불태워 없앤다고 한다.

꼬리를 불태운다는 뜻의 소미(燒尾)는 등용문의 전설에서 비롯된 말로 용이 된 잉어가 꼬리를 태워 과거의 흔적을 지우는 것처럼 승진으로 인한 신분 상승과 그 신분에 맞도록 처신도 환골탈퇴한다는 의미를 담고 있다. 승진기념 자축연을 소미연이라고 부르는 연유다.

지난번 문재인 정부의 총리와 장차관 후보자 인선과 국회 청문회를 지켜보면서 정책 검증 위주의 청문회는 사라지고 후보자들의 주민등록 위장 전출입 문제, 탈세, 병역 문제(남성에 한함), 박사학위 논문 표절, 이중국적 문제와 음주운전 문제 등이 도마 위에 올랐다. 이런 게 바로 꼬리를 불태우는 소미절차란 생각이 든다.

조사나 심문과정에서 '모르겠다' 또는 '잘 모르겠다'라고 확실하게 답변하면 될 텐데 그렇지 못하고 일부러 딴전 피우는 답변 태도는 죄를 면해 보려는 얄팍한 수작으로 보일 뿐이다. 공적인 소송사건의 증인으로 재판에 출석한 경험이 있는 지인 한 분이 귓속말로 들려주는 이야기에 실소를 금할 수가 없다.

증인으로 출석 시 변호사 친구로부터 실제로 도움말을 받은 내용이란다. 절대로 '모르겠다', '잘 모르겠다'라고는 답변하지 말라. 이럴 적엔 재판관이나 배심원들에게 '알고 있으면서도 (거짓으로) 모르겠다'라는 걸로 비칠 수가 있기 때문이란다. 그럼 어떤 방식으로 답변해야 하는가? 무조건 "기억이 나지 않는다"며 잡아떼기만 하면 재판정에서 거짓 증언은 성립되지 않는단다. 법조인이라면 누구나 알고 있는 상식이란다.

"머리에 먹물이 잔뜩 배어 있는 이들 중에 큰 죄인이 많다"는 어느 촌노의 한숨 섞인 한마디가 귓전을 맴돈다. 솔직하게 말해서 거짓말을 일삼는 이들 중에는 소미연을 즐기고 등용문에 올랐던 자들이 많다. (잘) 알면서 죄를 짓는 것과 모르고서 죄를 짓는 것은 근원적으로 죄질이 다르다.

앞으로 누군가가 어떤 일에 관해서 물어 온다면 "(잘) 모르겠다"고는 절대로 말하지 않고 "기억이 나지 않는다"고 답변해야 하나?

인간의 복에는 열복과 청복이란 두 가지가 있다. 부귀를 누리며 벼슬하며 출세하는 것을 열복이라고

하며 이와는 반대로 대자연의 품속에서 가족과 더불어 평안하게 살며 밤에 잠자리에서는 두 다리 쭉

펴고 아무 근심 걱정 없이 편히 잠 들 수 있는 삶, 이게 바로 청복이다.

대 낄 라 가

꿈 꾸 는

즐 기 편 세 상

그럴수도,
그러려니,
그렇겠지

인간은 하루에 5만~6만 가지를 생각한단다. 그 생각 중에 약 75%는 부정적인 생각이고 긍정적인 생각은 겨우 25% 정도란다. 어찌 보면 인간은 하루의 대부분을 부정적인 생각을 하며 산다고 봐야 한다.

어느 날, 극심한 우울증으로 고생하는 국가대표 농구감독 출신인 C친구가 나에게 "어떻게 하면 우울증이 낫겠느냐?"며 진지하게 물어 왔다. "내가 의사냐? 그런 걸 알면 발바닥에 흙을 묻히지 않고 살겠다. 의사에게 물어보라!"고 말하고 싶었지만 "잘 통할지는 모르겠지만 내 나름대로 독자개발해서 스트레스 받을 적마다 쓰는 비법은 있다"고 했더니 내 손을 꼭 잡고는 알려 달라며 통사정을 했다.

그래서 직장에서 열 받을 땐 화장실에 가서 대변기에 앉지 말고 팔을 겨드랑이에 붙이고 구보자세로 서서 "룰룰룰루 룰룰라~! 룰룰룰루 룰룰라~!"를 10회 정도 웅얼거리면 기분전환이 된다. 그런 후에 얼룩

진 얼굴을 남모르게 얼른 세수하고 제자리로 돌아오면 울화나 스트레스가 좀 풀린다는 나의 체험담을 이야기했더니 그런 이야기 말고 딴 걸 알려 달란다. "그렇다면 12글자로 된 스트레스를 푸는 방법이 있긴 하다. 나를 따라서 한번 해볼래?" 했더니 친구가 좋다며 따라 한다고 나섰다.

"자, 왼손을 들어 옆으로 벌리고 손바닥 장심을 보며 '그럴수도 (있지)!', 오른손을 들어 오른쪽으로 벌리고는 '그러려니 (하며 살지)!' 하고 두 손을 들어 앞으로 내밀며 손바닥을 보면서 '그렇겠지 (하며 잊자)!' 하고 껄껄껄 웃어라. 중요한 것이 동작을 10번 이상 날마다 여러 번 반복해야 한다"고 알려 주었다.

그런 후 3개월이 지난 어느 날, 그 친구를 다시 만났더니 "친구야, 알려준 대로 날마다 열심히 그렇게 했더니 우울증이 많이 사라졌다. 고맙다. 우리 바둑이나 한 수 하자" 하는 게 아닌가!

어찌 이럴 수가?

"그래, 해보니까 어땠어? 과연 효과가 있었냐?"고 물으니 "응, 자꾸만 반복하다 보니 갈수록 신경 쓰이고 골치 아픈 생각들이 점차 줄어들었어. 고맙다!" 하는 것이었다. 정신과, 가정의학과 의사 친구들에게 이러한 방법을 얘기했더니 긍정적인 생각을 하는 게 참 좋은 우울증 처방이란다.

2016년 7월 말, 경주에서 열린 〈제2회 세계한글작가대회〉에 지구

촌 여러 나라에서 참가한 문인들을 만나서 글쓰기 스트레스를 푸는 방법에 관해 토론하던 중에 경주박물관 야외 쉼터에 희한한 진풍경이 펼쳐졌다. 시인, 수필가, 소설가 등 50여 명이 나를 따라서 왼손, 오른손을 들어 가며 하는 손동작과 "그럴수도! 그러려니! 그렇겠지!"라는 함성이 울려 퍼졌다. 스트레스가 날아갔다며 문인들 얼굴에 함박꽃이 활짝 피어났다.

미국의 찰스 해넬은 "어둠에 저항할 도구는 빛이고 추위에 저항할 도구는 열이며 악에 저항할 도구는 선인 것처럼 나쁜 생각에 저항할 도구는 좋은 생각"이라고 했다. 그뿐만 아니라 "외부 상황을 바꾸려면 반드시 자신이 변해야 한다. 빛이 어둠을 쓸어버리듯 긍정적인 생각은 부정적인 생각을 쓸어 버린다. 올바른 생각이야말로 가장 높고 비밀스런 곳에 들어가는 문이다. 긍정적인 사고, 좋은 성격은 우연의 산물이 아니라 꾸준한 노력의 산물이다. 좋은 생각이 좋은 성격을 만들고 좋은 일을 낳는다"고 말했다.

그렇다! 긍정적인 생각, 긍정적인 글 한 줄, 긍정적인 말 한마디로 현대인의 스트레스나 우울 증세를 치유할 수가 있다. 내가 창안한 "그럴수도! 그러려니! 그렇겠지!"처럼 말이다.

10何원칙(6W4H)

　　'일'이란 '문제를 해결하는 것'이라고 8글자로 정의할 수 있다. 문제해결을 위해서 누가(Who), 언제(When), 어디서(Where), 왜(Why), 무엇을(What), 어떻게(How)란 6가지를 우리는 '6何원칙' 또는 '5W1H원칙'이라고 한다. 아날로그 시대에는 기업이나 공공기관의 사업계획 수립과 사업실적을 평가할 때 6何원칙을 그 기준으로 삼았다.

　　그러나 디지털과 아날로그 시대가 공존하는 복잡한 디지로그(Digilog) 시대에는 6何원칙만 갖고는 문제해결 방법이 어딘가 부족하다는 생각이 들어 내 나름의 '10何원칙'을 창안하게 되었다. 기존의 6何(5W1H원칙)에 어느 것(Which), 얼마의 자금(How Much), 일하는 사람의 열정(Heart)과 협조부서나 기관과의 조화(Harmony)를 보완한 것이 10何원칙이다.

　　문제해결 방법은 절대적으로 한 가지만 있는 게 아니다. 때와 장소

상황에 따라서 문제해결 방법은 바뀐다. 예로부터 중요한 일은 천시(天時), 지리(地利), 인화(人和) 등 3가지를 갖추어야 한다고 했다.

기업에서는 문제해결 방법을 제1안, 제2안, 제3안, 제4안 등으로 구분해서 검토하는 게 보통이다. 또한 문제해결 방법은 최상책, 상책, 중책, 하책, 무대책 등 5가지 종류로 구분할 수 있다. 그중에서 어느 것을 선택할 것인지가 바로 7何인 'Which'다.

기업경영은 뜬구름을 잡는 게 아니다. 구체적, 명시적으로 숫자로 표시되어야 하며 손에 잡혀야 한다. 기업을 경영할 때 얼마의 자금이 투입되어 얼마의 매출과 이윤이 나올 것인지를 사전에 계량화해서 세밀하고 꼼꼼하게 따져 보고 실행하여 그 결과를 확인해야 한다. 이것이 8何인 'How-Much'다.

업무 담당자의 자질과 정신자세가 사업성패의 주요 요인이다. 따라서 담당자의 성실함, 불굴의 도전정신과 열정인 'Heart'가 9何다. 한마디로 최선을 다하는 얼(魂)이 담겨야 한다.

팀워크는 '함께(With) + 처음부터 끝까지(Through)'이다. 가장 중요한 것은 주관 부서는 물론 관련 협력부서나 기관과의 업무협조가 원활하게 이루어져야 하며 이것이 조화(Harmony)다. 물론 견제와 균형(Check & Balance)은 필요조건이다.

식탁의 4개 다리 길이가 같지 않으면 밥과 반찬그릇을 놓을 수 없다. 상다리의 크기와 균형이 맞아야 한다. 모든 새들은 두 개의 날개로 난다. 그런데 어느 날 갑자기 한쪽 날개가 길어지거나 짧아진다면 창공을 똑바로 날 수 없다. 두 날개 길이가 같고 힘의 균형이 맞아야 똑바로 날 수 있다. 이게 바로 균형을 맞추는 것이며 조화를 이루는 'Harmony'다. 기업경영이나 국가의 정치도 이와 다를 게 없다. 어느 한편에 치우치면 어려움을 겪는다.

복잡다기한 인공지능(AI) 시대, 사물인터넷(IoT) 시대를 맞아 기업의 영속성을 위해서 또한 기업의 적자생존을 위해서 6何원칙만 갖고는 가계경영, 기업경영, 국가경영이 힘들어진다. 새로운 시대에는 6何(5W1H)원칙에다 Which, How-Much, Heart, Harmony 4가지 항목을 보태서 일을 처리하면 좋겠다. 이는 내가 1997년부터 2014년까지 국방대학원 장군·제독 대상의 특별교육과정의 초빙교수로 일하면서 도합 1,000개의 별(★)들에게 수업시간에 강조했던 〈Daegila의 10何원칙〉, 〈Daegila의 6W4H원칙〉이기도 하다. 기업이나 공공기관에서 사업계획 수립과 업무추진에 널리 활용하기 바란다.

발상을
바꾸자

　　　　　　　　　　　　　　　　　아이젠하워 미합중국
제34대 대통령이 미국 뉴욕주의 명문 사립대학교인 콜롬비아대학교
총장으로 재임할 때의 숨은 이야기다. 어느 날, "학칙을 위반한 학생들
을 무더기로 징계해야 한다"는 교무처장이 작성한 품의서가 아이젠하
워 총장에게 올라왔다. 출입이 금지된 잔디밭으로 많은 학생들이 들어
가서 잔디를 훼손하기 때문이라는 게 그 사유였다.

　아이젠하워 총장은 교무처장과 함께 문제의 잔디밭으로 향했다.
거의 모든 학생들이 학교 내 규칙을 어기고 잔디밭을 걸어서 가까운
도서관으로 가고 있었다. 그러지 않을 경우 학생들은 거의 두 배나 되
는 거리를 빙 돌아가야만 했다. 아이젠하워 총장은 교무처장에게 특별
지시를 내렸다.

　"출입금지 팻말을 빼 버리세요. 이 잔디밭은 출입을 금지할 곳이 아
니라 학생들이 곧장 도서관으로 걸어갈 수 있도록 새로운 길을 내세요."

며칠 후, 대학 캠퍼스 잔디밭에는 학생들이 도서관으로 갈 수 있는 새로운 길이 뚫렸으며 규칙을 어기는 학생은 단 한 사람도 없게 되었다. 고지식한 지도자는 규칙을 강제하지만 훌륭한 지도자는 때와 장소와 상황에 따라 만인에게 불편함을 주지 않도록 필요할 경우에는 관련 규칙을 바꾼다.

아이젠하워는 군대에서 불과 3년 만에 대령에서 5성 장군으로 승진을 했는데 그 원동력은 사람을 규칙에 맞추는 것이 아니라 규칙을 사람에게 맞추는 합리적이고 유연한 생각으로 발상을 했기 때문이었다.

무엇이든 규제하려는 것이 지도자나 공직에서 일하는 관료의 특징이다. 그러나 다수의 사람들이 불편하지 않게 그냥 내버려두는 것이 문제해결의 최고, 최선의 방법일 수 있다. 어떤 사안을 일부러 얽어매려고 하는 것보다는 낭비, 무리, 불균형을 제거하는 것이 능률적인 관리방법이다. 관리란 조직의 아래에서 위로, 위에서 아래로 언로(言路)가 막히지 않고 의사소통을 원활하게 하는 것이다. 이런 게 바로 커뮤니케이션 아니겠는가?

기업이나 공공조직에서는 조직원들이 조직발전에 이바지하고 사고의 전환을 위한 집단토의를 한다. 이때 두뇌짜기(Brain-Storming) 기법이 많이 활용된다. 1939년 브레인 스토밍 기법을 창안한 오스본은 조직원들의 창의성, 상상력을 높이기 위해 '상대방이 낸 아이디어의 비판금지', '자유로운 발표', '대량의 아이디어 창출'과 '새로운 아이디어의 확장' 등 4가지 집단토의 원칙을 제시했다.

그는 조직원들의 아이디어를 창출하는 방법으로 오스본의 체크리스트(Check-List)법을 9가지 항목으로 개발했는데 아이젠하워 총장이 캠퍼스 잔디밭에 새로운 길을 생각해낸 것도 이 방법에 대입해 보면 쉽게 알 수 있다.

발상의 전환을 위한 오스본의 체크리스트 기법 9가지다.

1. 다른 용도로 전용(Put to Other Use)하면 어떨까?

2. 비슷한, 다른 것으로 대용(Adapt)할 수 있을까?

3. 다른 것으로 변경(Modify)할 수 있을까?

4. 크게 확대(Magnify)해 보면 어떨까?

5. 작게 축소(Minify)하면 어떨까?

6. 다른 것으로 대체(Subsitute)하면 어떨까?

7. 교체(Rearrange)하면 어떨까?

8. 뒤집어서 역전(Rearrange)해 보면 어떨까?

9. 다른 것과 결합(Combine) 또는 제거(Eliminate)하면 어떨까?

최근 분당 이매동의 뒷동산, 맹산을 오르려는데 등산로 초입을 철조망으로 길을 막아 놓고는 '이 길은 개인 사유지이기 때문에 통행할 수 없다'란 알림판을 누군가 붙여 놓았다. 등산을 포기하며 '참으로 한심하고 답답한 산주(山主)다. 오랫동안 수많은 사람들이 즐겨 오르내리던 등산로를 막아 놓고 어떤 이득을 볼 것이며 복 받고 살 것인

발상의 전환을 위한 '오스본의 체크리스트 기법' 97가지다.

가?'란 생각이 들었다. 그 산주가 아이젠하워 대통령 이야기를 들었거나 오스본의 체크리스트 발상법을 알았더라면 하는 아쉬움을 안고 발길을 돌렸다.

공자는 우리에게 '군군신신(君君臣臣) 부부자자(父父子子)'라 하며 군주는 군주답고 신하는 신하답게 그리고 아버지는 아버지답고 자식은 자식답게 생각하고 말하고 행동하라는 큰 가르침을 주었다. 남을 위하는 이타정신을 바탕으로 사람답게 최선책을 구하려는 생각과 노력이 필요하다.

"담담한 마음을 가집시다. 담담한 마음은 당신을 굳세고 바르고 총명하게 만들 것입니다."

하늘나라의 정 주영 현대그룹 명예회장께서 우리에게 사고할 때의 마음가짐을 일깨워준다.

5가지 만남

"인생은 만남이다." 독일의 시인이자 소설가인 한스 카로사는 말했다. 만남이 삶의 행복과 불행을 결정한다. 아동문학가 정 채봉 시인은 만남의 유형을 5가지로 분류했다.

첫째는 '생선 같은 만남'이다.

시기하고 질투하고 싸우고 원한을 남기게 되는 만남이다. 이런 만남은 오래 갈수록 더욱 부패한 냄새를 풍기며 만나면 만날수록 비린내가 난다.

둘째는 '꽃송이 같은 만남'이다.

풀은 쉽게 마르며 꽃은 화무십일홍처럼 오래가지 못한다. 꽃이 만개할 때는 좋아하지만 시들면 버려지는 만남이다.

셋째는 '지우개 같은 만남'이다.

반갑지도, 즐겁지도 않지만 그렇다고 싫은 것도 아닌 무덤덤한 만남이다. 시간이 아까운 무의미한 만남이다.

넷째는 '건전지와 같은 만남'이다.

'달면 삼키고 쓰면 뱉는다'는 말이 맞는다. 내가 힘이 있을 때는 접근했다가 쓸모가 없다 싶으면 훌쩍 떠나는 비천한 만남이다. 한때 내가 구업자(求業者) 신세였을 때 모 회사의 CEO인 친구에게 전화를 하니 수화기 너머 들려온, 비서에게 내뱉듯이 툭 던진 그 친구의 한마디, "없다고 그래!" 친구라고는 하지만 우린 아마도 건전지와 같은 만남이었는지 모른다.

다섯째는 '손수건과 같은 만남'이다.

내가 슬플 때 눈물을 닦아 주며 친구의 기쁨이 나의 기쁨처럼 진심으로 축하해 주며, 어렵고 힘들 때 옆에서 위로해 주고 희망과 용기를 주는 만남이다.

내 나름대로 오래전부터 생각해온 '5가지 만남'은 이러하다.

첫째는 '사람과의 만남'이다.

엄마 뱃속에서 10개월간 자라 배꼽에 탯줄을 달고 "응애!" 하고 울며 세상에 태어나 맨 먼저 만나는 게 엄마, 아빠와의 만남인 '사람과의 만남'이다. 공동사회, 이익사회 속에서 필연적, 우연적으로 만나는 수많은 사람들과의 만남 속에서 우리네 삶을 영위한다.

둘째는 '자연과의 만남'이다.

새 생명이 탄생하면 땅이란 자연의 품에 안긴다. 하늘과 산하에서 화·목·금·수·토 오행을 알게 된다. 물론 고종명(考終命)을 하면 모든 인간은 자연의 품으로 돌아가지만….

셋째는 '성인(聖人)과의 만남'이다.

예수, 석가모니, 마호메트 등을 만나 종교에 귀의하고 그의 품속에서 살아간다. '사람 인(人)' 자에서 보듯 나를 받쳐 주는 사람은 부모형제 가족, 친척, 친지와 동료지만 인간의 삶 속엔 종교가 깊이 뿌리박혀 있다.

넷째는 '일과의 만남'이다.

어느 누구나 세상에 태어나면 일을 하며 살아간다. 배고프거나 춥거나 아프거나 회사 일을 할 때 눈앞에 닥친 문제를 해결해야만 한다. 어린 아기가 우는 것도 일이다. 배고프거나 아플 때나 기저귀를 갈아 달라고 우는 것이다. 어린 아기가 처한 문제를 해결해 달라는 거다.

다섯째는 '책과의 만남'이다.

배우고 익혀야만 지혜로운 삶을 살 수가 있다. 연세대학교 교육대학원 한 준상 교수는 《행복》이란 책에서 행복은 배움에서 나온다고 했다. 선현들의 가르침이 담긴 책을 통해서 우리 앞에 직면한 수많은 문제를 해결할 수 있다. '알아야 면장한다'란 말도 지식을 통한 지혜를 갖추어야만 눈앞의 높은 담장을 피해 가거나 넘을 수 있다는 뜻이다.

그리고 인생의 만남에서 빼놓을 수 없는 '친구'의 4가지 분류이다.

첫째는 변치 않고 늘 나와 함께하는 '산 같은 친구'다.

둘째는 내가 잘 될 때 내 옆에서 알랑방귀 뀌는 '꽃 같은 친구'다.

셋째는 자기 자신의 이해타산에 밝은 '저울 같은 친구'다.

자기 자신에게 이익이 되지 않으면 이들은 언제든지 떠난다. 머릿속에 먹물이 잔뜩 든 지식인들 중에 많다.

넷째는 나에게 꿈과 희망 용기를 주는 '땅 같은 친구'다.

'꽃이나 저울 같은 친구'는 친구가 아니다. 이런 친구들은 하도 많아서 발에 차인다. '산이나 땅 같은 친구'를 눈 비비고 찾아보자. 그리고 나는 사람들에게 어떤 친구인지 뒤돌아보자. 잠시 왔다가 가는 인생 여정이다. 서로 간에 아름다운 만남이 되자.

통하지 않으면
통하게 된다

'걱정을 해서 걱정이 없어진다면 걱정이 없겠다.' 티벳트 사람들의 속담이다. 오랫동안 많은 사람들을 상담해준 한 상담사가 사람들이 두려워하는 게 무엇인지를 물어 보고 그 결과를 요약했다.

사람들의 가장 큰 걱정거리의 40%는 일어나지 않을 일에 대한 걱정이었다. 그다음 30%는 돌이킬 수 없는 과거의 결정에 대한 걱정이었다. 그리고 12%는 혹시 질병에 걸리지 않을까 하는 걱정이었으며, 나머지 10%는 장성한 자녀들과 친구들에 대한 걱정거리였다.

이 결과를 놓고 보면 우리들 걱정거리의 92%는 아무리 걱정한다고 해결되는 게 아니며 현재 상황에서 해결해야 할 문제에 대한 걱정거리는 단지 8%에 불과했다. 우리가 생각하는 10가지 걱정거리 중 9가지는 쓸데없는 걱정이며 1가지만 걱정거리일 뿐이다.

고통은 나누면 작아지고 행복은 나눌수록 커진다. 우리네 걱정거리도 사람들과 대화하며 나누다 보면 저절로 작아지지 않을까? 그래서 소통이 필요한 게 아닐까?

소(疏)는 막힌 것을 터버린다는 의미이고, 통(通)은 새로운 연결을 뜻한다. 소통이란 기존의 고정된 삶의 형식을 망각과 비움을 통해 극복하고, 나와 다른 삶의 형식을 갖는 다른 사람들과의 새로운 연결을 모색하려는 의지의 반영이다. 이것은 송나라 사상가, 장자 철학의 핵심이다.

"통(通)하지 않으면 통(痛)하게 된다."

《동의보감》에 '통즉불통(通卽不痛) 불통즉통(不通卽痛)'이라는 글이 나온다. 즉, 통하면 아프지 않고 통하지 않으면 아프다는 뜻이다. 소통을 혈액순환과 비교하면 우리 몸에는 심장부터 시작하여 동맥으로 피가 흐르고 손가락 발가락의 끝까지의 정맥엔 모세혈관으로 연결된다. 모든 피가 쉼 없이 심장과 뇌를 통과하여 몸의 끝 부분까지 전달되는데 피가 통하지 못하는 우리의 몸은 질병에 걸리게 된다. 심장에서 피가 막히면 심장마비로 쓰러지게 되고 뇌까지 피가 전달되지 않고 핏줄이 막히면 뇌경색으로 쓰러지게 된다.

인간의 몸은 혈관으로 연결되어 있다. 그 혈관의 길이가 지구 둘레

4만6,286km의 2.6바퀴인 12만km이다. 사람 세 명의 혈관 총 길이는 지구에서 달까지 거리 36만km와 같다. 따라서 핏줄 속의 피가 골고루 통해야만 인간은 살 수가 있다. 피가 통하지 않으면 죽게 된다. 마찬가지로 조직 내에서의 불통은 아픔과 분열을 낳고 사회적 차원에서는 파괴적인 갈등과 분쟁, 그리고 분열을 조장한다. 소통이 강조되는 이유는 소통만이 사회적 갈등과 분쟁을 치유하는 유일한 처방이기 때문이다. 그뿐만 아니라 소통을 잘 하기 위해서는 상대방 이야기를 경청하며 감사하고 배려하는 공감능력이 필요하다.

기업문화도 마찬가지다. 조직 내 인간관계가 통(通)하지 않으면 통(痛)하게 된다. 그래서 사람과 사람 간의 소통 문제가 참으로 중요하다. 통(痛)하지 않기 위해서는 통(通)해야 함을 명심해야 한다.

세 분의 큰 산

우리 사회의 지도층이란 이들의 비상식적인 언행이 날마다 뉴스거리다. 진실이 아닌 거짓말이 판을 친다. 자라나는 어린이들을 바라보기가 민망하고 부끄럽다. 물론 맡은 바 직분에 충실하면서 사회적 책임을 다하고 국방의 의무를 충실히 이행한 우리 사회의 지도자들도 없지 않지만 그렇지 않은 이들이 더 많이 눈에 띈다. 차 한잔 함께 하며 이야기를 나누고픈 이가 별로 없다. 잘 난 사람이나 머릿속에 무언가 든 사람 같기는 한데, 호감이 가는 사람다운 된 사람은 드물다.

이럴 때 나는 우리 민족의 영원불멸한 지도자인 도산(島山), 다산(茶山), 아산(峨山)의 '세 산(山)'을 떠올린다.

평안도 대동강 도룡섬에서 도산 안 창호 선생은 천지(天池)를 품은 백두산에 비유하고 싶다. 그는 "거짓 없이(務實) 힘써 일하고(力行),

나라에 충성하고 부모에게 효도하며(忠義), 바른 일에 용감(勇敢)하자"며 한국인이 지녀야 할 4대 정신을 강조했다. 또한 힘 있는 나라가 되어야만 대한민국 독립을 쟁취할 수가 있다며 '청년이여, 힘을 기르소서!'란 사회계몽운동을 펼쳤다.

1921년 5월 12일 〈청년단의 사명〉이란 시국강연에서 "우리는 좀 더 활발히 싸워야겠소. 일본이 다행히 회개하여 우리 앞에 무릎을 꿇고 사과하면 모르거니와 불연하면 장래 저 만주와 한반도에 각색 인종의 피가 강같이 흐르는 것을 내 눈으로 보고 현해탄 물이 핏빛이 될 것이오. 이것을 일본인도 지혜 있는 자들은 알고 있소! 일본은 사과해야 한다"며 사자후를 토했다.

도산은 "지도자답게! 스승답게! 학생답게! 말하고 행동하자"는 '~답게 운동'을 주창했다. 지금 우리 실정에 딱 맞는 가르침이다. 국회의원답게, 판사답게, 공무원답게, 교사답게, 공기업 사장답게 언행을 했다면 이렇게 우리를 실망시키지 않았을 게다.

경기도 광주에서 태어난 다산 정 약용 선생은 어머니 품처럼 편안하고 풍요로운 지리산과 같다. 정치기구의 개혁과 노동력에 의한 수확의 공평한 분배, 노비제의 폐기 등을 주장하며 조선의 실학을 집대성한 그는 전남 강진에서 유배생활을 했다. 그동안 관료와 백성들에게 유익하고 생활지표가 되는《목민심서(牧民心書)》와《경세유표(經世遺表)》,《흠흠신서(欽欽新書)》등을 집필해 학자로서 귀감이 되고 있다.

백성들을 두렵고 무서워하라는 '두려워할 외(畏)' 자를 강조한《목민심서》를 읽고 감동받았다는 월남의 지도자 호치민은 목민심서 한문본을 가슴에 안고 두 눈을 감고 잠들었다고 한다. 우리나라에서《목민심서》를 단 한 번이라도 정독한 고위공직자가 과연 몇이나 될까? 설령 읽었더라도 이를 실천했다면 세상은 달라졌을 것이다. 실용주의를 생활화한 백성을 사랑하라는 다산의 애민사상을 나는 외민사상(畏民思想)으로 승화시켜 본다.

다산은 한국의 역사·지리 등에 특별한 관심을 보여 주체적 사관을 제시했으며, 합리주의적 과학정신을 함양하는 데도 힘썼다. 도르래를 이용한 거중기를 발명해서 수원 화성을 쌓는 데 크게 기여했다. 천주교를 믿다가 흑산도로 귀양 간 다산의 형, 정 약전은 물고기 배를 가르면서 155종의 수산동식물을 연구해《자산어보(玆山魚譜)》를 집필했다. 그런데 귀양지인 강진과 흑산도 앞 바다를 사이에 두고서 형제는 단 한 번도 만나지 못하고 두 눈을 감았다. 참으로 안타까운 일이다.

"시련은 있어도 실패는 없다"는 아산 정 주영 회장은 백두대간의 중심인 아름다운 금강산이라 할 수 있다. 강원도 통천군 아산마을에서 8남매 중 장남으로 출생한 아산은 현대그룹을 창업해서 사업보국을 실천했으며, 가장 위대한 존경받는 경제영웅의 한 분으로 꼽힌다. 초등학교 졸업의 학력이지만 근면 성실을 바탕으로 초인적인 집념과 탁월한 예견으로 큰 성공을 이루었다.

1971년 500원짜리 지폐에 그려진 거북선 이야기로 허허벌판인 울산 바닷가에 현대조선소 건립을 위한 미화 8,000만 달러란 외자를 영국에서 유치했으며, 그리스로부터 선박 2척을 선주문받는 계약까지 따냈다. 1972년부터 배를 만들기 시작해서 오늘날 세계 최대 조선사가 되었다. 47년이 지난 요즘엔 조선업 불황으로 어려움을 겪고 있다. 현대그룹은 자동차, 건설, 조선, 해운, 금융, 무역 등 여러 사업 분야에서 세계적인 기업으로 우뚝 섰다.

1984년, 서산방조제 공사 중 극심한 조류로 어려움을 겪자 기발한 아이디어인 고철로 팔리던 유조선을 가라앉혀 물막이 공사를 성공했다. 학자들은 이를 '정주영 공법'이라고 이름 붙였다. 1998년 통일 소 500마리를 몰고 판문점을 넘어 방북한 아산 정 주영 회장의 중절모를 쓴 모습이 지금도 눈에 선하다.

아산은 '불굴의 도전정신'의 화신이다. "이봐 해봤어?"란 그의 말 한마디는 만인을 머리 숙이게 했으며 켄트 케이스가 주장한 '그래도(Anyway)' 정신과 서로 일맥상통한다.

도산 안 창호 선생의 정직함과 성실함, 그리고 높이 올라 멀리 바라보는 자세로 나라를 사랑하자. 우리가 대한독립을 이루었듯이 대한민국 민주평화 남북통일을 '~답게 운동'으로 이루자.

다산 정 약용 선생의 "백성을 사랑하고 두려워하라"는 가르침을 생활화하자. 그리고 실용주의와 과학입국을 위한 학문에 과감히 투자하여 힘 있는 나라, 문화예술의 세계 중심이 되는 나라를 만들자. 모든 기기가 센서로 연결되는 4차 산업시대를 맞아 실사구시 정신을 드높이자.

그리고 아산 정 주영 회장의 창의와 도전정신으로 재무장하자. 요즘처럼 고용문제가 심각한 때, 정 주영 회장이라면 어떤 대책을 내놓았을까? 함께 상성(相成)의 방법을 제시했을 것이다.

공직자가 "기업경영을 위해 무엇을 도와드릴까요?" 하며 기업인들의 진언을 경청하며 기업인을 우대하고 애로사항을 풀어 주면 새로운 일자리는 우후죽순처럼 새롭게 생겨난다. 기업은 국가경쟁력의 바탕이다. 세계적인 글로벌 기업인 H그룹, S그룹 같은 10개의 대기업 군을 새롭게 키운다면 일자리 문제는 상당수 해소된다. 기업을 관리와 질시의 대상이 아닌 육성과 섬김의 대상으로 보아 주기 바란다. 새로운 일자리는 정부 관료가 만드는 게 절대로 아니다. 수많은 기업이 신명나게 일할 때 새로운 일자리는 저절로 생겨나는 것이다.

그뿐만 아니라 우리 모두 정직한 마음과 성실한 자세로 대한민국 민주평화 통일이라는 웅대한 꿈에 도전하자. 남북통일의 그날은 머지않았다. 언제 북한이 갑자기 무너질지 모른다. 이에 충실히 대비하자.

"국가가 나를 위해 무엇을 해줄 것인지를 바라지 말라. 나라를 위해 내가 무엇을 어떻게 해야 할지를 먼저 생각하고 행동하자." 미국 35대 대통령 케네디가 한 말을 명심하자.

산이 깊으면 골이 깊다는 말이 있다. 세 산을 오르기 전에 등산이란 말보다는 그 산의 깊은 골에 안기려 입산한다는 마음가짐으로 도산(島山), 다산(茶山), 아산(峨山)이란 세 산의 가르침을 겸허하게 배우고 실행하자. 민족의 스승인 세 산에게서 말이다.

명사들의
취미활동

1985년부터 1998년까지 내가 보필한 故 우정 이 동찬 경총회장(코오롱그룹 명예회장)은 한국의 소나무와 꽃과 자연의 풍광을 화폭에 담은 서양화가로서 활동했다. 대자연에서 숨은그림을 즐겨 찾았다.

호(號)도 '물가에서 풀을 뜯는 유유자적한 소'란 뜻의 우정(牛汀)이다. 우정 회장은 전국 명산을 두루 누비는 등산과 낚시, 그리고 어릴 적 고향 친구들과 바둑 두기를 즐겼다. "돈은 벌기보다 쓰기가 어렵다", "돈은 좋은 일 하면 따라온다"고 내게 귀가 따갑게 일러 주셨다.

2009년 4월 조선일보 미술관에서의 '우정 회장의 미수전(米壽展)'은 남무(南舞) 대자연, 우정 회장의 귀거래사이다. 〈봄의 합창〉, 〈단양 옥순봉〉, 〈대지의 노래(서운 노송)〉, 〈대왕송〉, 〈용송의 춤〉, 〈침묵의 암각화(울주군 반구대)〉, 〈송추의 아침〉, 〈붓꽃〉, 〈고요한 강〉, 〈연꽃의 향기〉, 〈비단잉어의 춤〉, 〈2002 월드컵 차 두리 선수 발〉, 〈동강할미꽃〉 등의 명화가 지금도 생명력을 갖고 살아서 숨 쉬고 있다.

우정 회장의 아들인 이 웅열 코오롱그룹 회장의 작품 〈1+1=6〉과 손자 이 규호 상무 작품 〈Long Live For Gandpa〉, 딸 이 은주의 작품 〈All in the Family〉, 그리고 며느리와 딸들의 수준 높은 미술작품도 우정 회장의 미수전 화보에 담겨 있다. 우정 회장과 이 웅열 코오롱그룹 회장 가족은 미술을 사랑하는 예술가족이다.

고객가치 경영과 기업의 사회적 책임을 가장 우선시한 故 구 본무 LG그룹 前 회장은 한강 밤섬의 철새들이 노니는 모습이 잘 보이는 여의도 LG 쌍둥이 빌딩 집무실에 망원경을 설치하고 틈만 나면 망원경 속에서 탐조(探鳥)활동을 즐겼다. 여름 장마에 밤섬이 물이 넘치고 나면 구 본무 회장은 배를 타고 밤섬에 들어가서 수많은 새들의 먹이를 뿌려 주곤 했다. 그는 새를 참으로 좋아하고 대자연을 사랑한 기업가였다.

사람들과 화합하며 정겹게 담소하는 것을 좋아한 구 본무 회장의 호는 '화담(和談)'이다. 그가 경기도 곤지암 야산에 아름다운 꽃과 나무, 수석으로 화담 숲을 가꾸어 만인과 함께 정담과 즐거움을 나누는 것은 LG 고객사랑과 이타정신의 실행이 아닐까 싶다.

그뿐만 아니라 사람들의 화합을 최고의 가치로 삼은 LG그룹은 곤지암 연수원 이름을 '인화원(人和苑)'이라고 정했다. 여름철엔 인화원 수영장을 고객과 그룹 임직원 자녀들에게 개방하는데 어린이들 얼굴에 웃음꽃이 넘쳐난다. 인화원 지하에 조성된 LG그룹 역사관을 둘러볼 수도 있다. 이를 'Digital LG그룹 역사관'으로 진화하면 좋겠다.

크라운 산도, 허니 버터칩, 죠리퐁 과자로 유명한 윤 영달 크라운해태제과 회장은 절체절명의 경영위기를 겪었던 지난 시절, 우연한 기회에 대금(大笒) 소리에 마음을 치유받고 국악공부에 심취했다.

크라운해태제과 임직원들은 책을 읽고 시를 쓰고 창(唱)과 시조를 읊고 전통 춤을 추며 조각가로서 예술 활동을 한다. '예술가가 과자를 만들면 예술작품이 된다'는 신념을 공유하며 사원 모두가 시인이며 국악인이다. 최근까지 1만8,000편의 시가 발표되었다. 이에 윤 영달 회장은 지능지수(I.Q), 감정지수(E.Q)와 비교되는 '예술지수(A.Q: Artistic Quotient)'를 창안하여 '예술경영'을 선도한다.

크라운해태제과 임직원 모두는 '과자를 굽는 예술가'다. 크라운해태그룹은 국악관현악단인 '락음국악단'을 운영하며 국악 축제인 〈창신제(創新祭)〉, 〈아리랑 페스티벌〉 등을 매년 정기적으로 연다. '국악의 세계화'에 앞장 서는 윤 영달 회장은 국악영재 육성에도 힘을 쏟고 있다. 매주 일요일 오후 3시, 남산 한옥마을 '크라운해태 국악당'에서 〈영재국악회〉를 개최하며 국악영재들을 직접 격려하고 함께 사진을 찍는다. 그는 국제PEN클럽 정회원으로 활동하며 《과자는 마음이다》《예술지수(AQ)》란 책을 펴낸 작가이기도 하다.

서강대학교 교수와 국무총리로 일한 故 남 덕우 前 한국무역협회장의 취미가 클래식 기타 연주라면 깜짝 놀라는 사람들이 있을 것이다. 백발의 노신사가 클래식 기타를 가슴에 안고 연주하는 모습을 그려 보면 작은 감흥이 일 것이다.

남 덕우 회장은 세상에서 제일 멋있고 웅대한 한국무역센터를 서울에 짓는 꿈을 꾸기도 했다. 1980년 중반, 그는 해외출장 후 김포공항에 내리자마자 강남 삼성동에 건립 중인 한국무역회관 공사현장으로 직행하곤 했다. 서울 강남중학교 동창(3회)인 故 이 강호 한국무역협회장 비서실장이 알려준 숨은 이야기다.

故 정 세영 현대산업개발 명예회장의 취미는 수상스키다. 시간만 나면 청평호수 위를 하얀 물살을 가르며 온갖 시름을 날려 보내곤 했다. 그뿐만 아니라 내가 한국경총 노사대책부장, 회원사업부장으로 일할 때 경총회장단 골프간친회를 연 4회씩 열었다. 정 세영 회장은 골프를 참으로 좋아했다. 특이한 점은 왼손잡이 골퍼로서 부드럽고 아름다운 골프 스윙으로 백구를 파란 하늘로 날려 보냈다. 멋지게 공을 친 다음 나를 보며 씩~ 웃으시곤 했다. 뉴코리아CC 첫 홀에서 티샷을 한 후에 이 동찬 회장, 김 상홍 회장, 구 자경 회장 세 분이 어린아이처럼 손에 손 잡고 잔디밭 위를 걸어가던 모습이 지금도 내 두 눈에 선하다.

김 기웅 한국경제신문 사장의 취미는 클래식 음악 감상이다.

휴일 오후엔 집 안에 마련한 음악감상실에서 클래식 음악을 감상하며 즐거움의 삼매경에 빠진다.

한국경제신문(1면) 사진을 보면 다른 신문사들 사진과는 사뭇 다르다. 그는 행사용 사진 찍을 때 '주인공의 앞줄, 가운데 원칙'을 꼭 지킨다. 행사의 주인공들이 정면 앞줄 가운데에 서도록 배려한다. 김 기웅 사장은 앞줄 가장자리나 뒷줄에 선다. 그의 겸손함이 돋보이며 사소한 일에도 깊은 관심과 숨겨진 배려가 묻어난다. 김 기웅 사장을 본떠서 나도 임직원들과 그런 위치로 사진을 찍는다.

이탈리아 에트로(ETRO) 가문의 명품 패션(스카프, 옷, 가방) 사업가인 이 충희 ㈜에트로 회장(ROTC 15기)은 국군 장병들을 위한 무한 봉사로 유명하다. 국방부와 한국경제신문에서 공동 주관하는 '1사1병영운동'의 선봉장이다. 2001년부터 육군 16보급대대를 시작으로 90여 개 군부대 장병들에게 120회 강연을 했다. 아들을 군대에 보낸 부모를 초청해서 강연한 게 그 시발점이다. 지금까지 받은 강사료는 전부 해당 부대 장병들의 복리후생 비용으로 기부했다.

서울 청담동 에트로 사옥 5층에 '백운 갤러리'를 열고 소장품인 명화(名畵) 700여 점 중 400여 점을 10개 부대에 6개월씩 임대 전시하고 있다. 국군 장병에 대한 정서함양과 삶의 질을 높이기 위해서다. 또한 군인 자녀를 위한 '어린이 도서관(키즈 카페)' 15곳을 운영하고 있다. 그는 '국군장병과 가족을 위한 으뜸 봉사왕'이다.

보은중학교를 마치고 상경해서 주경야독으로 검정고시에 합격한 후 고등학교와 방송통신대학을 졸업하고 성균관대학교대학원 중어중문학 석사를 마친, 한자능력 특급 자격증 소지자이기도 한 IK그룹 김 상문 회장은 등소평과 주은래 연구를 위해 100회 이상 중국을 방문했으며《소평소도(小平小道)》와《주은래 평전》이란 책을 펴냈다.

2005년 4월 18일 북경 교외의 경도CC에서 새벽부터 오후 6시까지 식사는 물과 바나나, 초콜릿으로만 해결하며 단 한 번도 앉거나 쉬지 않고 달리면서 7회 연속 라운드(126홀)를 한 김 상문 회장의 기록은 경도CC 클럽하우스 앞 비석에 새겨져 있다.

그는 환갑인 2011년 4월 18일에는 오전 5시 18분부터 오후 6시까지 8회 연속 라운드(144홀, 64km)에 도전해서 골프 대장정에 성공했다. 많은 사람들은 경악을 금치 못했으며 환호와 찬탄의 박수를 그에게 보내 주었다. 그는 공장 부지를 확보하기 위해 114번이나 땅 주인을 찾아가서 매매계약을 체결한 은근과 끈기를 '114 정신'이라 명명했다. "어떻게 그럴 수가 있었느냐?"고 묻는 사람들에게 김 상문 회장은 "누구나 할 수 있는데 도전하지 않았기 때문이다"라고 말한다. 충청도 보은읍 이평리(배뜰)에서 나랑 함께 자란 그가 무척이나 자랑스럽다.

우리나라 영상의학의 선구자인 김 동익 분당 차병원 원장은 전국 산하를 누비는 사진작가로 이름을 날린다. 의사가 된 후 지금까지 날마다 새벽 4시에 기상해 집 가까운 스포츠센터에서 아침 운동을 하고 오전 6시 병원에 출근해서 환자를 돌본다. 출근시간은 오전 9시지만 남들보다 3시간 먼저 출근하는 습관을 들였다. "그럼 몇 시에 취침하느냐?"고 물었더니 밤 11시에 취침한단다. 성공한 사람들이 남들과 다른 자리에 오르려면 무엇인가 달라야 한다.

2018년 1월 초 새벽 5시 30분, 분당 코오롱스포렉스 문이 열리자마자 탈의실로 가서 옷을 벗고 목욕하기 전에 정수기 물을 마시려고 컵에 물을 따르려는데, 어떤 한 손이 쑥 들어와 "먼저 하세요" 했더니 나먼저 물을 따르란다. 둘이서 함께 물을 마시고 나서 점잖게 생긴 상대방에게 물었다.

"실례지만 의사 선생님이시지요? 큰 대학병원 원장님이시지요?"

그분이 머쓱해하면서 "어떻게 아셨어요? 제가 김 동익 분당 차병원 원장이며 차 의과대학 의무 부총장입니다"라고 했다.

"저는 1996년도에 5,000여 명의 고급인력을 재취업시키고 서 상록 롯데호텔 쉔부른 웨이터를 탄생시킨 경총 고급인력정보센터 전 대길 소장입니다. 인사노무관리 경력이 45년인 제 눈에는 의사 선생님으로 보여서 무례한 행동을 했습니다. 용서바랍니다"라고 말했다.

그 후 김 동익 차병원 원장과 나는 매일 새벽에 만나는 친한 친구가되었다. 어느 날 갑자기 안해가 아파서 김 동익 원장에게 전화로 긴급 진료를 요청해서 도움을 받기도 했다. 참으로 고마운 분이다.

'창의와 신념, 성의와 실천, 책임과 봉사'란 사훈과 '사업은 예술이

다'라는 기업경영 철학을 몸소 실행한 故 조 중훈 한진그룹 명예회장
은 사진작가다. 장남인 조 양호 회장도 아버지의 대를 이어 사진작가
이며 비행기 사고현장에서도 카메라 셔터를 누르는 열성이 있다.

　박 용성 두산그룹 前 회장의 취미는 야생화 사진을 찍는 것이다. 김
건동 삼성물산 前 사장, 김 남수 코오롱그룹 前 사장, 홍 형중 성우그
룹 前 사장 등도 사진작가로 활동 중이다. 신구대학 식물원(꽃무릇 축
제, 복수꽃 축제), 하늘공원, 안양 관곡지에서 사진을 즐겨 찍는 노 준
석 노사공포럼 사무총장도 숨은 사진작가다. 86세에도 150점의 분재
를 손수 가꾸며 100여 점의 수석 곁에서 늘 웃으며 산다.

　홍 성원 현대홈쇼핑 前 사장은 15년 경력의 색소폰 연주자다. 수년
전부터는 주역에 심취하여 서울 교육대학교에서 역학 공부를 하고 있
다. 김 판수 삼양사 前 사장도 오랫동안 역학을 공부하며 인간의 사주
팔자에 관해 연구하고 있다.

　경 규한 ㈜리바트 前 회장은 용산고 OB합창단원으로, 전 상중 前
해군제독(시인)은 진해 벗소리 합창단장으로 동호인들과 노래하기를
즐긴다.

　창업자인 해촌(海村) 故 이 종근 회장이 일군 제약기업인 종근당
(鐘根堂)이란 회사명은 종근이란 이름 뒤에 '집 당(堂)' 자가 붙어서

'종근이네 집'이란 뜻이다. 이 종근 회장의 이름 속에 '종 종(鐘)' 자가 들어서인지 해촌 회장은 평생 세계 각국의 수많은 종들을 모아 충정로 사옥 1층에 종(鐘) 박물관을 열었다. 그는 세계 각국의 종을 모으는 게 취미였다.

1970년대 삼성그룹 사원으로 입사해서 열심히 일해온 이 영관 한 국도레이그룹 회장은 직장인들의 열망의 대상이자 진정한 우상이다. 직장인 모두는 이 영관 회장처럼 되기를 갈망하고 소망한다. 이 영관 회장은 각종 CEO세미나, 경제포럼에 빠진 적이 없다. 세계 여러 나라를 여행하기 좋아하는 이 영관 회장은 안해('집 안의 해'란 의미의 옛말)와 상의해서 '100가지 버킷 리스트'를 만들어서 실행하고 있다. 그 중에서 백미는 미국 페블비치CC, 스코틀랜드의 골프 발상지, '세인트 엔드류 올드코스' 등 세계 100대 명문 골프장에서 부부가 함께 라운드 하는 것이다. 지금까지 여러 곳을 다녔지만 아직도 수십 군데를 더 다녀야 한단다. 이 영관 회장 부부의 삶이 꿈속에 나오는 아름다운 동화처럼 보인다.

지난 20년간 '맥지 청소년사회교육원'을 세우고 이끌어온 공로로 호암상 사회봉사대상을 수상한 이 강래 원광대학교 부총장(경영학과 교수)은 우리 전통의 창을 사랑하는 아마추어 명창이다. 〈쑥대머리〉, 〈고왕금래〉, 〈사랑가〉, 〈사철가〉, 〈돈타령〉, 〈심청 어미 상여 나가는 소리〉 등이 그가 즐겨 부르는 명곡이다. 익산 미륵산 중턱에 위치한 소릿재에서 조 통달(가수 조 관우 부친) 국악인 문하생으로 노래공부를 23년째 계속 이어오고 있다. 조 통달 선생의 문하생인 유 태평양(27세) 명창과는 어릴 적부터 함께 공부했다.

"어떤 연유로 국악공부를 하게 되었는가?"라고 호형호제하는 강래 아우에게 물어 보았다. 한참 동안 허공을 바라보더니 크게 한숨을 한 번 쉬고는 세상에 처음으로 밝힌다는 비화의 줄거리다.

"23년 전 젊은 교수 시절, 원광대학교 강의실에서 눈에 띈 한 여학생이 너무 예쁘게 보이고 사랑스러워서 볼 때마다 가슴이 울렁거리고 맥박이 빨라지는 거야. 영하의 추운 날씨에 산속의 차디찬 계곡 물에 몸을 담가도 보고, 산속에서 혼자 소리도 쳐보았건만 그 여학생에 대한 열화(熱火)는 가라앉지 않더라고. 그러다 국악 명창 조 통달 선생을 스승으로 삼아 창을 익히고 난 후에야 잡념을 떨쳐 버리고 마음의 평정을 되찾게 되었지"라고 말한다.

그는 지금도 끊임없이 우리의 전통 노래 가락인 창을 갈고 닦는다.

우리나라에서 마라톤 풀코스(42.195km)를 완주하는 마라톤 마니아는 3만~4만 명이란다. 마라톤 풀코스를 100번 이상 완주한 마라토너는 헤아릴 수 없이 많다. 그런데 풀코스를 1,000번 이상 완주한 마라토너가 나왔다. 그는 66세의 김 용구 ㈜더베스트솔루션 대표다. 오대산 월정사 앞 한국자생식물원엔 마라톤 100회 탑도 있다.

독서왕
김 득신

"문자가 만들어진 후 수천 년과 3만 리를 다 뒤져도 대단한 독서가는 조선중기의 시인 김득신이 으뜸이다"라고 다산은 말했다.

백곡 김 득신은 충청도 괴산군 백곡 출신으로 그의 머리는 총명함과는 거리가 멀었다. 50세가 되어서야 뒤늦게 과거에 급제했으며 당대 최고의 문장가로 뽑혔다.

그는 남과 같은 공부 방법으론 절대로 남을 따라갈 수 없음을 알았다. 남이 책을 한 번 읽으면 열 번을, 남이 열 번 읽으면 수백 번을 읽었다. 그는《백이전(伯夷傳)》을 1억1만3,000번 읽은 것을 기리기 위해 자신의 서재 이름을 '억만제(億萬齊)'라고 짓기도 했다. 당시 1억은 지금의 10만 번이니《백이전》을 11만3,000번 읽은 것이다.

어디 그뿐이랴. 그가 쓴《독수기(讀數記)》에는 평생 1만 번 이상 읽은 글이 36편이라고 적었다.《장자》《사기》《대학》《중용》은 1만 번을 채우지 못해서 제외했단다. 친척들은 머리가 둔한 그에게 "큰 인물이 되기는 글렀다"며 혀를 끌끌 찼지만 아버지는 "조급해하지 말라. 포기하지 않으면 언젠가는 이룰 수 있다"며 용기를 주고 격려해 주었다.

어느 날, 그가 말을 타고 지나는데 어떤 집에서 책 읽는 소리가 들려왔다. 말을 멈추고 "글이 정말로 익숙한데 무슨 글인지 생각이 나지 않는구나" 하자 "나리께서 매일 읽으신 거라 쉰네도 아는데 사마천의 《백이전》이 아닙니까?"라며 말고삐를 끌던 하인이 말했다. 하인도 외울 정도였으나 정작 본인은 기억하지 못한 것이다.

먼저 세상을 떠난 딸의 장례행렬을 따라가면서도 손에서 책을 놓지 않은 그였다.

독서왕, 김 득신 시인의 묘비에는 이런 글이 새겨져 있다.

"재능이 남만 못하다고 스스로 한계를 긋지 말라.

나처럼 머리가 나쁜 사람도 없었겠지만 끝내 성취할 수 있었다.

모든 것은 힘써 노력하는 데 달려 있다."

조선 사대부들의 정신세계를 지배한 것은 중국 송나라 때의 학자 주희가 체계화하고 집대성한 성리학이다. 조선의 선비들은 주희를 신성불가침한 성역으로 받들며 주자학 공부에 힘썼다. 조선시대 선비(士)는 학식과 인품을 갖춘 사람이라 하여 사대부(士大夫)라고 불렀다. 그런데 선비는 남자들만의 전유물은 아니었다. 여성 중에도 학식이 풍부하고 인품이 훌륭한 인물을 '여사(女士)'라고 불렀다. 요즘 김 여사, 이 여사도 마찬가지다.

김 득신 외에도 조선시대의 공부벌레 선비들은 많다.

조선의 성리학자인 김 종직(金宗直)은 《천자문》을 외우고 《동문선습》을 떼자 공부에 재미가 생겨났다. 이른바 문리(文理)가 트였다. 새로운 사실을 공부하는 게 즐거워서 대학자가 되었다.

퇴계 이 황(李滉)은 생후 7개월 만에 아버지, 이 식이 세상을 떴다. 부친 이 식은 좌찬성을 지낼 정도로 학문과 경륜을 겸비했으며, 청렴하여 재물을 탐하지 않아 가정형편이 어려웠다. 퇴계의 모친 박씨는 자녀 8남매(7남1녀) 중에서 장남만 출가한지라 홀로 어린 7남매의 자녀교육을 위해 농사와 양잠 일에 힘썼다. 퇴계 모친이 직접 쓴 묘비에 이런 기록이 전한다.

"사람들은 보통 과부는 자식을 올바로 가르치지 못한다고 흉을 본다. 너희들이 남보다 백배 더 공부에 힘쓰지 않는다면 어떻게 이런 비난을 면할 수 있겠느냐?"

조선의 학자인 조 식(曺植)은 스스로를 경계하기 위해 "안에서 나를 깨우치는 것은 경(警)이요, 밖에서 결단하는 것은 의(義)다"라고 했다. 공부방에 단정히 앉아 졸음을 쫓으려고 칼로 턱을 고이고 허리춤에는 방울을 달고서 학문에 정진했다. 200년 전의 이야기다.

조선 헌종 때의 여류시인 금 원(錦園)은 서책을 읽고 넓은 세상을 유람하겠다는 꿈을 꾼다. 사람으로 태어나서 평생 집 안에만 갇혀 지내는 것은 덧없는 일로 여겼다. 여러 책 속에 나오는 금강산을 오르고 싶어서 부모에게 금강산 유람을 졸랐다. 그녀의 부모는 어린 소녀의 바람을 모른 체하다가 유람을 허락했다.

"내 삶을 생각하니 금수(禽獸)로 태어나지 않고 사람으로 태어난 게 다행이다. 야만의 나라에서 태어나지 않고 문명의 나라에서 태어난 것 또한 행복이다. 남자로 태어나지 않고 여자로 태어난 것이 불행이요, 부귀한 집안에서 태어나지 않고 가난한 집안에서 태어난 것이 불행이다. 여자로 태어났다고 규방 깊숙이 들어앉아 있는 것이 옳은가? 한미한 집안에 태어났다고 세상에 이름을 떨칠 것을 단념하고 분수대로 사는 것이 옳은가?"라고 금원 시인은 자문자답했다.

지능지수가 낮지만 이를 극복하려고 열독한 김 득신 시인을 본받자. 문리(文理)가 트인 김 종직, 퇴계의 모친, 학문 정진을 위해 턱 밑에 칼을 꽂고 졸음을 쫓은 조 식 학자와 여류시인 금 원의 가르침을 두 줄로 요약한다.

"꿈을 꾸어라. 끝없이 도전하라. 하면 된다."
"빗방울이 돌에 구멍을 낸다."

한자교육의
필요성

           한글 전용세대의 젊은이들은 한자를 읽고 쓰는 데 서툴다. 아예 학교에서 배운 적이 없으니 모르는 게 당연하다. 우리는 이웃 나라인 중국, 일본과 더불어 한자문화권에 속해 있다. 그럼에도 한자의 중요성을 알지 못한다. 유럽의 네덜란드인 다수가 자국어인 네덜란드어 외에 영어, 독어, 프랑스어, 스페인어등을 자유자재로 듣고 말하고 쓰고 읽는 데 능수능란한 것과 비교된다. 언제부터인가 한글 전용 교육을 시행하다 보니 우리 청소년들이 아시아는 물론 글로벌 사회에서 까막눈 미아가 되는 건 아닌지 걱정된다.

    학교 교육정책을 결정하는 교육 당국과 수많은 학교의 선생님들은 이러한 현실과 대책방향을 잘 알고 있을 텐데 관망하는 것은 아닐까?

    2015년, 2016년, 2017년, 해마다 7월 하순에 국제PEN클럽 한국본부가 주최한 〈세계 한글작가대회〉가 경주 화백센터와 현대호텔에서 열렸다. 세계 각국에서 온 한글학자들, 한글로 문학작품을 쓰는 한글 작가 300여 명과 경주시민들이 공동으로 참가해서 한글의 세계화에 관해 학습하고 토론하며 한글학자와 문인들의 정보공유와 친교와 통섭의 큰 마당이다.

한글 작품을 외국어로 번역하는 외국인 번역가(한국에 거주하는 젊은 외국인) 다수도 참가했는데 한자로 된 우리말 번역이 참으로 어렵고 힘들다고 이구동성이었다. 그뿐만 아니라 한글의 세계화에 대해 국내는 물론 일본, 독일, 중국, 러시아에서 학술토론에 참가한 유명 대학교 국문학 교수들은 한자 이야기가 나오기만 하면 갑자기 말문을 닫았다.

내가 "어린 학생들과 외국인들을 대상으로 한자와 연관을 시켜서 한글을 가르치면 좀 더 효과적이지 않겠느냐?"고 플로어(Floor)에서 국문학 교수들에게 질문했더니 답변을 꺼리면서 서로 눈치만 보았다. 나중에 한국인 국문학과 교수가 나에게 귓속말로 언질을 주었다. "우리 교수들도 학창시절에 한자교육을 제대로 받은 적이 없어 잘 모른다"는 실토였다. "아뿔싸~" 우리나라 명문 대학교 국문학과 교수들이 딴전을 피운 게 바로 그런 연유 때문임을 그제서야 알게 되었다.

최근에 친구 딸 결혼식에서 내 이름 金大吉을 한자로 써서 축의금 봉투를 냈더니 접수대의 젊은이가 난감한 표정을 지었다. "아~ 그래! 한자를 배운 세대가 아니지" 하며 한자 옆에다 한글로 이름을 써주었더니 머리를 긁적이며 고마워했다. 그 후로는 축의금이나 조의금 봉투에 한자가 아닌 한글로 이름을 쓴다.

최근에 친구들과 운동하러 체력단련장에 갔는데 다른 사람들의 가방은 모두 나왔는데 내 가방만 나오지 않아서 보관 장소를 찾아가 보니 내 가방만 덩그러니 남아 있었다. 젊은 관리자에게 "왜 내 가방만 여기에 남아 있느냐?"고 물었더니 "가방 명패가 한자로 쓰여 있어서 읽을 수 없어서…"란다. '아차! 한자를 배우지 않은 세대인 줄 몰랐던 내 불찰이다'라며 자성했다. 이런 사례는 일상생활 속에서도 빈번하게 발생한다.

우리나라 사례만이 아니다. 최근 북경대학교에서 중국 최고의 지성인과 관련한 사건이다. 2018년 5월 4일 북경대학교 개교 120주년 기념식장에서 린첸화(林建華) 북경대학교 총장이 중국 중학교 교과서에 나오는 말인, 포부가 원대하고 큰 인물을 비유하는 '홍후(鴻鵠)'라는 단어를 잘못 읽어서 어려움에 처했다. "북경대학교 학생들이 분발해서 홍후(큰 기러기와 고니)의 뜻을 세워야 한다"는 대목에서 '홍후(鴻鵠)'를 '홍하오(鴻浩)'로 잘못 읽었기 때문이다.

홍후는 진나라를 무너뜨린 농민반란을 이끈 진승이 "제비와 참새가 어찌 홍후의 뜻을 알겠는가?" 하며 탄식했다는 고사에서 유래했다. 지난 5월 2일 시진핑 중국 공산당 주석이 북경대학교를 시찰하면서 "홍후(鴻鵠)의 뜻을 세우고 이상을 확실히 해야 한다"고 강조했는데도 린첸화 총장이 한자의 무지함을 보인 것이다.

초·중학교 시절 문화대혁명을 겪은 후 독일과 미국에서 화학을 전공하고 북경대학교에서 박사 학위를 받은 린 총장은 북경대학 내부 게시판에 곧바로 공개사과문을 올리고 사과했다.

한자를 파자해 보면 우리말 뜻을 쉽게 알 수가 있다.

사람의 삶, 인생을 말할 때 소 우(牛)＋한 일(一)의 합성어인 '살 생(生)' 자를 쓴다. 이를 풀어 보면 삶이란 소가 외나무다리를 건너가듯이 매사에 조심하라는 의미를 담고 있다. '바르게 살라'는 바를 정(正)은 한 일(一)＋머물지(止) 자로 되어 있다. 삶의 길목에서 중도에 한 번은 머물러 서서 목표를 향해 제대로 가고 있는지 뒤돌아보며 앞으로 올바로 가는 길을 찾는 것이다.

얼마나 알기 쉬운 설명인가? 남녀가 마주 보면 '좋을 호(好)'이고, 해(日)와 달(月)이 합치면 '밝을 명(明)' 자다. 스스로 자(自)＋그러할 연(然)은 '자연(自然)'이다. 사람 인(人)＋사이 간(間)은 '인간(人間)'이다. 사람 사이에는 틈(간격)이 있다는 말이다. '평화(平和)'란 평평할 평(平)＋벼 화(禾)＋입 구(口)로 되어 있다. 사람들 입에 골고루(평등하게) 곡식이 돌아가게 하는 게 평화다. 부할 부(富) 자는 집안 식구가 넉넉하게 먹고살 만한 전답이 있다는 의미를 담고 있다. 저녁 석(夕)＋입 구(口)의 '이름 명(名)' 자는 '저녁엔 어두워서 잘 보이지 않으니 입으로 불러라'는 게 나의 해석이다.

가운데 중(中)＋마음 심(心) 자는 마음의 중심을 잃지 말라는 '충성 충(忠)' 자다. 물 수(水)＋갈 거(去) 자는 시대상에 따라 인간이 기본적으로 지켜야 할 도리가 물처럼 흘러가는 것을 가리키는 게 '법 법(法)'이란 글자가 아니겠는가? 낮에는 가족 모두가 논밭에 나가 일하다 저녁이 되어 일을 마치고 밥상머리에 둘러앉은 집안 식구가 참 많다에서 저녁 석(夕)+저녁 석(夕)은 '많을 다(多)' 자가 되었다고 생각한다.

기업이나 공공조직에서 흔히 쓰는 '기획(企劃)'이란 단어는 사람 인(人)+머물 지(止), 그림 화(畵)+칼 도(刀) 자로 되어 있다. 즉, 사람들이 머물러서 사업계획인 그림을 보면서 불필요한 부분을 칼로 잘라내고 필요한 부분은 칼로 그림에 덧붙인다는 뜻이다. 한마디로 조직의 구조조정을 의미한다. '계획(計劃)'은 열(十) 사람이 함께 말(言)로써 그림 그리다로 해석한다.

작년 여름 친구들과 함께 안동 하회마을을 찾았는데, 교육의 교(敎) 자가 효도 효(孝)+글 문(文)라는 해설사의 설명에 효도 효(孝)+회초리 칠 복(攵) 자임을 조용하게 알려준 적이 있다. 그 문화재 해설사는 앞으로 관광객들에게 좀 더 적확하게 해설하겠다고 약속했다. 그녀의 진솔함에 감사한다.

동이족이 한자를 만들었다는 설도 있다. 중국인 한족은 동쪽의 활 잘 쏘는 오랑캐인 조선인을 동이족이라고 했으니 우리 민족이 한자를 창제한 것이라고 《을이랑》이란 책을 쓴 유 석근 목사가 주장한다.

상대를 알고 자기를 알면 백번 싸워 백번을 이긴다는 게 '지피지기면(知彼知己) 백전백승(百戰百勝)'이다. 중국이나 일본의 책을 읽고 쓰지 못하는데 어찌 경쟁력 있는 글로벌 인재를 키워낼 수 있겠는가?

《천자문》만 제대로 공부해도 세상의 이치와 인간이 어떻게 살아야 하는지를 깨우칠 수 있다. 한자의 기본인 천자문만 완벽하게 깨우치면 인성의 기본은 완성된다. 고된 공부를 이겨내면 행복해질 수 있다. 이제부터라도 공교육 학습과정에 기본한자 3,000자를 교육하면 참 좋겠다. 나의 학창시절에는 기본 한자의 교육은 물론《삼강오륜》과 조선 중종 때 박 세무가 쓴《동몽선습(童蒙先習)》은 물론 두보와 이태백의 한시 등을 한문 선생님에게서 배웠다. 세상 이치를 터득하며 삶을 살아가는 데 도움이 되고 있다.

우리말의 70%인 한자는 우리 한글의 세계화 전략 차원에서도 3,000자의 한자 기본교육은 꼭 필요하다고 생각한다. 결론적으로 자라나는 미래의 꿈나무인 청소년들에게 한자교육을 부활하기 고대한다. 교육은 훌륭한 인재를 길러내는 백년지대계(百年之大計)임을 우리는 잊지 말아야 한다.

아들딸에게
주는 당부

정직, 겸손, 열정을 생활신조로 삼고 열심히 살아온 아버지가 지난 삶의 체험을 바탕으로 너희들에게 하는 당부 25가지이다.

1. 약속 시간에 늦는 사람과는 절대로 비즈니스나 동업을 하지 말라. 시간 약속을 지키지 않는 사람은 믿을 수 없기 때문이다.

2. 어려서부터 '오빠!', '형아!' 라고 부르며 따르는 동생들을 많이 만들어라. 사람들을 위한 관심과 이해, 책임과 봉사 정신으로 말이다.

3. 목욕할 때에 다리 사이와 겨드랑이를 깨끗하게 씻어라. 치질과 냄새로 고생하는 일이 없을 것이다.

4. 식당에서 식사가 맛있으면 주방장에게 감사와 칭찬의 말을 전하라. 주방장은 행복해할 것이고 너희는 늘 좋은 음식을 먹을 것

이다.

5. 당당하게 어깨를 펴고 길을 걸으라. 밝고 우렁찬 목소리로 말하라. 길을 걸으며 음식을 먹지 말라. 음식은 앉아서 편하게 먹어라. 특히 커피나 음료수는 흘릴 수도 있으며 보기도 흉하다.

6. 양치질을 거르지 말라. 일평생 즐거움의 반은 먹는 것에 있다. 또한 운동복 바지 차림에 슬리퍼를 끌면서 집 밖 출입을 삼가라.

7. 노래하고 춤추는 것을 부끄러워하지 말라. 친구가 너를 어려워하지 않을 것이며 반려자가 즐거워할 것이다.

8. 난해한 말을 하거나 너무 예의바른 사람은 만나지 말거라. 굳이 일부러 피곤함을 자초할 필요는 없다.

9. 아침에 일어나자마자 화장실에서 일을 보라. 평생 뱃속이 편하고 밖에서 창피당하는 일이 없을 것이다.

10. 남의 험담을 하는 사람에게는 절대로 속을 보이지 마라. 그 사람은 분명히 다른 사람들에게도 네 흉을 보고 다닐 것이다.

11. 밥을 다 먹고 난 다음에는 빈 밥그릇에 물을 조금 부어 놓아라. 밥알이 바짝 말라 버린 그릇보다는 밥알이 붙어 있지 않은 빈 그릇이 좋다.

12. 또한 밥을 다 먹고 난 후에는 "감사히 잘 먹었습니다!"라는 인사말을 하고 젓가락, 숟가락과 함께 밥과 국그릇을 설거지통에 꼭 넣어라. 네 엄마는 기분이 좋아지며 여자친구 엄마는 너를 사위로 볼 것이며 네 안해는 작은 행복을 느낄 것이다.

13. 돈을 너무 가까이 하지 말거라. 돈에 눈이 멀어진다. 그렇다고 해서 돈을 너무 멀리 하지는 말거라. 너의 처자식이 다른 이에게 천대받는다. 돈이 모자라면 필요한 것과 원하는 것을 반드시 구별해서 사용해라. 돈이란 써야 할 명분이 확실할 때에만 쓰는 습관을 익혀라.

14. 중병에 걸린 것 같으면 최소한 세 명의 의사의 진단을 받아라. 생명에 관한 문제이니 미루거나 돈을 절약할 생각을 하지 마라.

15. 앞으로 5년 이상 쓸 물건이라면 가장 좋은 것을 사거라. 결과적으로 그것이 절약하는 지름길이다. 싼 게 비지떡이다.

16. 베개와 침대와 이불은 가장 좋은 것을 사거라. 숙면은 숙변과 더불어 건강관리에 가장 중요하다.

17. 소변을 볼 때에는 소변기 앞으로 바짝 다가서라. 남자는 눈물을 함부로 흘리지 말아야 한다.

18. 또한 거래처를 방문할 때는 먼저 화장실에 들러 일을 보아라. 현재완료형 상태에서 고객이나 사람들을 만나라. 면담이나 대화 중에 생리문제로 자리를 뜨게 되면 주요한 비즈니스가 수포로 돌아갈 수 있다.

19. 회사에 출근할 때나 고객사를 방문할 때에는 경비 아저씨께 인사하라. 청소하는 여사님께도 웃는 얼굴로 먼저 인사함을 잊지 말라.

20. 매일 아침, 직장 출근시각 30분 전에 출근해서 하루 일과를 준

비하라. 출근 전에 해 뜨는 동쪽을 향해서 두 눈을 꼭 감고서 삼세 번씩 "오늘 나는 첫 출근하는 날이다!" 또는 "오늘 나는 마지막 출근하는 날이다!"라고 자기 최면을 걸라. 직장인으로서 성공할 수 있는 첫걸음임을 잊지 말라.

21. 자기가 속한 어떤 모임이나 행사장에서 맨 늦게까지 남아서 뒷정리를 잘 하는 사람이 되라. 유치원 수업이 끝난 후 교실의 모든 걸상을 책상 아래로 넣고 가지런하게 줄을 맞춘 후에 귀가하는 습관을 가진 어린 손자, 현우에게서 배워라. 이렇게 솔선수범하며 살라.

22. 평소 연락이 없다가 갑자기 찾아와서 친한 척하며 돈을 꾸어 달라고 하는 친구에게 "No!"라고 분명하게 말하라. 돈도 잃고 마음도 상할 수 있다.

23. 학교 동문이나 친구가 돈이 필요하다면 되돌려 받지 않아도 될 만한 최소한도 내에서 베풀어라. 그러나 네 형제와 가족들에게도 그렇게 해주었는가를 먼저 생각하고 행동하라.

24. 네 자녀를 키우면서 효도를 기대하지 말거라. 아버지, 어머니는 자식들을 키우며 너희들이 웃으며 자라는 모습을 지켜보는 것만으로도 온갖 효도를 다 받았단다.

25. 일주일에 한 권의 책을 꼭 정독하라. 지성인으로 살아가려면 지식, 기술, 태도 건강이 필요하다. 제대로 학습해야만 눈앞의 장벽을 넘을 수 있다.

입춘대길

옛날부터 궁에서
민가에 이르기까지 가가호호 대문짝엔 새봄을 맞아 집안에 크게 길하
고 경사스런 일을 기원하는 '입춘대길(立春大吉)', '건양다경(建陽多
慶)'이란 입춘첩이 나붙는다. 겨우내 얼어붙었던 강물이 다시 흐르고
죽었던 나뭇가지에 파란 잎들이 새로 돋는다. 새 봄이 오는 소리가 들
린다. '봄 춘(春)' 자는 석 삼(三)+사람 인(人)+날 일(日) 자의 합성어
다. 갑골문 자전에서 '봄 춘' 자를 찾아본다. 석 삼(三)은 하늘과 땅 그
리고 사람, 천지인(天地人)을 뜻한다. 그렇다면 봄은 사람이 하늘과 땅
(自然) 그리고 부모 조상의 가르침과 그 뜻을 깨우치는 때가 아니겠
는가? '입춘'은 하늘을 우러러 경천심(敬天心)을 갖추며 생명의 바탕
이 되는 대지를 감싸고 보호하는 외경심과 지금의 나를 생존케 한 부모
님과 조상님께 감사하는 효행심을 새롭게 깨우치고 궁행(躬行)하는 날
이라고 생각한다. 한마디로 삼위일체를 이루는 날이 아니겠는가? 사람

(人)이 하나(一)를 깨우치면 '큰 대(大)' 자가 되고, 사람(人)이 둘(二)을 깨우치게 되면 '하늘 천(天)'이 된다. 사람이 둘을 깨우치기 전에 결혼을 하여 그 기운이 하늘을 뚫고 올라가는 형상인 지아비 부(夫) 자도 있다. 내 이름은 입춘(立春) 자에 늘 붙어 다니는 대길(大吉)이다. 사람(人)으로서 큰 가르침(一)을 깨우치고 선비(士)의 입(口)으로 살라는 하늘의 천명이라고 생각한다. 경총에서 연수교육 담당 임원으로 일한 것과 국방대학원에서 18년간 장군·제독들에게 초빙교수로 강의한 일도 모두가 내 이름, 대길(大吉)에서 비롯되었다고 생각한다. 꽁꽁 얼어붙었던 한강물과 대동강물이 해빙되어 다시 흐르듯이 시장경제를 바탕으로 한 자유민주주의 대한민국, 통일국가를 지구상에 우뚝 세우자. 우리가 못 이루면 우리 자식들이라도 민족의 염원을 이루게 하자.

신언서판의
새로운 해석

요즘 젊은이들의 삶 속에는 '꿈, 깡, 끼, 끈, 꾀, 꼴, 끝'이란 쌍기역(ㄲ)으로 된 7가지 말이 필요충분 조건에 해당한다. 사람은 꿈을 꾸어야 하며 도전의식을 갖고 활기가 넘쳐야 한다. 그뿐만 아니라 실력이 있어야 하고 신지식인이어야 하며 모양새가 반듯하고 끝이 좋아야 한다. 그렇다면 사람을 쉽게 알아보는 방법은 없을까?

예로부터 신언서판(身言書判)이라 하여 사람을 평가하는 4가지 기준이 있었다. 체모(體貌)의 풍위(豊偉), 언사(言辭)의 변정(辯正), 해법(楷法)의 준미(遵美), 문리(文理)의 우장(優長)이 그것으로 신수, 말씨, 문필, 판단력을 뜻한다. 이는 중국 당나라 때 관리를 선출할 기준으로 사용되었고, 우리 조선시대에도 중요한 고급인재를 선발하는 과거시험이나 어떤 사람을 평가할 때도 쓰였다. 지금도 공공기관은 물론 공사(公私) 기업에서 신입사원 선발고사, 또는 조직 내 구성원들의 승진이나 전보에 관한 인사평가 시스템의 가장 중요한 평가항목으로 활용되고 있다.

그런데 기업에서 인사와 노무, 경영관리 업무에 40년 이상 일해 오며 그 뜻의 해석을 새롭게 터득하고, "아하~ 그렇구나!" 하며 큰 소리로 웃으면서 무릎을 친 적이 있다. 그리고 나름대로 신언서판의 새로운 해석을 내리게 되었다.

첫 단계는 어떤 사람이 슬픔과 괴로움, 걱정거리에서 벗어나 마음이 편안해지고 행복을 느끼게 되면 변하는 게 몸이다. 얼굴이 맨 먼저 변하며 그중에서도 눈이 변한다. 따라서 친구나 지인을 만날 때 얼굴이 전과 달리 좋아졌다고 느끼면 그 사람은 변화의 첫 단계에 들어섰다고 보면 된다.

두 번째 변화 순서는 그 사람의 말수가 적어짐은 물론 목소리 톤이 단전에서 울려 나오며 진실한 목소리가 듣는 이를 편안하게 해준다.

세 번째 단계는 예전에 쓰던 흘림체 글씨와는 달리 정성 들여 쓴 글씨체로 변하여 그 사람의 얼이 실리게 된다. 쓰는 글이 정론직필이며 매사에 긍정적이고 적극적으로 변화한다.

마지막 변화의 단계는 그 사람의 판단 능력이 상식적이고 합리적으로 변화하게 된다는 게 나의 새로운 해석이다. 조직원의 해맑은 얼굴을 보면 그 조직 발전성을 금방 알 수 있다. 구성원들의 부드럽고 품위 있는 한마디 말, 조직원들 각자의 정성이 담기고 혼이 깃든 서체 속에 구성원들의 상식적이고 합리적인 의사결정 과정을 통한 사리판단이 원활하게 이루어진다. 신언서판 다음은 행동이 변하고 운명이 바뀌는 단계다.

위와 같은 변화의 4단계는 인사평가를 위한 신언서판이란 해석에서 한걸음 더 나아가 조직인의 변화하는 순서를 의미하는 것이다. 몸(얼굴)이 변화면 말이 바뀌고 글씨체가 변하며 궁극적으론 사리판단이 합리적이 된다. 신언서판을 인사평가 요소로만 보지 말고 조직인의 변화의 순서로도 인식하자.

추석명절
덕담과 악담

추석이면 가족, 친척들과 함께 오랜만에 고향 집에 모여 반가운 인사를 건네거나 안부를 묻고 즐겁고 흐뭇한 시간을 보내기 마련이다. 그런데 말 한마디 잘못해서 추석의 흥겨움을 날려 버리는 일이 집집마다 종종 일어난다. 덕담은 소중한 사람에게 더 잘 되기를 간절히 기원하는 우리나라 미풍양속인데 자칫 오히려 상대방 가슴에 비수를 꽂는 악담이 될 수 있다.

"돈 많이 벌어 부자 되세요"라고 습관적으로 말하는 것도 '부질없는 명절 덕담'의 1위를 차지했다니 삼가자. 덕담에는 듣는 상대방의 마음과 입장을 역지사지 정신으로 잘 헤아려 행복과 행운을 진심으로 빌어주는 따뜻한 마음을 담아야 한다. 가족과 친척, 친지 그리고 직장의 상사와 동료들에게 큰 힘과 용기가 되며 꿈과 희망이 넘쳐나는 가슴 뭉클한 덕담을 건네자. 좋은 의미로 건넨 덕담 한마디가 상대방 기분을 상하게 한다면 차라리 입을 다물고 묵언으로 일관하자.

"정말 예뻐졌다. 참 멋있어졌다." "보면 볼수록 신수가 훤하다."

"형님을 뵈니까 정말 좋아요." "할머님, 정말 뵙고 싶었어요."

"올케, 고생이 참 많아요." "우리 형수님과 형님이 최고예요!"

"앞으로 하는 일마다 잘 될 거예요." "그래요. 희망이 있잖아요!"

"오! 그동안 부쩍 컸구나. 앞으로도 무럭무럭 튼튼하게 커라."

"잠시 움츠리는 건 멀리뛰기 위한 준비작업이야. 힘내자! 파이팅!!!"

긍정적이고 적극적인 덕담이 화목함과 사랑을 북돋운다. 그러나 자칫하면 악담이 될 수 있는 말들을 추려 본다.

"취직은 했니?" "결혼은 언제 하니?" "애는 언제 낳니?"

"목표하는 대학은 어디니? 누구처럼 한 번에 붙어야지?"

"이상적으로 보지 말고 눈높이를 현실적으로 낮춰라."

"저번에 봤을 때보다 좀 뚱뚱해진 것 같네."

"언제까지 전세살이를 할 거야. 내년엔 집을 장만할 거지?"

"요즘 잘 나간다며? 좀 나눠 주면서 살지 그러니?"

그리고 수십 년간 이어져 오던 '근면·자조·협동'이란 새마을운동 구호가 세상의 변화에 맞추어 심 윤종(前 성균관대학교 총장) 새마을 운동중앙회 직전 회장의 제안으로 '나눔·봉사·배려'로 과감히 바뀌었 다는데, 시류에 맞게 이번 추석엔 젊은 친척들에게 입시, 취업, 결혼,

집 얘기는 아예 입에 담지 말자. 그리고 자칫 정치판 이야기에 휘말리면 얼굴을 붉히거나 언성이 높아질 수도 있으니 조심하자. 재산 상속에 대해서도 민감한 부분이니 이날 만큼은 입을 닫는 것도 분위기를 망치지 않는 비결이다.

불필요한 말, 상처나 불쾌감을 주는 덕담 할 시간에 부엌에 들어가 일손을 거들면 어떨까? 여자들은 전을 부치고 나물 무치며 제수 준비에 바쁜데, 술 마시며 고스톱이란 화투놀이를 하는 남정네가 있다면 욕먹기 십상이다. 최근에는 이런 사람들이 점차 줄어들고 가족 모두가 함께 오순도순 도와주며 지내는 가족들이 늘어나고 있다.

올 추석명절에 고향에 잘 다녀오라며 작은 정성을 담은 귀향여비를 마련해서 '미성(微誠)'이라고 직접 쓴 흰 봉투를 임직원들에게 하나하나 나누어 주었다. 그러면서 "정성을 다해 부모님께 효도를 실행하는 사람만이 직장에서 성공할 수 있다"고 했다. 아울러 "세치 혀끝으로 한 사람과 그 가족을 살릴 수가 있고 정반대로 쉽게 죽일 수도 있음을 명심하자"고 덧붙였다.

추석명절 연휴를 즐겁고, 기쁘고, 편안하게 보내고 덕담의 향기가 물씬 풍기면서 건강한 모습으로 출근하기 바라는 마음으로 직원들을 배웅했다. 이번 추석에는 만나는 모든 이들에게 기분 좋은 덕담을 하리라 다짐한다.

북망서패

초여름이다. 충청도에 갑작스런 집중호우가 내려 청주엔 무심천이 넘치고 물난리가 났다. 그러나 비 온 뒤끝이라서 그런지 사방에는 녹음이 방초하다. 사방은 당연히 동서남북 네 방위를 말하며 동쪽은 나무와 봄, 남쪽은 불과 여름, 서쪽은 금과 가을, 북쪽은 물과 겨울을 의미한다.

나무 목(木) + 날 일(日)의 '동녘 동(東)' 자는 나무 사이에 해가 비치고 있는 모습을 뜻하며 위치상으론 해가 뜨는 동쪽이다. 해가 지면 새가 둥지로 들어가는 모양을 본뜬 '서녘 서(西)' 자는 우뚝할 올(兀) + 입 구(口) 자의 합성어이다. 열(十) 사람이 성(冂)을 지키고 여덟(八) 사람은 방패(干)를 들고 남쪽 문을 지키는 모습의 '남녘 남(南)' 자는 예로부터 좋은 방향을 뜻한다. '북녘 북(北)' 자는 등지고 앉은 두 사람의 형상이다.

조선시대 도성은 한양을 중심으로 이러한 방향체계에 따라 각종

문과 진을 두었다. 먼저 사방에 사대문과 사소문을 두어 세상과 소통하려 했다. 사대문은 동쪽의 흥인지문, 서쪽의 돈의문, 남쪽의 숭례문, 북쪽의 홍지문이다. 사소문은 혜화문, 소의문, 광희문, 창의문이다. 동쪽 문은 인(仁)을 일으키고, 서쪽 문은 의(義)를, 남쪽 문은 예(禮)를 숭상하며, 북쪽 문은 지(智)를 넓히며 가운데는 보신각을 두어 오상(五常)을 갖추었다.

북쪽에는 처음에 숙정문을 냈으나 문의 역할을 제대로 못 해서 폐하고 숙종 41년(1715년)에 홍지문을 대신 건립했다. 또 경복궁을 중심으로 사방진(四方津)이 있다. 정확하게 동쪽에 있는 나루터인 정동진은 드라마 〈모래시계〉로 잘 알려진 강원도의 정동진이다. 그렇다면 정서진, 정남진, 그리고 정북진도 있었을까?

정남진은 전남 장흥군이며 정서진은 인천광역시 서구, 그리고 정북진은 함경도 중강진이다. 정동진, 정남진, 정서진은 관광객들의 발길이 끊임없이 이어지고 있다. 지금처럼 측량기술이 발달하지 못했던 조선시대에 어떻게 네 방향을 정확하게 찾았을까? 사뭇 경이롭기 그지없다.

우리 조상들은 집을 지을 적에 기본적으로 남향으로 지었다. 밖과 통하는 문과 창 중에서 사람이 다니는 문은 햇빛이 많이 들도록 남쪽으로, 바람이 다니는 창은 동서로 낸다. 그뿐만 아니라 서쪽의 봉창은 약한 바람만 통하게 사람의 머리보다 위쪽에 냈다. 이는 일출의 힘찬 기운을 방에 쉽게 들어오도록 한 것이며, 일몰에는 해가 지는 기운이라 석양빛이 방에 들어오지 못하게 작은 구멍만 냈다. 해가 서쪽 하늘로 질 때에 낙조를 오랫동안 바라보면 시력이 나빠진다.

수년 전에 정선 전(全)씨 문중의 어른인 故 전 중윤 삼양식품 그룹 회장을 찾아뵌 적이 있다. 어떤 사업을 하고 어떻게 경영할지를 물어보며 CEO가 갖추어야 할 상식과 더불어 북망서패(北亡西敗)란 4자성어와 서북고(西北高) 동남저(東南低)에 대해 일러 주셨다.

CEO나 간부들의 자리를 배치할 때에는 책상 방향이 북쪽을 향하면 망하며 서쪽을 향해 앉으면 필패하니 꼭 동쪽이나 남쪽을 향해 앉으란 조언을 해주셨다. 그뿐만 아니라 회사 사옥이나 집터는 남쪽으로 향하게 하고, 서북쪽엔 산이 있어 차가운 북풍을 막아 주며 동남쪽은 평지라서 아침 햇살을 듬뿍 받고 좋은 기운을 받으라고 했다. 그래야만 사업도 잘 되고 건강도 챙길 수 있단다.

그런 연후에 우연히 모 방송국 계열사 R사장이 서쪽을 향해 앉아 있기에 동쪽을 보도록 자리를 바꿔 주었는데 그 후 승승장구하여 본 방송국 CEO로 일했다. 여의도 금융계의 P본부장은 권고사직을 앞두고 자리를 물러나야 할 즈음에 북쪽을 향해 앉아 있던 그의 자리를 남쪽을 향하도록 바꿔준 적이 있다. 그랬더니 3일 후 그는 연임발령을 받았으며, 현재까지 잘 나가는 금융기관의 CEO로 왕성한 활동을 하고 있다. 누구라면 금방 알 만한 사람이다. 가끔 전화통화를 하면서 옛 이야기를 꺼내며 그때 정말 고마웠다고 할 적엔 "P사장이 인복이 많아서"라고 덕담을 건넨다.

행복
보따리

"사람으로 태어나서 어떻게 살아가야 할까요?" 물으니 스승은 "장독대의 누름돌, 냇물의 디딤돌 아니면 말을 타거나 내릴 때 내딛는 노둣돌(下馬石)처럼 살라고 한다. 아니면 집안의 펌프에 바가지로 첫 물을 부어 계속해서 물을 퍼내는 '마중물'처럼 살라고 한다. 이게 어디 말처럼 쉬운 일인가?

최근 한강에 투신자살을 시도하는 사람이 이틀에 한 명꼴이며, 하루 평균 43명이 한반도의 남한 땅에서 자살한다는 통계다. 어쩌다 이런 서글픈 세상 속에서 발버둥치며 살아가야 하는가? "자살하지 마라! 다시 태어날 줄 아나?" 최 명란 시인은 읊었다.

"내가 이룬 업적 중에서 가장 위대한 것은 내가 살아 있다는 것"이라고 스티븐 호킹 물리학 박사는 주장한다. 인간의 가장 큰 죄악은 희망을 잃는 것이다. 인간은 희망과 꿈을 잃어버리면 모든 걸 쉽게 포기하고 만다.

일본 오키나와를 여행하며 생선회를 먹었는데 육질이 물컹물컹해서 도저히 먹지를 못했다. 부산에서의 생선회 맛은 쫀득쫀득, 쫄깃쫄깃해서 입에서 살살 녹았다는 최 창석 명지대학교 정보통신학과 교수의 체험담이다. 오키나와의 물고기는 그리 힘들이지 않고도 입만 벌리기만 하면 입속으로 플랑크톤이 풍부하게 들어오는 데 반해서 우리나라 해안의 물고기는 플랑크톤을 구하려고 부지런히 움직여야 하기 때문에 생선회 맛이 좋다는 것이다.

　자연 상태의 금붕어는 일생 동안 약 1만 개의 알을 낳는 데 반해 어항 속의 금붕어는 3,000~4,000개의 알밖에 낳지 못한다. 위험이 없는 적당한 온도와 먹이 걱정이 전혀 없는데도 어항 속의 금붕어는 고통이라는 자연법칙의 진리를 제공받지 못하기 때문이란다. 세상에 아무런 고통 없이 살아가는 사람은 단 한 명도 없다. 실패라고 하는 것은 인생의 한 과정일 뿐이다. 1998년 나는 유명 언론사와 합작으로 인력 아웃소싱 전문기업을 설립했다가 5년 만에 접은 뼈아픈 기억이 있다. 그 체험을 바탕으로 2003년에 재창업해서 일하고 있다. 하늘은 절대로 단 한 번에 모든 걸 주지 않는다. '실패란 냇물이 모여야만 성공이란 큰 강물 줄기가 된다'는 자연의 진리를 깨우쳤다. '돈은 버는 게 아니라 좋은 일을 하면 저절로 따라온다'는 진실도 깨우쳤다.

　한때 주먹을 쥐지도 못하고 걷지도 못해 엎드려 기어서 다녀야만 했던 인고의 세월 속에서도 나는 희망의 끈을 놓을 수 없었다. 별의 별 생각도 해보았다. 고통이란 '인생의 쓰디쓴 밥이며 국'이라고 어느 시인은 갈파했다. 아무리 쓴맛을 보더라도 참고 견디며 희망이란 밧줄은 절대로 두 손에서 놓지 않았다.

하나님으로부터 지상의 인간에게 행복 보따리를 전해 주고 오라는 천사가 착한 사람을 찾아나섰다가 찾지 못하고 시간에 쫓겨서 급한 김에 전통 시장의 길 한복판에 던져 놓고는 천국으로 돌아간 것이라고 나는 믿는다. 살기가 팍팍하고 힘들 때 새벽시장에 나가 보라. 희망이 넘쳐 나는 행복 보따리가 길복판에 널려 있다. 그 행복 보따리를 어깨에 짊어지고 콧노래를 불러 보라. 이런 게 바로 대박이 아니겠는가?

감사하는 마음을 갖지 못하면 행복 보따리는 쉽게 보이지가 않는다.

한글을
국보 특1호로 하자!

1997년 유네스코는 세상에서 가장 과학적이고 합리적인 한글을 세계문화유산으로 등재했다. 《조선왕조실록》에는 '옛 사람이 천지자연을 본떠 만든 글자를 모방해서 임금이 친히 훈민정음 28자를 만들었다'고 기록되어 있다.

세계에는 160개의 언어가 있다. 이 중에서 가장 과학적이고 문자학적 가치를 지닌, 꿈꾸는 알파벳은 한글이라고 세계인들이 극찬하건만 막상 우리 한국인은 이에 무관심하고 대수롭지 않게 생각을 하니 참으로 안타까울 뿐이다. 만약 한글이 없다고 상상해 보라. 자체적으로 고유글자와 말이 없는 민족은 지구상에서 살아남을 수가 없다. 한글은 우리 민족 최고의 자부심이기에 10월 9일을 한글날로 정해서 기념하고 있다.

현재 한국어를 쓰는 인구는 7,730만 명이며 세계 인구의 12위에 해당한다. 우리나라 국내총생산액(GDP)은 세계 11위이고, 한국에서 공부하는 해외 유학생 수가 무려 10만 명을 넘는다. K팝, K뷰티 등 문화 예술계와 미용 분야도 한류의 바람을 타고 세계 시장에 우뚝 서있다. 이는 '아름, 바름, 다름과 빠름'으로 상징되는 우리 한글의 위대함이 그 원동력이다. 우리나라는 현재 남미, 아프리카는 물론 5대양 6대륙에 143개의 '세종학당'을 설립·운영하고 있다. 이는 우리나라 경제력과 직접 관련이 있다.

2009년 서울에서 고유문자를 가진 세계 16개국 대표들이 참가한 〈제1회 세계문자올림픽대회〉가 개최되었다. 이 현복 서울대학교 교수가 한글의 탁월함과 10가지 특별한 점을 발표해서 세계 16개국 심사위원들의 만장일치로 지구상 최고의 문자로 선정되어 금메달을 받았다. 은메달은 이탈리아어, 동메달은 라틴어가 받았다. 2012년 10월 태국 방콕에서 독일, 스페인, 포르투갈, 그리스, 인도 등 고유문자를 가진 나라와 타국의 문자를 차용해 쓰는 총 27개 국가가 참가한 〈제2회 세계문자올림픽대회〉에서도 한글이 또다시 그랑프리(Grand Prix) 대상을 받는 영광을 안았다. 2위는 인도 텔루그 문자, 3위는 영국의 영어가 받았다.

한글이 세계문자올림픽대회에서 영어, 이탈리아어, 라틴어, 인도어 등을 물리치고 위풍당당하게 2연승한 사실을 아는 우리 국민은 많지 않을 것이다. 이제부터라도 그동안 무관심하게 홀대해 왔던 위대한 한글에 대해서 자긍심을 가져 보자. 예전엔 '암클', '언문'이라고 천시받던 한글이 오늘날 세계에서 가장 훌륭한 최고의 음성문자라고 극찬을 받는다. 머지않은 미래엔 인류 모두가 공유하는 문자로 거듭날지도 모른다. 1994년부터 태국 라후족, 중국 로바족·오로첸족·어윙키족, 인도네시아 찌아찌아족, 솔로몬제도 과달카나주, 말라이타주의 6개 지역에 한글표기법을 전수했다. 남미 볼리비아의 아이마라족, 나나이족(중국·러시아), 아프리카 피그미족의 3개 지역에도 우리 한글을 보급하는 데 노심초사하며 힘쓰는 한글학자 이 현복 서울대학교 언어학과 교수에게 성원과 응원의 박수를 보낸다.

참고로 우리 한글의 10가지 특성은 이러하다.

1. 한글은 민본주의를 바탕으로 탄생했다.
2. 한글은 뛰어난 소리글자이다.(일본은 음절단위의 음절문자, 중국 한자는 애매모호하다)
3. 한글은 발음기관을 본떠서 만든 단 하나뿐인 음성문자다.
4. 한글은 구조가 조직적이고 체계적이다.
5. 한글은 세계 유일의 자질문자(소리 이하의 단위 표기)이다. 기본 기호에 하나의 획을 추가하거나 기호 자체를 중복하여 새로운 소리 자질이 가미된 글자를 새롭게 만들어 낸다.
6. 한글은 인류 공통의 발음기호이며 시각적인 음성언어다.
7. 한글은 만국 공통의 국제문자이며 가시문자이다.
8. 한글은 배우기 쉽고 기억하여 쓰기 쉬운 글자이다.
9. 한글을 바탕으로 국제 한글음성기호 개발이 가능하다.(1972년, 이 현복 교수 논문 발표)

10. 한글은 정보화 시대에 안성맞춤인 글자이다. 엄지족의 한글입
    력 속도가 세계를 제패했다.

한글의 간편함과 빠름, 그리고 정확함은 4차 산업시대 발전에 중요
한 성공요인으로 자리매김할 것이다. 외래어에 상처받고 국적불명의
조어(造語)에 고통받고 있는 우리 한글을 좀 더 아끼고 사랑하자. 아
울러 "한글을 국보 특1호로 하자!"는 이 현복 교수의 새로운 주장에 우
리 모두 함께 동참하자.

휴가의
목적

올여름엔 무더위가
극심해서 에어컨, 선풍기 없이는 못 살겠다고 아우성이다. 8월 하순에
들어섰건만 폭염은 아직도 기승을 부리고 있다. 그러나 절기는 자신
이 가고 오는 때를 안다. 어느덧 줄기차게 울어대던 매미 소리도 잦아
들고 새벽녘엔 가을의 전령인 귀뚜라미가 운다. 머지않아 가을이 오면
황금 들판엔 메뚜기도 나타날 게다.

올여름에도 제주에서 열린 최고경영자 하계 세미나에 참가해서 열
공(熱工)하고 돌아온 내게 여름휴가를 다녀왔는지 물어온다. 그럴 때
엔 "예!" 하며 씩 웃어 준다.

그런데 '휴가란 과연 무엇이며 어떻게 즐겨야 할까?'

쉰다는 휴(休) 자는 사람(人)+나무(木) 자로 되어 있다. 사람이 나
무를 껴안는 형상이며 사람이 나무에 기대어 선다는 의미로 풀어 본
다. 그 나무는 다름 아닌 사랑하는 가족, 친구, 대자연이거나 종교적인

하느님, 부처님 등 절대자가 될 수도 있으리라. 또는 배우고 익혀야 할 학문일 수도 있다.

다산 정 약용 선생이 200년 전에 무더위를 식히는 8가지 피서 방법을 '소서팔사(消暑八事)'라고 이름 붙여 우리들에게 세세히 일러 준다.

그 내용은
첫째, 소나무 아래에서 활쏘기를 즐기는 송단호시(松壇弧矢),
둘째, 홰나무 그늘에서 그네를 뛰는 괴음추천(槐陰鞦遷),
셋째, 빈 정자에서 투호놀이를 하는 허각투호(虛閣投壺)이며
넷째, 깨끗한 대자리 깔고 바둑을 두는 청점혁기(清簟奕棋)이다.
다섯째, 돈의문 밖 연못인 서지에서 연꽃을 구경하는 서지상하(西地賞
　　　荷)이며
여섯째, 동쪽 숲에서 매미 소리를 듣는 동림청선(東林聽蟬)이다.
일곱째, 비 오는 날에 시를 짓는 우일사운(雨日射韻)이며
여덟째, 발을 물에 담근다는 월야탁족(月夜濯足)이란다.

대도시 아파트촌에 둥지를 튼 도시인들이 이러한 피서 방법을 즐기기가 쉽지 않으리라. 우리나라 산하를 둘러보기보다 비행기를 타고 해외 유명 피서지로 가족과 함께 떠나는 사람들이 한 해에 무려 수백만 명이란다. 내년 여름휴가철엔 다산의 피서 방법을 한번 따라 해보

아야겠다.

2018년 10월 결혼 42주년을 맞는 나에게 비싼 돈 들이며 해외로 가지 말고 기차 타고 전국을 돌아보는 코레일(KORAIL) 휴가상품인 해랑열차를 권하는 이가 많다. 안해와 함께 기차여행을 떠나 보련다.

예전에 공군에서 군복무할 때 부대에서 휴가를 나오던 일이 떠오른다. 부대장이나 내무반 선임에게 휴가신고를 할 적엔 휴가의 목적을 복창하곤 했는데 지금도 또렷하게 이를 외우고 있다. "몸과 마음을 편하게, 그리고 체내의 불순물을 제거하고 내일의 전투준비에 만전을 기함에 있다!"라고 말이다. 휴가신고를 마치고 공군비행장 철조망을 벗어날 때면 왜 그리도 좋았는지 모르겠다. 휴가를 마치고 귀대할 적엔 발길이 참 무거웠다.

그러나 그 시절이 그립고 그때로 돌아가고 싶어도 갈 수가 없다.

견월망지심

개인이 속한 조직이나 자신의 이해관계에만 치중하여 상대방의 이야기엔 귀 기울이지 않고 자기 주장만 강하게 내세우기에 부딪히고 깨지는 소리가 여기저기 요란하다. 서로 헐뜯고 욕하는 정치판 싸움질도 가관이다. 입술에 침도 바르지 않고 TV나 신문지상에서 금방 탄로가 날 거짓말을 주절대는가 하면 탄로가 나도 '언제 그랬느냐'며 '아무 일이 아니다'고 치부하는 얼굴 두껍고 뻔뻔한 국회의원, 법조인, 정치인, 공무원, 장사꾼들이 비일비재하다. 어쩌다 이 지경에 이르렀을까? 자라나는 어린 청소년들에게 어른으로서 무엇을 어떻게 가르쳐줄 것인가? 얼굴을 들기가 참으로 부끄럽다. 그래도 진실을 말하고 정직하고 겸손한 자세로 국민을 위해 무한봉사하는 공직자가 수없이 많건만 찾아보면 그리 흔치가 않은 게 사실이다. 이런 부류의 사람들에게 내가 낸 세금으로 월급을 주고 있다니 세금을 내는 게 너무나 아깝고 안타깝다.

그들이 국회의원답게 일한다면 나 자신부터 국민으로서 납세의무를 다하는 데 이의가 전혀 없다. 국익을 최우선하는 선진국의 정치인이나 언론인, 그리고 공직자들에게서 배울 만도 하건만 국민이 낸 혈세로 해외연수는 허구한 날 다니면서도 그런 건 왜 안 배워 오는지 모르겠다.

독립운동가 월남 이 상재 선생을 떠올린다. 조선말기에 비누가 처음으로 들어왔을 때 당대를 주름잡던 민씨 집안에 수많은 대감들이 모여서 두 손을 씻고 세수하며 감탄하는 와중에 이 상재 선생은 "당신들은 얼굴에 있는 때를 씻어 내려 하지만 나는 뱃속에 있는 때를 씻어 내려고 비누를 먹는다"며 비누를 씹어 먹었다.

온 국민이 국가와 민족을 위해 달을 보라는데 손가락 끝만 쳐다보기만 하는 국회의원이나 공직자, 장사꾼들에게 빨래비누 한 상자씩을 선물해서 이들의 뱃속을 깨끗하게 청소하면 어떨까? 100년 전 월남 이 상재 선생처럼 비누를 씹어 먹게끔 말이다.

如愚見指月(여우견지월), 우자처럼 달을 가리키는 손가락을 보고
觀指不見月(관지불견월), 손가락만 관찰하지 달은 보지 못하는구나.
計著名字者(계착명자자), 이름과 글자의 개념에 집착하여
不見我眞實(불견아진실), 나의 실상을 보지 못하는구나.

석가모니가 능가성에서 설법한 불교 경전인 《능가경》 구절이다. 달을 가리키는 손가락 끝을 보지 말고 손가락 끝이 가리키는 달을 보라는 견월망지심(見月忘指心)은 공직자, 정치인, 기업인과 나를 포함한 직장인 모두의 가슴속에 깊이 새겨 두어야 할 좋은 말이다.

청년들의
득업비결

　　사람은 태어날 때부터 자신에게 주어진 문제를 풀며 살아간다. "으앙~" 하며 첫 울음을 토하며 세상에 태어난 후 배고파도 울고 기저귀를 갈아 달라며 우는데 배고픔과 축축함이 바로 문제의 근원이다. 성장하면서 순간순간마다 수많은 문제에 직면하며 이를 풀면서 살아간다.

　　개인이 시간을 제공하고 회사는 신분과 보수를 주는 직장생활도 같다. 회사나 공공기관에서 아무에게나 신분보장을 해주고 공짜로 급여를 주는 건 절대로 아니다. 회사나 공공기관에서 바라는 목표를 이루자면 수많은 문제를 슬기롭게 풀어내야만 보상받을 수 있다. 이런 문제를 잘 해결할 수 있는 '성공의 비법 5가지'가 있다.

서두르지 말고 천천히,
꾸준하게,

힘들고 막히면 잠시 제자리에서 쉬어 가고,

문제해결을 즐기면서 하고

절대로 중도에 포기하지 말라!

위 5가지 단어의 첫 글자를 따서 '천·꾸·쉬·즐·포'라고 한다. 어떤 일을 100% 성공시키려면 3가지 기본 생각을 해야 한다. 첫째는 지금 이 순간 행복하다고 생각하며, 둘째는 노력하면 성공할 가능성이 높고, 셋째는 젊다고 생각하라. 회사나 공공기관에서 40여 년 직장생활을 해온 경험에 비추어 나는 지식, 기술, 태도, 건강을 직장인이 갖추어야 할 4가지 기본 덕목으로 친다.

체험을 통해서 '직장인의 5대 의식'을 체계화해 보았다. 첫째는 일에 대한 목표의식을 분명히 하고, 둘째는 문제를 제대로 파악할 수 있는 문제의식을 갖는 것이다. 셋째는 원가개념을 바탕으로 한 원가의식이며, 넷째는 이 일의 주체는 바로 나 자신이란 주인의식을 갖는 것이다. 다섯째는 문제해결 의식을 갖는 것이다.

직장인이 버려야 할 '5무(無)주의'도 있다. 첫째는 무관심, 둘째는 무능력, 셋째는 무책임, 넷째는 무질서, 다섯째는 무절제이다. 이를 꼭 지우고 버려야만 성공한 직장인이 될 수가 있다.

40년 이상 함께 활동해온 인사전문가들과 머리를 맞대고 두뇌짜기(Brain-Storming)를 통해서 도출한 공통분모는 중국의 역사서《송사》에 나오는 '의인불용(擬人不用) 용인불의(用人不疑)'이다. '의심나는 사람은 쓰지를 말고 한번 쓴 사람은 의심하지 말라!'이다. 우리 회사, 동양EMS의 인사철학으로 삼고 있는 인재선발 기준이기도 하다.

최근 어느 유명 백화점의 옷가게 코너를 관리하는 사원 2명을 뽑으려는데 미국 아이비리그 명문대 졸업생이 70여 명이나 지원했다는 사실을 알고선 어안이 벙벙했다. 그 직무에는 고등학교 졸업 정도의 학력을 갖춘 인재를 선발해 배치하면 적절하지 않겠는가? 학력 인플레이션이 심해도 너무 극심하다. 젊은이들이 일자리 구하기가 하늘의 별 따기라지만 막상 회사에서 바라는 인재상에 맞는 구업자를 찾아보기는 참으로 어렵기만 하다.

해외에서 유학하고 영어, 중국어, 일어 등 외국어를 유창하게 구사하고 토익이나 토플 점수 높으며 각종 자격증을 많이 따기만 하면 취업이 아닌 득업(得業)을 쉽게 할 수 있다고 생각하면 곤란하다. 현실은 그렇지 않다. 회사나 공공기관에서 가장 우선시하는 인재선발 기준은 사람 냄새가 물씬 나는 '된 사람'을 구한다는 것이다. 학력이 높고 명문대 출신의 금수저, 은수저를 구하지 않는다. 회사에 들어와서 여러 가지 문제들을 지혜롭게 잘 풀 수 있는 인재를 구한다.

'저 사람과 이야기하고 싶다', '저 사람과 함께 밥을 먹고 차를 마시고 싶다', '저 사람에게 돈 빌려 주면 떼이지 않을 것 같다', '저 사람과 함께 일하면 좋겠다'란 첫인상을 줄 수 있어야 한다. 그래서 학력이나 각종 자격증을 경시하지는 않지만 남녀 차별이 없는 우리 회사만의 '8

가지 인재선발 요령'을 밝힌다.

1. 얼굴이 해맑은 사람을 선호한다.
2. 담배를 피우지 않는 사람을 선호한다.
3. 부모(조부모) 슬하에서 자란 사람을 선호한다.
4. 남자의 경우 병역 의무를 다한 사람을 선호한다.
5. 서거나 앉은 자세가 곧고 목소리가 활기찬 사람을 선호한다.
6. 밥을 맛있게 먹는 사람을 선호한다.
7. 팔자걸음을 걷지 않는 사람을 선호한다.
8. 스포츠를 즐기고 예문사철(예술·문학·역사·철학)에 능한 사람을 선호한다.

이의를 제기하는 분들도 있겠지만 회사나 공공기관에서는 정직하고 겸손하며 열정적인 사람을 구한다. 일을 즐기며 스마트하게 업무처리 할 수 있는 그런 인재를 말이다.

6善心과
아하야와

"이 세상에서 가장 긴 여행은 어떤 여행일까요?" 김 수환 추기경이 살아계실 때 사람들에게 이런 질문을 한 적이 있다. 사람들이 머뭇거리며 답을 못 하자 그는 이렇게 말했다. "나는 사랑이 머리에서 가슴(마음)까지 내려오는 데 70년이 걸렸습니다."

우리 마음속에는 지켜야 할 착한 마음이 있고 버려야 할 나쁜 마음이 있다. 김 수환 추기경의 그 마음은 바로 우리가 지켜야 할 6선심(善心)이다. 그렇다면 우리가 지켜야 할 6선심은 과연 무엇일까?

첫째, 사람은 믿음을 갖고 믿음으로 사람을 만나는 신심(信心)이다. 사람 인(人) + 말씀 언(言) = 믿을 신(信), 사람의 말을 믿는 것이 바로 믿을 신이다. 따라서 예수님 말씀을 기록한 것이 성경이며 부처님 말씀을 기록한 것이 불경이며, 마호메트 말씀은 코란이 아니겠는가? 그렇다면 당신이 한 말은 무엇일까? 그건 당신의 어록이다.

둘째, 세상의 모든 것을 담을 수 있는 넉넉한 큰 마음, 대심(大心)이다. 비록 간장종지, 소주잔 크기의 작은 그릇의 마음이라도 쉼 없는 수양과 인격도야를 통해서 3,000여 명 승려가 먹을 양의 밥을 지었다는 속리산 철솥처럼 변할 수가 있다. 한마디로 마음이란 그릇은 낭창낭창한 유연성이 있다.

셋째, 한마음으로 같은 생각을 하는 마음, 동심(同心)이다. 그래서 가계, 기업, 국가 등 어떤 조직이든지 소속집단의 CEO는 뜻 모아 한마음, 힘 모아 미래로 우분트(Ubuntu)하자며 앞장선다. Ubuntu(I am because you are)는 남아프리카 반투족의 언어로 만델라 前 대통령이 생전에 이 말을 참으로 많이 했다는데 "당신이 있기에 내가 존재한다"는 한마음(同心)의 대명사이다.

넷째, 모든 일에 겸손한 마음을 갖고 모든 사람에게 겸손하게 언행을 하는 마음인 겸심(謙心)이다. 이를 알기 쉽게 표현한 영어의 Understand(이해하다)는 Under(아래)＋Stand(서다)는 합성어이다. 상대방보다 높은 곳에 서지 않고 늘 상대보다 아래에 서야 함을 뜻한다. 상대방보다 두 계단(약 40cm) 아래에 서서 위를 쳐다보면서 대화하는 게 겸심(謙心)의 실행방법임을 나는 체험을 통해서 체득한 바 있다.

다섯째, 칭찬하는 마음, 칭심(稱心)이다. 옛 성현과 데일 카네기는 상대방을 칭찬하라고만 말하고 했는데, 사람들을 어떻게 칭찬해야 할지는 아무도 가르쳐 주지 않았다. 그래서 1968년 공군 입대 후부터 오늘 현재까지도 인사관리 업무를 수행해 오며 내 나름대로 칭찬하는 방법을 연구해 왔다. 상대방의 이야기를 잘 경청하는 게 상대를 칭찬하는 방법임을 알았다. 이를 'Daegila의 아하야와 이론'이라고 명명해 보았다. 훌륭한 지도자(Leader)는 모든 사람의 이야기를 메모하면서 경청한다. 그래서 리더(Leader)의 L자는 경청(Listen)이란 의미가 담겨 있다. 한마디로 상대방의 이야기를 정성을 다해서 경청하며 순간순간마다 맞장구를 쳐주는 게 상대방을 칭찬하는 방법이다. "아! 그렇습니까" "하! 대단하십니다" "야! 훌륭하십니다" "와! 존경스럽습니다"라면서 상대의 말문을 끊거나 막아서는 안 된다.

여섯째, 함께 행동하는 마음, 행심(行心)이다. 아무리 좋은 아이디어와 계획이라도 실행하지 않으면 허사다. 더불어 함께 생활하고 실천하는 행동하는 직장인이 되자. 맡은 일 처리는 스마트하고 완전무결하게 수행하자.

이분적 흑백 논리에서
벗어나자

또 한 해가 저물어 가고 있다. 부동산 광풍과 그를 제지하기 위한 정부의 잇따른 대책들, 최저임금 시행과 고용절벽, 그리고 남북관계 해빙모드로 그야말로 다사다난한 일 년을 보냈다. 그러나 전반적인 경기 침체에도 일자리 창출에 기여하며 인적자원 서비스 영역의 아웃소싱 산업은 지대한 역할을 했다고 자신 있게 말할 수 있다. 산업 자체가 규모를 체계적으로 갖춰 가고 있음이 느껴진다. 이제 우리는 새로운 과제를 풀어야 할 시기라고 생각한다. 우리나라 정치·역사·복지·문화 분야에서 사회갈등을 부추길 만한 소지가 큰 용어들을 이제부터는 바르고 정확한 개념의 신용어로 새롭게 바꿔야 한다. 특히 노동복지 용어의 대혁신을 과감하게 실행할 때라고 두 손을 높이 들고 소리 높여 외쳐 본다.

우리나라 노동관계법 용어를 들여다보면 일본의 각종 법령에 나오는 용어를 원문 그대로 베껴서 옮겨 놓은 게 수두룩하다. 어찌 보면 참으로 부끄럽기도 하지만 그 어렵고 힘든 옛 시절의 현실을 참작하면 어느 정도 공감이 간다. 법률적으로 공식용어인 '실업자', 구둣 발에 밟힌 듯한 느낌을 준다는 '실직자'란 말도 그렇다. 쉽게 말해서 '취업희망자' 또는 직업을 구하는 '구업자(求業者)'라고 부르는 것이 바람직해 보인다.

이제 '비정규직'이라는 용어가 일반화된 것을 알 수 있다. 다양한 근로 계약 형태를 나타내는 비정규직 개념이 정규직에 대비되는 흑백논리로만 알려지고 있다. '정규직'과 '비정규직'이란 용어를 누가 최초로 만들어 사회적으로 통용시켰을까? 정말 궁금한 대목이다. 이는 흑백의 이분법적 논리를 바탕으로 사회갈등을 부추기려는 조어자(造語者)의 의도적인 불순한 의도가 숨겨져 있는 것 같아서 씁쓸하다. '무기 근로계약직 사원'이나 '한정 근로계약직 사원'으로 명명하며 부름이 어떨까 제안한다. 산업현장의 근로자들이 싫어하는 '실(失)' 자나 '비(非)' 자로 시작되는 노동 용어들을 굳이 우리들은 꼭 써야만 하는지 의문이다.

고용노동부 산하의 '고용센터'라는 이름도 일자리를 찾아 헤매는 다수의 국민들의 눈높이와 감성에 맞추어 '취업지원센터'로 정착시켜야 한다. '실업급여'라는 용어도 '(재)취업지원 격려금'이란 용어로 말이다. '청소원'을 '환경미화원'으로, '운전수'를 '운전기사'로, 목욕탕 '때밀이'는 '목욕관리사'로 명칭을 바꾼 이후 돈 들이지 않고 그들의 근로의욕 향상과 자긍심이 높아진 것이 사실이다. '용역'이란 용어는 이제 휴지통에 던져 버리고 '인력아웃소싱'이란 용어로 쓰길 간절히 바란다. '도급'이란 말도 '위탁경영'이라고 함이 바람직하다는 주장을 덧붙인다.

수많은 위원회가 존재하지만 국가 미래 사회발전을 위해서 강력하게 설치 운용을 제안하고 싶은 '위원회'가 있다. 대통령 직속기구 또는 국무총리실 소속 아니면 고용노동부 소속으로 정부가 주도하기보다는 민간인 중심인 노사정공 포럼 산하조직으로 가칭 '산업사회 용어(심의 제정)위원회' 또는 '노동복지 용어위원회'를 상설 운영하여 사회·노동 용어의 왜곡으로 인한 극심한 폐해를 예방하고 잘못된 용어들을 바로잡고 제대로 된 방안이 하루 빨리 마련되길 나, 전대길은 제안한다.

잘못된 용어부터 바로잡는 게 적폐척결의 첫걸음이다. 지금부터 '바른 말, 고운 말, 적합한 말을 쓰자'는 캠페인을 펼치자. 후손들을 위해서 말이다.

무엇이
우리를 행복하게 하는가?

"행복과 불행은 한지붕 아래 산다. 번영의 옆방에는 파멸이 살고 있으며 성공의 옆방에는 실패가 살고 있다." 안 병욱 교수의 《사색의 노트》에 나온 글이다. 그렇다면 본시 옳은 일이 자신 속에서 일어난다(Happen)는 말에서 유래한 행복(Happiness)은 그 어디에서 오는가? 미국 갤럽의 톰 래스와 짐 하터는 지난 50년간 150개국, 1,500만 명에게 설문조사한 결과를 종합해서 최근《무엇이 우리를 행복하게 하는가?》라는 책을 펴냈다. "인간의 행복은 5가지 요소에 의해 결정된다"는 내용이다.

첫째는 일을 통한 행복이다. 일하지 않는 사람은 행복해질 수가 없다고 한다. 둘째는 가족이나 친구, 친지 등 인간관계를 통한 사회적 행복이며, 셋째는 경제적 행복, 넷째는 육체적 행복, 다섯째는 소속집단에서 더불어 함께 살아가는 공동체적 행복이다.

그런데 이 5가지 행복 중에서 1개 이상의 행복을 가진 사람은 66%

나 되며 5가지 행복 모두를 가진 사람은 7%라는데, 우리 아웃소싱 산업계에서 일하는 종사자 중에서 그 7% 내에 들어가는 이는 얼마나 될까?

최근 우리나라를 찾은 프란치스코 교황이 10가지 행복비법을 담은 '행복 10계명'을 제시했다.

다른 사람의 삶을 인정하는 게 으뜸이요, 사람들에게 관대하며 겸손하고 느릿한 삶을 사는 게 그 둘째와 셋째란다. 넷째는 가족과 식사할 때는 TV를 꺼라, 다섯째는 일요일은 가족과 함께 하라, 청년에게 좋은 일자리를 만들어 주는 게 여섯째이며, 자연을 사랑하고 존중하는 것이 일곱째다. 부정적인 태도를 버리며 자신의 신념 종교를 강요하지 말라는 것이 여덟째와 아홉째다.

그런데 우리네 현실생활은 이와는 전혀 다른 별천지에 떨어진 게 아닌가? 하는 의구심이 든다. '어쩌다 이 지경이 되었을까?'라는 자학 속에서 우리 사회는 신뢰붕괴로 인해서 상호 간 불신이 그 도를 넘었다.

다산 정 약용 선생은 200여 년 전, 오 대익 대감의 고희연에 보낸 글에서 '복(福)'에 대해서 이렇게 정의를 내렸다.

"인간의 복에는 열복(熱福)과 청복(清福)이란 두 가지가 있다. 부귀를 누리며 벼슬하며 출세하는 것을 열복이라고 하며 이와는 반대로 대자연의 품속에서 가족과 더불어 평안하게 살며 밤에 잠자리에서는 두 다리 쭉 펴고 아무 근심 걱정 없이 편히 잠 들 수 있는 삶, 이게 바로 청복이다."

우리는 열복을 추구할 것인가? 청복을 찾아나설 것인가?

한꺼번에 열복과 청복을 다 향유하기는 참으로 어렵지 않겠는가?

내 생각엔 젊어서는 열복을, 노년에 들어서는 청복을 갈구해야 하는 게 옳은 듯싶다.

돈은 버는 게
아니다

　　머지않아 여러 대학교의 졸업철을 맞는다. 대학 졸업식은 'Commencement'란 영어단어인데 이는 Commence(시작하다, 출발하다)＋Ment(명사형 접미사)의 합성어이다. 이제는 상아탑을 떠나 사회인으로서 새 출발을 하라는 의미를 담는다.

　　'경영(經營)'이라는 단어(Management)도 Man＋Age＋Ment의 합성어이다. 사람이 연륜이 쌓여 가면서 자기가 속한 집단이나 조직을 좀 더 능률적이고 과학적, 생산적 그리고 합리적으로 성장·발전시켜 나가는 일련의 행위라고 정의할 수 있다.

　　인사, 재무, 생산, 배급, 회계 분야로 구분하는 경영은 가계경영, 기업경영, 국가경영이 핵심주체이다. 이 중에서 기업경영의 목적은 (정당한 방법으로) 이윤을 창출해 내는 것이다. 회계연도 말에 대차대조표와 손익계산서에 흑자를 내야지, 적자를 낸다는 것은 최고경영자(CEO)의

무능으로 인한 죄악을 짓는 것이다.

그런데 요즘 수많은 기업인들이 벙어리 냉가슴 앓듯이 어렵고 힘든 난관을 겪고 있다. 법 앞에 만인은 평등하다고 말하지만 반드시 그렇지만은 않은가 보다. 막강한 권력을 쥔 통치권자가 기업인들을 불러서 사회기부를 강권하는데 누가 이를 거역할 수 있겠는가? 이를 따르지 않으면 기업 경영에 보이지 않는 족쇄를 채우거나 걸핏하면 세무감사를 해서 기업의 앞날은 가시밭길인데 말이다.

어두운 밤, 골목길에서 부랑아를 만난 격이 아닌가? 수중에 갖고 있는 돈을 강탈당하고 목숨을 부지하는 것과 무엇이 다르며 불상사를 당하는 것보다는 차라리 낫지 않은가? 사회기부라는 이름으로 기업으로부터 강제 모금한 돈은 소비자 물가에 그대로 반영·전가되어 결국엔 소비자인 국민의 부담이 된다는 진실은 삼척동자도 다 안다. 이런 상황에서 통치권자에게 뇌물을 주었다며 뇌물공여죄(?)라고 덮어씌우면서 기업인들의 해외 업무출장 길을 막는 건 어불성설이다.

힘없는 기업인들은 말 한마디 못 하고 벙어리 냉가슴만 앓고 있을 뿐이다. 정치지도자들이 기업하기 좋은 나라를 만든다는 게 바로 이렇게 하는 것인가? 앞으로 젊은이들 중에서 그 누가 한국에서 기업 활동을 하려고 하겠는가? 젊은이들의 일자리도 정부가 만드는 게 아니다. 수많은 기업인들이 불굴의 정신으로 기업 활동을 통해서 새로운 일자리를 창출해 내는 것이다.

우리나라에서 대한민국 정부의 정권이 바뀔 때마다 통치권자와 정치인들은 기업하기 좋은 환경을 만들어 주겠다며 호언장담을 했다. 그러나 실제 뒤로는 기업과 기업인들에게 보이지 않게 억압하고 기업 활동과는 전혀 관련이 없고 명분이 없는 기부행위를 하라고 온갖 억압과 회유를 해온 게 사실이다. 앞으로는 대한민국의 통치권자가 기업과 기업인들에게 국가와 사회에 강제로 기부를 강요하는 범법행위가 완전하게 사라지기 바란다.

그리고 대한민국 국회의원들에게 진심으로 바란다.

"기업의 부당한 사회기부 금지 법령'(가칭)을 조속히 입법하길 바란다. 그뿐만 아니라 경제민주화라는 이름으로 기업과 기업인의 자유로운 기업 활동을 옥죄려는 쓸데없는 법령을 만들지 말라! 기업과 기업인이 자율적으로 신바람 나게 일할 수 있게 그냥 내버려두라!"

대한민국
지도자의 조건

나의 희망사항을 담아서 지도자를 뽑는 선택 기준을 그려 본다.

가장 먼저, 저만 잘 났다고 '난 척하는 사람', 머릿속에 먹물이 잔뜩 들었다고 떠벌리는 '든 척하는 사람', 그리고 정직하고 겸손하며 열정적인 '된 사람'을 구별하는 일이 우선되어야 할 것이다. 평상시의 삶이 겸허하고 과묵(Calm)하며 투명(Clear)하고 가슴이 따뜻한(Warm) 사람, 고통과 희망을 함께 나누며 비전(Vision)을 제시하는 겸손하고 너그럽고 믿음직한 사람, 한마디로 'CCW형 지도자'라고 명명해 본다.

그뿐만 아니라 자유 대한민국과 시장경제 체제를 부정하는 어설픈 아마추어보다는 국민을 두려워하고 존경하며 목숨을 바치는 외민사상을 바탕으로 자유 대한민국과 시장경제 체제를 수호하며 국익과 국태민안에 불철주야 노심초사하는 지도자여야 한다. 두 눈을 씻고 찾으면 진정한 프로 지도자를 찾을 수 있다.

그냥 좋아서 즐긴다는 아마추어는 희랍어 '아망(Amang)'에서 유래한 말이다. 프로(Pro)에 대한 정의가 명약관화하지 않아 사전을 뒤적여 프로의 정의 3가지를 내려 보았다.

첫째는 '프로페셔널(Professional)의 프로다. 어느 전문분야에서 최고의 경지에 오른 사람이다.

둘째는 끊임없이 성장·발전하는 '프로그레스(Progress)의 프로다. 세상 사람들로부터 프로라고 인정받고 나서 중단하거나 연구하고 정진하지 않는 사람은 진정한 프로가 아니다. 청출어람의 훌륭한 후계자도 키워야 한다.

셋째는 한 분야에서 최고 경지에 올랐다고 해서 학계나 국가 사회에 보탬(Profit)이 되지 못하는데도 혼자서 거들먹거리며 목에 힘을 주는 사람은 진정한 프로가 아니다. 따라서 Professional의 Pro, Progress의 Pro, Profit의 Pro에 한 가지라도 빠짐 없이 완벽하게 필요충분조건을 갖추어야만 3Pro 또는 '진정한 프로'이다.

지구상에는 지도력(Leadership)에 관한 책자가 무려 25만 여 종류가 있다. 모두들 자기 자신만이 리더인 척하는 이들은 숱하게 많건만 훌륭한 지도자는 잘 보이지 않는다. 구글에서 '리더(Leader)'를 검색해 보면 3억 개 이상의 데이터가 나오는데, '지도자'의 뜻이 참으로 다양하다. 지도자를 뜻하는 Leader란 영문 글자를 내 나름대로 풀어 보았다.

L (Listen)은 상대를 직접 만나서 이야기를 (메모하며) 경청하고,

E (Explain)는 상대에게 알아듣기 쉽게 설명해 주고,

A (Assist, Advise)는 상대를 도와주려는 마음과 도움말을 주고,

D (Develop)는 상대의 장점을 칭찬해 주고 격려해 주고,

E (Evaluate)는 개인적, 사회적, 상황적인 평가를 제대로 하고,

R (Respond)은 상대에게 꼭 대답 또는 응신해 주는 것이다.

경영이란 가계경영, 기업경영, 국가경영의 3가지 분야로 구분한다. 가계경영, 기업경영을 체득하지 못한 지도자는 전후좌우 가리지 않고 오로지 조직원들에게 가시적인 득심경영에만 골몰한다. 언변은 유창하나 그 진실성이 부족하다. 국민복지 향상이란 이름으로 퍼주고 보자는 포퓰리즘(Populism)에 심취하면 부적격이다. 허리띠 졸라매고 손을 맞잡고 어려운 난국을 팀워크로 극복해야 한다.

국가를 경영하겠다는 지도자는 직장인과 마찬가지로 '지식, 기술, 태도, 건강'이란 4가지 기본 덕목도 갖추어야 한다. 경제주체인 기업이나 공공기관에서 아웃소싱 산업의 성장·발전을 통해서 더 많은 일자리를 새롭게 창출할 수 있도록 노동시장의 규제철폐와 유연한 노동정책을 펼치는 지도자를 찾아보자. 건강한 노사관계는 노동시장의 유연화에 그 바탕을 둔다. 새로운 국가 지도자는 학문적 지식, 실용적 지식, 현장 체험적 지식을 두루 갖추어야 하며, 우리는 이를 '신지식인'이라 부른다. 어느 한 가지만 부족해도 훌륭한 지도자로 부적합하다.

경영학에서는 (예비)지도자를 평가하는 3가지 기준이 있다. 그 첫

째는 개인적인 평가(Individual Evaluation)가 30점이다. 둘째는 사회적인 평가(Social Evaluation) 30점이다. 셋째, 상황적인 평가(Situational Evaluation) 40점이다. 위 3가지 평가항목을 세분화해서 백분율로 점수화할 수가 있다. 일반 기업조직이나 개인도 평가할 수 있다. 그리고 특별히 주의해야 할 요소가 있다. 둥근 보름달을 바라보면 밝은 달 주변에 뿌옇게 달무리가 지는데 이를 달무리 효과, 헤일로 효과(Halo Effect)라고 한다. 저 사람은 유명한 누구의 자식, 친인척이니 금수저나 은수저로 치부하다 보면 기업이나 국가의 인사관리 체계란 댐(Dam)은 쉽게 무너진다. 이를 막는 방법은 지도자의 확고한 실천의지와 인사원칙을 지키는 솔선수범뿐이다.

그리고 오랜 고민 끝에 위 조건에 부합하는 인물을 뽑았다면 그 지도자를 믿고 그가 성공할 수 있도록 조용하게 지켜보자.

상선약수와
상선약설

"어떻게 살아갈 것인가?"

이 물음에 노자 사상의 '상선약수(上善若水)'처럼 흘러가는 물처럼 살아가는 것이 바람직하다고 말들을 한다. 이는 몸을 낮추어 겸손하며 남에게 이로움을 주는 삶을 의미한다. 그러나 나는 지천명과 이순을 넘은 사람들에게는 '물'보다는 하얀 '눈'처럼 살아가는 게 낫다는 생각으로 '상선약설(上善若雪)'이라는 신조어를 만들어 보았다.

흰 눈은 언제, 어느 곳에 내릴지 그 누구도 모른다. 일단 지상에 내리면 뒤죽박죽으로 어지럽혀진 대지를 갓 시친 이불호청으로 덮은 것처럼 새하얗게 만들어 준다. 그리고 온 사바 세계를 맑고 향기롭고 포근하게 보듬어 준다.

그뿐만이 아니다. 따뜻한 햇볕이 비추고 날이 맑아서 기온이 상승하면 일언반구도 없이 스스로 저절로 녹아 내려 수증기로 변해서 하늘로 올라가든지, 그렇지 않으면 물이 되어 하천으로 강으로 바다로 흘러간다. 한마디로 있던 자리에 티끌만큼의 작은 흔적도 남기지 않고 홀연히 떠나간다.

뭇중생에게 무소유의 본보기를 올바로 보여 주고 극락왕생하신 법정 큰스님의 삶에 상선약설 네 글자를 투영해 본다.

가정교육,
어떻게 해야 하나?

교육(教育)이란 글자는 효도 효(孝)＋회초리 칠 복(攵)＋기를 육(育) 자로 이루어진다. 회초리 칠 복(攵) 자를 글 문(文) 자로 혼동하는 이들이 많은데 교육의 진정한 참뜻은 '회초리를 쳐서 가정의 효자, 학교와 사회에 꼭 필요한 인재로 길러냄'을 의미한다.

정치(政治)의 '정사 정(政)' 자도 바를 정(正)＋칠 복(攵) 자다. 한마디로 '자기 자신에게 회초리를 쳐서 바르게 한다'는 뜻이다. 여의도의 대한민국 국회의원 모두가 이를 명심하면 좋겠다.

몸 기(己)＋칠 복(攵)＋가죽 혁(革) 자로 구성된 '개혁(改革)'이란 말도 '가죽채찍으로 자신(종아리)을 내려치는 것'이다. 지난 시절에 어느 지도자가 개혁을 부르짖으며 자기 자신이 아닌 타인이나 대중(大衆)을 회초리로 때리려다 보니 개혁이 수포로 돌아갈 수밖에 없었던 것이다. 자기 자신을 매몰차게 때리는 게 바로 개혁이다.

어떤 행동의 기준을 뜻하는 영어 'Standard'는 군기(軍旗)라는 뜻에서 유래했다. 중세시대 전쟁에서 병사들이 전투를 벌일 때 성의 가운데 가장 높은 곳에 기를 꽂아 놓고 병사들로 하여금 결전을 치르도록 소통하는 의미가 있었다. 군기가 쓰러지면 병사들은 더 이상 전진하지 못하고 패퇴했다. 그래서 지금도 유럽의 성이나 각국의 국가나 공공기관, 군부대의 중심, 가장 높은 곳에 자신들의 정체성을 담은 깃발이나 국기를 게양해 놓고 늘상 이를 바라보며 생활의 기준으로 삼는다.

'Standard'라는 단어는 전쟁터의 용사들이 어떠한 공격에도 굴하지 않고 꼿꼿이 버티는 자세에 적용되어, '최후의 저항, 반항, 확고한 입장'이라는 의미를 지니고 있다. 여기에서 '사회의 최후의 버팀목'이라는 뜻을 내포하게 되었다. 기준이 무너지면 순식간에 가정이나 사회 그리고 국가가 무너질 수가 있다. 그렇다면 가정교육의 기준 Standard는 과연 무엇일까? 가정생활 속에서 부모의 언행이 바로 자식교육의 기준이 된다고 나는 믿는다.

'가정교육, 학교교육, 사회교육'은 교육의 3대 구분이다. 그렇다면 모든 교육의 바탕인 가정교육 기준은 무엇일까? 가정에서의 자녀교육 기준을 선각자들의 가르침으로 삼아 본다. 먼저 자녀들이 성장해서 행복해질 수 있는 삶의 기준을 살펴본다. 고대 그리스 철학자 플라톤은 '행복한 사람의 조건'을 5가지로 들었다.

첫째, 먹고 입고 살기에 조금은 부족해 보이는 재산

둘째, 모든 사람이 칭찬하기에는 약간 부족한 외모

셋째, 자신의 생각보다 절반 정도를 인정받는 명예

넷째, 팔씨름해서 한 사람은 이겨도 두 사람에겐 지는 체력

다섯째, 연설할 때 청중의 절반 정도의 박수를 받는 말솜씨

제35대 미국 대통령 존 에프 케네디와 국회의원 등을 배출한 '케네디 가문의 가정교육 4원칙'이다.

첫째, 밥상머리 교육을 중시한다. 약속과 시간의 중요함을 일깨우기 위해 식사시간을 지키지 않으면 절대로 밥을 주지 않는다. 아침식사 전에 〈뉴욕타임스〉 신문을 정독하고 식탁에서 토론한다.

둘째, 아버지가 자녀 교육에 열성적으로 신경을 쓴다. 자녀의 자존감을 키우기 위해 꾸중보다는 칭찬을 많이 한다.

셋째, 인적 네트워크를 중시하며 좋은 친구를 사귀도록 도와준다.

넷째, 단계(Step by Step)를 중시한다. 교육목표와 그 실행계획을 점진적으로 단계별로 교육한다.

조선시대 율곡 이 이의 어머니이며 여류문인, 서화가로 유명한 신사임당의 가정교육 6가지 기준을 현대인의 가정교육 방법과 기준에 맞춰 나름대로 설정해 본다.

첫째, 부모는 자녀의 거울이다. 자녀는 부모가 쓰는 말과 행동을 그대로 따라 한다. 자녀 앞에서 언제나 품격을 갖춘 말과 행동으로 부모로서의 모범을 보여 준다. 늘 공부하는 모습을 자식들에게 보여 주는

것이 최고의 교육방법이다.

둘째, 부부는 정으로만 맺어진 관계가 아니라 지성인 동반자다. 부부가 주제를 정해 늘 논리적으로 토론하는 모습을 보여 준다.

셋째, 자식들과 편지나 이메일, 문자메시지를 서로 주고받는다. 이를 통해 다양한 의견을 나눈다. 사임당과 율곡 선생 사이에 오고 간 편지에서는 모자 간의 애정을 넘어 학우(學友)로서 서로 성장해 가는 모습이 담겨 있다.

넷째, 부모가 할머니, 할아버지, 시부모, 장인 장모를 존경하며 자식들 앞에서 효행으로 조상을 잘 섬기는 모습을 보여 준다.

다섯째, 자녀에게 사사건건 간섭이나 강요를 하지 말고 독립된 인격체로 대하며 스스로 민주시민으로 성장하도록 도와준다.

여섯째, 거실의 TV를 끄고 독서와 토론 그리고 예술 활동을 함께 한다. 부모의 언행을 지켜보며 자녀들의 정서가 형성된다. 필요한 용돈만 주는 게 만능이 아니다. 부모의 말이 거칠면 자식들 말도 부모처럼 거칠고 험악해진다. 부모가 일상생활 속에서 자식들에게 올바른 모범을 보여야 한다.

90세가 된 첫날에 김 동길 교수가 전한 인생 소회는 많은 걸 생각하게 한다.

"오늘은 1928년생인 내가 90세가 되는 첫날이다. 옛날에는 60세 회갑만 되어도 오래 산다고 했는데 70을 지나 80을 지나 이제 나이가 90세라니… 이게 웬 말인가? 부끄럽기도 하나 좀 자랑스럽기도 하다."

"나는 나이 열여덟에 시골 국민학교 교사로 인생을 시작했다. 대학에 다닐 때에는 주일학교 교사였으며 대학을 졸업한 뒤엔 중·고등학교에서 영어를 가르쳤다. 그 후에는 대학교에서 전임강사로 일했다. 은퇴하기까지 교편을 잡고 후배들을 가르쳤다. 4년 동안 국회의원 노릇을 했지만 사람들은 나를 의원이나 대표라고 부르지 않고 그냥 김 교수라고 불러 주었다. 그런데 오랜 세월 동안 나는 대학교수로서 제자들이나 후배들에게 과연 무엇을 가르쳤는가? 나 스스로 자문자답한 교훈(12가지)이다."

1. 거짓말을 하지 말자.

2. 남의 말을 하지 말자.

3. 굽히지 말고 떳떳하게 살자.

4. 남을 괴롭히지 말자.

5. 언제나 사회의 약자의 편에 서자.

6. 부지런하게 일하며 살자.

7. 건강이 제일임을 명심하자.

8. 돈의 노예는 되지 말자.

9. 작은 일에도 최선을 다하자.

10. 진실한 친구 두 서넛은 있어야 한다.

11. 부모를 공경하고 이웃을 사랑하자.

12. 언제, 어떤 상황에서도 죽음 앞에서는 태연하자.

"나는 날마다 위 12가지 삶의 기준(다짐)을 내게 일러 주었다. 제자들에게도 이렇게 가르치면서 여기까지 살아왔다. 이젠 내게 남은 세월이 길지 않다는 걸 나는 안다."

자식들을 위한 가정교육 기준을 어떻게 정해야 할까?

나는 플라톤과 케네디, 신 사임당 그리고 김 동길 교수에게서 그 기준을 찾아보길 제안한다. 자식들의 미래의 삶은 부모의 가치관과 평소 언행에 따라 잣대로 잴 수가 있다. 부모는 자식들의 눈에 비치는 거울이기 때문이다.

가정교육,
이렇게 하면 어떨까?

지난 8월 8일(수), '가정교육, 어떻게 해야 하나?'란 금과옥조 같은 Dae-gila 칼럼을 읽고서 내 생각은 조금 달라서 편지를 쓴다. 가정교육은 부모가 자녀를 대상으로 한 교육이지만 그 범주가 너무 넓다. 성장 상태에 따라 교육방법도 조금씩 다르다. 나는 청주교대와 서울교대를 졸업하고 초등학교 1학년 담임으로 교직생활을 시작해서 국가대표급 빙상 선수들을 많이 키워낸 서울은석초등학교 교장을 끝으로 정년퇴임을 했다. 자식교육에 성공하지는 못했지만 일평생 교육자로서 자긍심 하나로 살아왔다. 가정교육에 관해서 나의 진솔한 생각을 밝힌다.

유태인의 5,000년 예지가 담긴 《탈무드》를 바탕으로 가정교육 기준과 방법을 되찾기 바란다.

맨 먼저 부모가 품격이 있는 말과 행동의 모범을 보여야 한다. 자녀가 부모의 언행을 따라서 실행하도록 행동화, 습관화해야 한다. 그 기준과 방법이 다르면 자녀들에게 혼란을 줄 수 있다. 예를 들어 밥상머리 교육도 식사예절과 식사 준비, 먹는 습관, 식사 도구의 사용과 마무리를 제대로 정리 정돈하도록 습관화해야 한다. 남들을 짓밟고 나 혼자서만 잘 먹고 잘 사는 게 성공은 아니다. 주변의 어렵고 불우한 사람들을 남몰래 도울 수 있는 능력을 갖추는 게 성공이라는 마음가짐을 갖게 하자. 만인에게 봉사하고 감사하는 일을 자녀와 함께 꾸준히 실행하고 생활화하자. 마찬가지로 예절과 친구관계, 안전생활, 약속실천 등을 개인의 특성에 맞게 생활화해야 한다. 바른 생활을 실천하며 긍정적이고 밝은 모습의 습관화가 필요하다.

인간이란 이기적인 동물이다. 내 희생이 없고 실천하지 않는 말은 공허한 메아리다. 부모가 자식들과 함께 바른 생활로 습관화하는 것이 올바른 인성을 갖춘 자녀교육의 기본 바탕이다. 가정교육의 강도가 약하면 습관화되기 어렵다. 너무 강하면 이중인격자가 될 수 있다. 자녀들에게 중용과 중도의 가정교육을 표방하는 게 좋다. 부모가 좋은 덕목을 골라서 자녀에게 권장함이 좋다.

"대길 친구의 칼럼과 포인트가 좀 벗어났지만 부모와 자녀 간에 진솔한 토론을 통해 도출한 덕목을 실행하는 게 바람직하다. 한평생 훈장으로 살아온 나의 둔필을 읽어준 것만으로도 족하다. 아는 척하는 게 버릇이니 이해 바란다."

-연식-

위 내용은 충청도 보은의 어릴 적 고향친구인 구 연식 서울 은석초등학교 前 교장이 교육전문가로서 보내온 글이다.

다음은 미국 캘리포니아 산호세에서 세탁소를 차려 미국의 '세탁소 왕'으로 이름을 날린 문 기준 사장이 보내온 미국의 가정교육 사례다.

집안 청소, 마당의 잔디 깎기, 부모님 구두 닦기. 부엌의 설거지와 가족의 빨래(세탁기 돌리기) 등 가사를 분담하게 한 후에 자녀들에게 용돈을 준다. 노동의 신성함을 느끼도록 지도하며 그 대가를 준다. 언제, 어느 곳, 어떤 상황에서도 세상에 공짜는 없음을 가르친다.

군인이나 소방관, 경찰 등 제복을 입은 사람들에게 자녀들이 무한 존경심과 감사와 사랑을 보내도록 가르친다. 미국에서 생산되는 쌀, 쇠고기, 감자 중에서 최상급 농수축산물은 군부대에 우선 납품한다. 중하급 농수축산물은 미국 시민의 식탁에 오름을 당연하게 인식하도록 밥상머리 교육을 시킨다.

미국 가정에서는 가족 간에 식탁에서 진솔한 대화와 토론을 한다. 미국인은 토론을 통한 합의 도출을 생활화하며 소수 의견도 배려한다. 가족과의 자유로운 대화방인 'Family Room'을 따로 둔다. 'Family'는 'Father And Mother I Love You'란 의미다.

미국에서 학생인 자녀의 가정생활은 공부하기 30%, 친구와 놀기 30%, 운동하기 30%, 나머지 10%는 자유시간으로 배분한다. 한국처럼 공부하라는 말은 절대로 말하지 않는다. 학생인 본인이 스스로 자발적으로 학습하도록 격려하고 도와준다.

미국 유치원생들을 위한 생활교육의 주요 내용이다. 첫째, 자기 스스로 자기 일을 하도록 독립적 주인정신을 길러 준다. 둘째, 남에게 피해 주지 않으며 양보하기(After you)를 생활화한다. 셋째, 법이나 사회규칙 등 준법정신을 철저하게 가르친다. 넷째, 주변을 어지럽히지 않고 청결하게 정리정돈을 시킨다. 다섯째, 자신에게 맡겨진 임무와 책임은 꼭 완수토록 가르친다.

미국에서의 중·고교, 대학생의 생활교육 실태이다. 첫째, 중학생은 주 25시간, 고등학생은 주 40시간의 아르바이트를 한다. 고교생의 25%인 4명 중 1명만이 대학을 간다. 자기 스스로 아르바이트해서 대학 학비를 마련토록 한다. 미국에서는 대학을 진학하기 위한 재수란 없다.

둘째, 집 주변의 소상공인을 위해 무상으로 청소봉사를 한다. 봉사점수는 대학 입학 전형에 반영된다. 셋째, 18세가 되면 어른으로 대우한다. 자동차 운전면허를 딴다. 18세가 되면 집을 떠나 독립하도록 돕는다. 출가하지 않으면 부모에게 생활비를 내야 한다. 넷째, 자식에게 유산을 남겨 주지 않는다. 18세가 되면 2억 원 정도의 사업자금을 은행에서 융자해 준다. 다섯째, 초·중·고·대학의 졸업식장에서는 주인공인 졸업생들이 단상에 앉고 선생과 학부모는 단하에 앉는다. 한국에선 자식들의 대학교 학비를 부모가 대주며 자동차를 사주고 시집, 장가를 보내 준다. 그것도 모자라서 신혼집 전세자금까지 마련해 주는 풍토다.

'태도가 모든 것(Attitude is Everything)'이며 '미소는 돈이 들지 않음(Smile cost Nothing)'을 자녀들에게 각인시킨다. 부모로서 어른들의 직장생활도 가정교육과 직결된다.

첫째, 회사의 일과는 아침 7시에 시작해서 오후 5시에 퇴근한다. 회사 사장이 지나갈 때 어깨를 치면서 "Hey, John! See you tomorrow"라고 인사해도 무방하다. 수직조직이 아닌 수평조직이기 때문이다.

둘째, 부모는 회사 일이 끝나면 곧바로 학교로 가서 자녀들이 즐겁게 운동하는 모습을 지켜보며 격려하고 응원한다.

셋째, 집 안에 귀중한 것이 있으면 학교에 기부한다.

-기준-

지금까지 구 연식 교장과 문 기준 사장이 보내온 글을 원문대로 옮겼다. 유대인의 탈무드와 토론문화 그리고 미국 가정과 학교에서의 교육 사례에서 보듯이 한국인의 가정교육, 학교교육에서 참고할 만한 게 있다. 가정교육 기준과 실천 방법은 사람마다 다르기에 독자의 판단에 맡긴다.

신 현확 前 국무총리의 가정교육에 관한 숨은 이야기로 갈무리한다.

일주일에 한 권의 양서를 아버지와 아들이 정독한 후에 주말에는 그 책자의 핵심 주제를 중심으로 부자가 밤을 지새며 격론을 벌였다고 한다. 결론을 도출하면 다음 주에 읽고 토론할 새로운 책자를 나누어 가졌다는 전설적인 가정교육 이야기는 예전에 신 오식 두산중공업 대표이사에게 전해 들은 비화다.

노동시간과
인시수

　　　　　　　　　　　　　　　　　　　2018년 7월 1일부터
정부에서 워라밸과 근로자의 저녁이 있는 삶을 위해 근로자가 주간
52시간 한도 내에서 일하도록 근로기준법을 시행한다. 워라밸은 '일과
삶의 균형(Work and Life Balance)'을 뜻한다. 그 시행을 6개월 늦춘다고
는 하지만 버스 운송업체나 생산현장의 교대근무를 시행하는 기업이
나 제대로 준비하지 못한 기업에서는 새로운 인력증원과 충원대책에
골머리를 앓고 있다. 기업에서 조직원들의 친목도모와 사기앙양을 위
한 회식시간과 흡연자의 끽연시간 등을 근로시간에 포함 여부를 놓고
고용노동부에 질의하건만 명약관화한 기준이 마련되어 있지 않아 혼
란스럽다.
　　경영학에서는 자본과 토지, 노동을 기업경영의 3대 요소로 삼는다.
여기에 경영을 포함해서 경영의 4대 요소라고 한다. 기업경영의 '인사,
재무, 생산, 배급(마케팅), 회계'를 경영의 5대 분야로 친다. 그리고 기

업의 지속경영을 위해 분야별로 기획(Plan), 실행(Do), 사후관리(See)의 경영순환과정을 PDS 사이클 또는 경영 사이클(Management Cycle)이라 한다. 어떤 학자는 PDCA 사이클이라고 한다.

노무관리(Emploee-Relations), 인간관계관리(Human-Relations)와 노동조합과의 집단관계인 산업관계관리(Industrial-Relations) 등 3R(ER, HR, IR)은 기업경영의 '노동문제의 핵심'이다.

일반 기업에서는 신규 노동인력을 선발·채용하기 전에 반드시 인력의 소요판단 작업을 선행한다. 부서(팀)별·개인별 직무조사, 직무분석, 직무평가 작업을 거쳐서 적정 소요인력을 판단하여 책정한다. 이런 과정을 '물고기뼈 도표(Fishbone Diagram)'를 만들어 인사노무관리에 활용한다.

기업마다 아무런 계획이 없이 무턱대고 신입사원이나 경력사원을 뽑는 게 아니다. 새로운 일자리는 새로운 일거리가 있어야 한다. 마찬가지로 일자리를 늘리기 위해 수많은 공무원을 일시에 늘린다는 것은 인사관리 원칙에 어긋난다. 두부모 자르듯이 마구잡이 소요인력을 추정하는 것은 인사관리 원칙과 사리에 맞지 않는다. 그뿐만 아니라 정부에서 기업에 신규인력 채용을 실업문제 해결을 위해 늘려 달라고 권장할 수는 있어도 이를 보이지 않는 힘으로 강제할 수는 없다.

따라서 OECD 국가나 지구상의 모든 기업이나 공공기관의 인사노무부에서는 사업별, 계절별, 특성별로 사무직·생산직 사원의 소요인력을 면밀히 판단하여 인시수(人時數), Man-Hour(M/H) 작업에 주력한다. 기업에서 필요한 인시수 산정 작업에 알아두어야 할 인사노무관리의 기본 용어이니 관심을 갖기 바란다.

먼저 한 사람이 일주일에 52시간씩 52주를 근무한다면 총 인시수(總人時數=Total-M/H)는 2,704(52시간×52주)M/H이다. 이를 '활용가능 인시수(Available-M/H)'라고도 한다. 기업에서는 개별 총 인시수에 종업원 수를 곱하면 된다.

'직접 인시수(Direct-M/H)'는 실제 본연의 자기 자리에서 열심히 일하는 인시수(M/H)이다. 사용자의 관리영역 안에서 휴게시간, 끽연시간, 화장실 이용시간, 직원 간에 커피 한잔을 함께 하는 시간 등을 '간접 인시수(Indirect-M/H)'라고 한다. 하루에 1시간, 일주일에 6시간이라고 친다면 연간 312(6×52)M/H를 '손실 인시수(損失人時數=Loss-M/H)'로 산정할 수 있다.

그리고 법정 공휴일, 각종 기념일과 주 5일 근무기준 토·일요일 휴무시간과 회사창립기념일, 노동조합창립기념일 휴무와 본인 결혼이나 친척의 경조사 휴가, 연월차 휴가 등을 근로시간에 반영해서 '실근로시간(Actual-M/H)'을 계산해 보라.

내가 대한항공 인사부 인사노무관리 책임자로 일할 때 100명의 사무직 근로자들이 1개월간 일하는 직접 인시수(Direct-M/H)와 간접 인시수(Indirect-M/H)를 실제로 직접 측정한 조사 결과다. 하루 8시간 근무 중에 열심히 일한 실제 시간은 35%인 3시간 정도였으며, 나머지

65%인 5시간은 간접 인시수였다. 생산직 사원들의 인시수 통계는 부득이한 사정으로 측정·조사하지 못했다.

나는 한국경영자총협회 경제협력 해외시찰단원으로 미국과 캐나다, 영국, 프랑스, 독일, 네덜란드, 호주, 뉴질랜드, 일본, 중국과 대만, 홍콩 등의 산업현장을 두루 견학한 적이 있다. 일본 도요타 자동차공장과 사무실 노동현장도 둘러보았다. 모든 근로자가 한눈 팔지 않고 오로지 열심히 일하는 업무집중도와 노동강도는 우리나라 근로자와는 비교할 수 없을 정도로 높아 보였다.

똑같은 근로시간이라도 노동의 품질은 한눈에 보아도 확연하게 달랐다. 미국, 일본, 캐나다와 단순 비교를 하더라도 우리나라 근로자의 노동생산성이 그들보다 뒤처지는 이유를 느낄 수 있었다. 우리나라 D 자동차 근로자와 일본 근로자들이 일본에서 공동으로 일하는 연수 프로그램에서 우리 근로자들이 너무 힘들다고 빨리 귀국하겠다고 해서 10일 만에 조기 귀국을 시킨 잘 알려지지 않은 이야기도 있다.

그뿐만 아니라 정부 당국자와 노사 모두는 겉으로 드러나는 주 52시간만을 보지 말고, 실제로 열성을 다해 선진국 근로자들의 노동강도와 노동시간의 품질 이상으로 양질의 직접 인시수(Direct-M/H) 비율을 높이는 운동을 병행해야 한다. 선진국과 한국 근로자들의 노동강도와 노동생산성을 비교한 자료를 찾아보기 바란다.

북극의 빙하는 물 밖으로 드러난 얼음이 10%이며 얼음 속에 잠겨 있는 게 90%다. 물 밖으로 드러나지 않은 90%의 빙하처럼 우리나라 근로자의 나타나지 않은 노동의 질을 높이는 데 노·사·정이 함께 힘을 모을 때이다. 7월 중순에 노·사·정·언이 참가한 노사공포럼에서 이와 관련한 워크숍이 열린다.

마음을 터놓고 중지를 모아 우리 후손들의 밝은 미래의 삶을 위해 참가자 모두가 보람찬 시간을 보냈으면 하는 바람이다.

기업이나 사회변혁은 급진적보다는 도산 안 창호 선생이 주창한 점진적인 개혁이 바람직하지 않을까 생각해 본다.

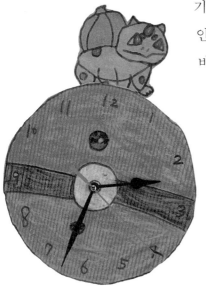

세계 한글작가대회
참가기

    말과 글, 예술이 존재하는 한 그 어느 민족도 멸망하지 않는다. 유럽 동부 내륙의 작은 나라, 벨라루스처럼 자체적인 언어를 갖고 문학예술이 존재하면 절대로 망하지 않는다. 따라서 말과 글은 참으로 소중한 것이다.

    '예술의 꽃'은 문학이고 '문학의 꽃'은 시다. 시의 꽃은 낭송에 있다고 문단의 선배 문인들이 말한다. 또한 문인들은 "시란 사람 생각이 우주의 자장을 뚫고 만물의 소리를 듣는 것"이라고 말한다. 그렇다면 문학이란 과연 무엇일까? '문학은 사상이나 감정을 언어로 표현한 예술, 또는 그런 작품, 시, 소설, 희곡, 수필, 평론 따위가 있다'라고 국어사전은 정의한다.

    "문학을 하는 건 축복이며 그걸 지키고 나누는 건 고통이다. 그 고통은 한글이 주는 기쁨이며 문학은 어울림이다. 문학은 어려움에서 희망과 용기를 구하는 것이며 삶의 고난과 역경을 극복해 나가는 것이다. 시는 술이요, 산문은 밥이다"라고 이 상문 소설가는 갈파한다.

"언어의 혼탁과 나락, 타락에서 언어를 순화시키고 승화시키자."
"맥시코인들은 글과 문화를 빼앗겨서 저(低)문명국으로 전락했다."
"고장난 인생을 수리하는 게 문학이며 영혼을 밝고 맑게 따뜻하게 해
주는 것이 문학"이라고 김 홍신 소설가는 정의한다.

이렇듯 문학이란 구심점으로 한데 모인 '간 큰 글쟁이들'이 한국문
화의 발상지인 경주에 오니 가을이 기다리고 있었다. 세계 18개국에서
온 500명 한글작가들이 참가한 〈세계 한글작가대회〉가 자랑스럽다. 한
글은 한민족의 고유한 정신과 독창적인 생활문화가 담겨 있다. 2015년
이 대회에 참가한, 프랑스가 낳은 노벨문학상 수상자 르 클리에르 작가
의 문학 특강은 문인들의 자긍심을 심어 주었다. 그는 한국과 프랑스
관련한 신작 장편소설을 쓰고 있다.

그리고 당시 지진으로 인한 뜻하지 않은 천재지변을 당한 경주시
민들에게 문인들이 위안과 용기를 보냈다.

문학은 어려움에서 희망과 용기를 주는 것이며, 문학은 삶의 고난
과 역경을 극복해 나가는 것이라며 〈세계 한글작가대회〉의 문인들이
경주시민에게 보내는 희망가를 노래할 적엔 작은 떨림과 울림이 일었
다.

작가대회의 진행을 맡은 김 홍신 소설가는 "한국 문화의 발상지인

경주가 지진으로 인해 더 강해지는 한국이 되자!"며 오른손 주먹을 높이 들어 파이팅을 외쳤다.

경주에 갈 때 한국인으로서 진평왕릉을 참배하지 않으면 신라를 만나지 못하는 것과 같다. 신라시대 화랑을 만든 이는 신라 26대 진평왕이다. 혼자 진평왕릉을 찾아서 둘러 보라. 992년간의 신라 역사를 음미하면 자긍심과 평안함을 찾을 것이다.

김 경식 국제펜클럽 한국본부 사무총장은 "꿈에 가까이 다가서서 준비하면 그 꿈은 반드시 이루어지며 도전은 새로운 가치를 찾아나서는 것"임을 진평왕릉을 둘러보며 강조했다.

"내가 없으면 세상도 없다."

"젊은이들이여, 인생을 살아가기보다는 살아내자!"

"오늘밤을 지새우더라도 내 인생 최고의 시를 쓰겠다."

"오르지 못할 나무는 쳐다보지 말라가 아닌 쳐다보고 올라가라!" 선배 문인들의 가르침을 마음속에 아로새기며 이를 배우고 실행하려고 노력하는 삶을 살아간다는 신 달자 시인의 말도 마음에 새겨본다.

"보이지 않는 마음을 들어 올리는 게 시인이니 이 돌쯤은 단번에 들어 올려라!" "한글을 아끼고 사랑하라. 더 격렬하게 껴안아라!"는 박두진 시인의 가르침도 새롭게 다가왔다.

문학 관련한 새로운 정보가 전해진다.

2015년까지 2,000여 종의 한국문학 작품이 외국어로 번역되었다.

세계 52개국에서 34개 언어로 번역되었으며, 111종의 작품 중에서 53
종의 문학작품이 출간되었을 뿐이다. 미국이나 일본에서 한국문학 작
품의 시장점유율은 3% 미만이다.

우리나라 농촌에 가면 10가구 중에 4가구가 다문화 가족이다. 우리
나라로 온 이주노동자도 무려 200만 명이다. 이들을 위한 새로운 글쓰
기 장(場)이 설 것이란다.

미국 서부 L.A에도 〈한국 번역가협회〉가 생겨났다. "한글의 세계화
와 한류문화의 발전을 위해 세계인의 보편적 문자를 한글로 발전시키
자"는 미국에서 온 한글작가의 주장에 공감한다. 시카고에도 여류 문
인으로만 조직된 〈예지문학회〉가 있다. "시카고엔 35만7,000명의 한
국인이 살고 있는데 한국인이 해외에서 산다는 것은 문학의 이득을 보
는 것이고, 머지않아 미국 주류사회에 한인 2~3세들이 많이 진입할
것"이라고 김 영숙 시카고문인협회장이 밝힌다. 한글에 반한 시카고
대학교 제임스 맥콜리 교수는 "한글은 학문적으로 최고"라고 주장한
다. 샌프란시스코에 〈버클리문학회〉도 생겨났다. 캐나다 토론토, 벤쿠
버에도 〈한인 문학회〉가 활동하고 있다. "가장 한국적인 것이 가장 세
계적이다. 한글의 세계화를 위해 힘쓰자. 가장 중요한 것은 한글작품
을 영어로 번역하는 것이다. 한글에 관한 좋은 번역자를 찾을 수 없으
며 번역료가 너무 비싸다. 시 한 편 번역료가 20만원이며 감수까지 받
으면 30만원"이라고 캐나다 토론토에서 온 권 천학 시인은 말한다. 마

침 서울~경주행 KTX의 내 옆 좌석에 앉게 된 권 시인과 가는 내내 문학 이야기를 나눴다.

중국 56개 소수민족 중에서 〈연변작가협회〉에 800명의 문인이 활동 중이다. 중국 문단에는 5명의 한인 작가가 활동하며 10여 종의 문학지가 나온다. 그러나 "중국 내 우리 한민족의 종족 번영체가 점차 해체되고 있어 안타깝다"고 연변에서 온 한글작가가 말한다. 중국 동북 3성에 조선인 학교가 1,500곳에서 지금은 100여 곳으로 줄었다. 흑룡강성 내에도 15개 학교만 남아 있어 안타깝기 그지없다. 호주의 한인 교포는 15만 명인데 시드니에 11만 명이 산다. 〈호주 한인문학회〉, 〈시드니문학회〉, 〈시드니 굴링쇠문학회〉 등이 활동한다. 독일에도 〈베를린문향회〉가 있다. "〈베를린 한인회〉는 8,000명인데 종합문예지가 아닌 시 동인지 《날개》를 발행하고 있다"고 독일에서 온 한글작가는 말한다. 해외에서 한민족의 언어와 문자 보존을 위해 활동하고 있다. 후손들에게 한글을 유산으로 남겨 주려고 문학지를 발간하고 있다. 한국문학은 유럽에서 시계방향으로 한반도로 돌아온다. 아프리카, 남아메리카(브라질, 아르헨티나 등)와 북미를 거쳐 한국문학의 태동기가 온다고 전망한다. '고국을 향한 그리움', '문화충돌과 적응', '가난에서 벗어나기 운동' 그리고 '경계인의 정체성 찾기' 등을 해외에서 나타난 한글 문단의 특징으로 꼽았다. 지구상에서, 세계에서 문인 수가 가장 많은 나라가 대한민국이다.

한글을 쓰고 한국어를 쓰는 인구는 세계적으로 7,730만 명이다. 이는 세계 인구의 12위이며 국민총생산(GDP) 대비 세계 11위이다. 세계 각국에 143개의 세종학당이 설립·운영되고 있다. 남미나 아프리카에도 세종학당이 있다. 이는 대한민국 경제력과 직접 연관이 있다. 그러나 1990년대의 IMF 때 터키에서 세종학당을 2년간 운영하지 못한 아픈 과거도 있었다.

"경주 지진은 한국인들에 대한 하늘과 땅의 꾸짖음이 아닌가? 과거에 '빠르고 편안함'을 추구했다면 지금은 '느림과 여림'을 추구하는 문학인이 되어 달라"는 이 대원 동국대학교(경주분교) 총장의 바람도 들었다.

이 현복 서울대학교 언어학과 교수의 '한글의 과거, 현재와 미래'란 주제의 특강은 최고의 인기 강좌였다. "과거엔 '암클', '언문'이라고 천시받았으며, 현재는 세계인이 한글을 최고의 탁월한 우수한 문자로 인정했다. 따라서 '한글은 국보 특1호로 지정'되어야 한다. 그리고 미래에는 우리 한글이 인류의 공통의 문자로 태어날 것"이라고 노교수가 열변을 토한다.

"2009년 서울에서 〈세계문자올림픽대회〉가 열린 바 있다. 고유문자를 가진 세계 16개국 대표들이 심사위원으로 참가해서 심사하고 평가한 결과, 우리의 한글이 금메달(세계 1등)을 땄다. 만약 한글이 없다고 상상을 해보라! 한글은 우리 한민족 최고의 자부심이다. 한글은 대한민국 최고의 보물이다. 한글의 가치에 무지한 사람들이 너무 많아서 참으로 안타깝다.

"세계 각국에서 글자를 기념하는 나라는 없다"면서 한글날을 공휴일에서 제외한 무지몽매한 사람들을 향해 노교수는 크게 꾸짖었다. "세계 어느 나라에도 우리 한글처럼 훌륭한 글자가 없기에 기념할 수 없음을 그대들은 왜 모르는가?"라고 말이다.

우리말 바로 알기

요즘 세간에 떠도는 최고 학위에 관한 유머가 있다. 대학을 졸업하면 학사, 대학원을 졸업하고 논문심사에 통과하면 석사, 최고의 전문 분야인 박사과정을 마치고 논문심사를 통과하면 박사학위를 받는 것은 누구나 아는 상식이다.

그런데 박사 위의 학위가 새로 생겼다 한다. 친지들에게 밥을 잘 사는 '밥사', 친지들에게 술을 잘 사는 '술사'다. 두 가지가 더 있는데 술사 다음은 이웃을 위한 '봉사'며, 사람으로서의 최종 학위는 천지인을 잘 받들고 섬기는 '감사'란다. 감사의 사전적 의미는 '고마움을 표시하는 인사 또는 고맙게 여김 또는 그런 마음'이다.

그럼 '감사하다'와 '고맙다'의 차이점은 무엇일까?

'고맙다'와 '감사하다'를 같거나 비슷한 말로 아는 이들이 많은데, 고맙다는 우리말이고 감사하다는 일본말에서 온 줄로 지레짐작하고 감사하다는 말 쓰기를 망설이는 이도 있다. 이는 잘못된 오해다.

'고맙다'는 2, 3인칭 상대나 객체가 존경스럽다는 뜻을 나타내는 형용사인 반면, '감사하다'는 1인칭 주체인 내가 2, 3인칭 상대인 객체에게 고마움을 느끼며 밝히는 동사다. 구별해서 쓰면 한결 정확하고 섬세한 언어생활을 할 수 있다.

'감사하다'는 16세기부터 문헌에 나타나는 한자어로 일본말과 특별한 관계가 없다. 예를 들면, '그(당신)가 고맙다. 그래서 나(우리)는 그에게 감사한다'로 쓴다.

우리 한글은 외국인이 배우기에는 녹록지 않은 편이다. 우리말 띄어쓰기 문제도 쉽지 않다. 어느 목사님이 한글 띄어쓰기가 어려울 땐 '이걸 영어로 쓰면 어떻게 되나?' 생각한단다. 영어, 프랑스어, 포르투갈어, 독일어나 스페인어도 맨 처음에는 띄어쓰기를 하지 않다가 띄어쓰기를 개발했다. 미국에서 띄어쓰기를 배워온 서 재필 선생이 〈독립신문〉을 편집할 때 사용하기 시작했다고 한다. 띄어쓰기를 처음 받아들였다고 한다. 띄어쓰기는 한글, 영어 등 소리글에서 매우 긴요하다.

한양대학교 국문학과 김 정수 명예교수는 이름을 '김정수'라고 붙여 쓰는 것보다 '김 정수'라고 쓰면 성은 김, 이름이 정수임을 금방 알 수 있을 것이라는 견해를 밝혔다. 나도 이 의견에 공감하며 실천하고 있는데 그동안 손에 익은 습관 탓인지 간혹 잊는 경우도 있다. 성 다음에 한 칸 띄고 이름을 쓰는 것은 보기에도 좋고 읽기에도 좋고 이해하기에도 쉽지 않을까?

'띄면 띌수록 좋다'고 한다. 현행 한글 맞춤법에서는 어느 경우에는 띄어 쓰는 것이 원칙이고 붙여 써도 된다고 규정한 곳이 많다. 이건 있으나 마나 한 규범이다. 원칙대로 일관되게 띄어 써야 말에 대한 의식과 인식이 명석해져서 사람들의 언어 지능이 높아질 것이다.

언제부터인가 청소년들 사이에서 쓰이는 난해한 말들이 참 많이 생겨났다. 신문, 방송 등 언론사들도 동참하여 국적불명의 우리말 + 영어를 조합해서 이루어진 신조어들이 난무한다. 휴대전화 문자 상에서는 번거로운 받침들도 사라지는 추세고, 그조차도 줄여 써서 전혀 다른 단어들이 탄생되고 있다. 편하고 빠르고 재밌다는 이유만으로, 또는 시대 흐름이라고 치부하며 그냥 넘어가야 하는지 생각해볼 문제다. 안 따르자니 젊은 세대와 소통이 어려울 것 같고, 따르자니 세종대왕과 한글에 미안하고 문인으로서 낯이 서지 않는다.

그래도 지켜야 할 것은 지켜야 하지 않겠는가?

아름답고 쓰기 좋은 우리말을 잘 지키고 가꾸어 나가자. 나부터 우리말 사랑 운동에 솔선수범하련다.

대낄라의
다짐

'사람답게!', '사장답게!'
생활하기 위해 우리말 사전에서 한 글자씩 따온 맛·멋·향·기·꼴·
넉·바·새·기·더 〈10자의 다짐문〉이다.

1. 맛...우리 회사의 고객들에게 "뚝배기 장맛이 나는 Daegila 사장"
   이란 소리를 듣고 싶다.
2. 멋...'예·문·사·철'(예술과 문학, 역사와 철학) 공부에 좀 더 충
   실하여 "인문학의 멋이 배어난다"는 이야기를 듣고 싶다. 그래
   서 나는 시낭송 공부를 5년간 독학해서 (名詩)낭송 CD를 냈다.
3. 향...우리 회사 가족들과 주요 고객사에게 "Daegila 사장은 사람
   냄새가 물씬 난다"는 소리를 듣고 싶다. 사람냄새가 물씬 풍기는
   좋은 사람들이 내 주변에는 참으로 많다. 이런 게 인복인가 보다.
4. 기...언제, 어느 곳, 어떤 상황에서도 "Daegila 사장은 활기가 넘치

는 에너자이저다." 그뿐만 아니라 'Dreamer', 'Hoper', 'Happilizer' 란 별명도 얻고 싶다. 예전에 SBS-R 여성 앵커가 생방송 중에 내게 붙여준 별명은 '산소 같은 남자'다.

5. 꼴..공(公)적인 자리에서나 사석에서도 "Daegila 사장은 언제나 모양새가 반듯하다"는 평을 듣고 싶다.

아래 내용은 국어사전에서 3자로 된 낱말의 첫 글자를 딴 〈5가지 다짐문〉이다.

6. 넉...마음도 경제도 생활도 쪼들리지 않는 넉넉한 삶을 살려고 힘쓴다. 그래서 즐기던 담배는 2002년 월드컵 개회식 날에 단칼에 끊었다. 좋은 사람들과 만나면 술 대신에 차 한잔을 함께 즐긴다. 그리고 회사 일을 하는 데 무리하지 않고, 낭비하지 않으며, 불균형을 사전에 제거하겠다는 능률적인 생활을 추구한다.

7. 바...언제 어디에서나 똑바로 정신 차리고 바르게 살려고 노력한다. 바르게 산다는 것은 일을 하는 중간중간에 한 번은 멈춰 서서 내가 어디에 서 있는지, 어느 방향을 향하고 있는지, 제대로 가고 있는지를 확인하며 살 것이다.

8. 새...어제 뜬 태양은 오늘 다시 뜨지 않는다. 따라서 오늘 하루를 새롭게 살아야겠다. 매일 매순간 다짐을 하며 충실한 삶을 살겠다.

9. 기...이 짧은 인생을 사는데 굳이 온갖 인상을 써 가면서 얼굴을 찡그리고 살아야 하는가? 기쁘게 살자! '현재는 신이 주신 선물'이라는 명언을 머리와 가슴에 담고 즐겁게 살자.

10. 더...우리말에서 '나쁜 사람'의 어원은 '나(혼자)뿐인 사람'이다. 그런 나쁜 사람이 되지 않기 위해서 Daegila 사장은 ㈜동양EMS 내·외부 고객들과 더불어 열심히 살아가는 CEO로 인정받고 싶다.

맛·멋·향·기·꼴·넉·바·새·기·더 〈10자의 다짐〉를 오늘도 실행하려고 쉼없이 노력한다.